图书在版编目（CIP）数据

有思想地教阅读：让学生学会品读文字真意/王学东著.
—南京：江苏教育出版社，2013.6
ISBN 978-7-5499-2845-3

Ⅰ.①有… Ⅱ.①王… Ⅲ.①作文课—教学研究—中小学 Ⅳ.①G633.342

中国版本图书馆CIP数据核字（2013）第101172号

书　　名	有思想地教阅读——让学生学会品读文字真意
作　　者	王学东
责任编辑	刘丹丹　李　平
出版发行	凤凰出版传媒股份有限公司
	江苏教育出版社（南京市湖南路1号A楼　邮编210009）
苏教网址	http：//www.1088.com.cn
照　　排	润星之源文化有限公司
印　　刷	九洲财鑫印刷有限公司
厂　　址	河北省三河市灵山大口
开　　本	787毫米×1092毫米　1/16
印　　张	16.5
字　　数	270千字
版　　次	2013年6月第1版　2013年6月第1次印刷
书　　号	ISBN 978-7-5499-2845-3
定　　价	30.00元
网店地址	http：//jsfhjy.taobao.com
邮购电话	025-85406265，85400774　短信　02585420909
E - mail	jsep@vip.163.com
盗版举报	025-83658837

中国校本教研与校本课程数字出版平台
中国校本教研网 www.schooledu.com.cn
◎特别推荐◎

YOUSIXIANG DE JIAOYUEDU

有思想地教阅读

让学生学会品读文字真意

王学东◎著

江苏教育出版社

序

大家向“大家”学什么

冯卫东

两个“大家”，前者指读者，主要是指一线的中青年语文教师，后者指本书著者王学东先生。

学东是我省著名特级教师，这“著名”可不是我封的，省教研室编辑出版《著名特级教师思想录》丛书，在“中学语文卷”里所收录的30余位中学语文特级教师都是层层推荐、认真遴选、严格把关、公正确定的，学东就在其列；他还是一位“大家”，这倒是我“封”的，由中国出版集团、世界图书出版公司出版的《名师·江苏语文中学卷》一书有他的专辑，他请我写一篇千字短评，一开始我这样写：“我想用一个词来概括学东老师在市内外中语界的地位与声望，最后选定‘大家’。是的，‘大腕’似为‘戏说’，‘大师’殊难达成，‘大家’则比较恰切妥当。”“著名”与“大家”都没有一个严格的衡量标准或界线，说学东“著名”理应没有疑义，而说学东是“大家”，我不知道有无他人亦曾如此称过，不知道能否成为共识或公认。套用一名新闻发言人的话说，“信不信由你，我反正是信的”。我还相信，只要你比较全方位地了解学东其人，了解他在中学语文教学领域里的贡献与建树，那么你也会信的。

“学东是大家”，这理应不是一种“谬赞”，如果认同它，自然会引出一个问题——大家向“大家”学什么？

与学东相比，我还有一段不小的差距，特别是在中学语文教学方面，虽说自己也是一名特级教师、教授级中学高级教师，但自知这里面确有一些浪得虚名的因素，尤其是近年来我已把大多精力转移到教科研上来，中学语文教学这一方“家园”差不多抛荒。学东“得寸进尺”，在要我写了那篇千字短评之后，最近又邀我为他的书作序，这在许多著者纷纷请名家作序的“世风”之下，确为“悖谬”之行，抬爱之举。我且把这看作“大家”对后进的提携与奖掖吧，借此机会谈谈自己学习学东的体会，同时为“大家向‘大家’学什么”的问题交一份个人答卷。

学东可学、大家要学的方面自然很多，譬如他的师爱，譬如他对小辈后生的热情，还譬如他的勤勉等，我则从其他方面选择几个侧面来谈谈。

第一，学习学东，成为一名真正的“语文人”。

“语文人”的说法我是从亦师亦友的严清先生那里学来的。他认为，培养“语文人”是语文教育的根本任务和最终旨归，并为此写出《培养“语文人”的教育断想》一文，在“坊间”有些影响。我先前并不太赞成他的观点，最大的理由是，如果语文老师要培养“语文人”，那么数学老师是不是要培养“数学人”……后来则有所犹疑，因为所有人都生活在语文中，语文是我们须臾都不可以离开的空气和土壤，语文与人的关系非其他学科所能比拟或替代，这样看来，培养“语文人”之说又不无道理。

我想，对于严先生的观点，人们理应也会有所争鸣。但如果将视角作一个切换，说语文老师应该是一名“语文人”，则庶几没有异议。有人或许会不屑于此，以为这是明摆着的事情，说了等于没说。殊不知，“事理”如此，“事实”不然，语文教师不是“语文人”一类的情形真是多了去了，马克思所言“人的异化”可以说在语文教师身上、在语文教育场域普遍存在，几成“共性”。文科（特别是语文）教学理科化，把活生生的文本“解剖”成一道道枯木无文、缺乏生机甚至破绽百出的“题目”，这无论是在大大小小的语文考试中，还是在每日上演的语文课堂里，都不是个例，都是一种常态。事出有因，这“因”固然有多个方面、多种表现，而语文教师自身却是最直接、最根本也最能动的因素所在：是“非语化”的语文教师才导致了“非语化”的学科课堂及教学生态！

从这个意义上说，语文教师成为“语文人”是让语文教学“回家”的必由之径，是异化了的语文学科及其教学拨乱反正的第一要事。那么，语文教师怎样才能成为“语文人”？这似易实难，其难在于，语文教师自身观念的深刻改变，以及改变之后新观念的“内化于心，外践于行”：切不要以为自己只是学生语文考试的命题者、组织者和指导者，切不要以为让学生考好才是自己的任务或使命所系；要切实地淡化乃至扭转已然成为某种惯性的解题思维、应试话语，更多地进行真正的“语文思维”和“语文表达”……而要做到这些，又需付出较多的时间、较大的定力，去进行语文的学习、积淀与修养，这在教师读书空气日益稀薄的今天，诚非易事。

学东可以说是一位比较典型的“语文人”。这从他的阅读行为中可以看到，除了读语文教学理论著作外，他还读大量经典文学作品，读时文佳作，读为学生所喜欢而又与一般教师有所隔膜或“代沟”的文字，“读”为许多孩子所钟情的影视作品（如3D电影《阿凡达》）；从他不时进行的“写作试水”中可以看到，“试水”是学东自谦的说法，他的“作文”颇见功力，其中一些篇章已经属于文学创作的范畴，在许多语文老师的书面（文字）表达能力不及班级优秀学生的现实面前，学东的“试水”之作篇篇堪称佳作范文，大有“前波不让后浪”之气；从他平常课堂中言谈举止乃至一颦一笑中可以看到，即便上的是纯粹的考试指导课，他也上得有文化气息，有文学味道，使学生在不知不觉之中，既习得了应试技能，也得到了文化或文学的熏染、提升。毫不夸张地讲，凡是得到学东多年“亲炙”的学生，他最后优异的语文高考成绩都不过是其高中时期优质的语文学习和优秀的语文素养的一点“副产品”“附加值”而已。当然还可以从其他更多方面看到学东作为“语文人”的形象、风采和魅力，此处不赘。

严先生所谓“语文人”，严格说来是一个带有学术味道的概念，如果往学理深处细究，是可以做出一点学问来的。而倘若要把它说成大白话，我以为，作为语文教师的“语文人”，他就是一个“文人”，或者说是一个有些文化气息的人。做这样的人，对于语文教师而言本来是天经地义的事，然而只要稍加留心，便会发现，当下这个职业群体里的“文人”真是“多乎哉，不多也”。物以稀为贵，“文人”本该受到钦慕和尊重，而有时却为流俗所诟病，称其酸腐，讥为书呆；寥寥几个“文人”也不免“改头换面”，努力让自己表现得更多一点“烟火气”。我不知道这是一种进步还是一种退步。倘若说我个人还能算是一个“文人”，我愿意保持并且差不多也保持了这一份本色。在这方面，学东与我可以互称同道，而我已不在讲台，无由言传身教，以这份本色教育学生，影响后辈，只能寄望于学东和“学东们”，并且寄望于更多的语文老师，希望大家做一个本色的“语文人”，做一个本色的、不为流俗所没的“文人”。也许，语文教学新气象的出现就从这里开始。

——亦借此机会浇胸中块垒。它或许是一种自恋，也是一种迂阔的表现。

第二，学习学东，“想大问题，做小事情”。

“想大问题，做小事情。”这是北大著名教授钱理群先生的话，我很喜欢，多次引用，还把它推荐给一所中学，建议他们以此为“师训”。读学东的书稿，我对他渐渐形成这样的印象，并且越来越清晰和鲜明。我想从三个小的侧面对他加以“刻画”——

一是他常想关于教育、关于语文教学的诸多大问题，常做微观领域里的、技术或工艺性的小事情。还要讲到严清先生，他说大学毕业前夕，向恩师讨计，怎样才能做一个优秀的语文教师，老师说，这很简单，上知天文地理，下知鸡毛蒜皮。学东正是这样，他有着非常广阔的知识背景，并在此基础上，他不时致思于语文内外若干重要或重大问题。譬如素质教育问题，20世纪90年代初，他作为一名青年教师，就在思考素质教育与语文活动之间的关系，他根据自己的实践经验及其理解，写成论文并获全省赛事第一名。其时，“素质教育”的概念诞生不久，初出茅庐的我好像还没有听说过，学东已经就此进行了有一定深度的思考和探索。譬如他思考“目标教学和教学目标”，思考语文新课程板块设计的优劣及其完善问题等，并且自有新见，自臻高标。学东善思更乐为，他总是把所思的东西付之于行动，这就决定着做事必须从小处入手，无论是对教材文本的解读，还是对课堂中某些细节问题的处理，你都可以看到他的耐心、细心和匠心，见到他“于细微之处读华章”的独特发现力与颖悟力。语文名师中有的工于整体构建和设计，有的巧于局部精雕与细琢，学东则兼擅两者，积久而成，铸就了他“付诸实践的研究者”（佐藤学语）的品质。我以为，这是学东尤为可贵的地方。

不想大问题，则没有了高度，容易导致品位低下；不做小事情，则虚化了行为，容易导致效果流失。将“务实”与“务虚”紧密结合起来，在两者之间不时穿行，经常“对接”，这是一线走出的“大家”共有的“行为范式”，也是他们能够优秀并且走向卓越的内在规律。

二是他既着眼于学生的长远幸福，也着手于学生的当下成功。这与前一方面有关联，是对前者的“逻辑延伸”，或者说是合理演绎。语文学习是为人的终身发展服务的，语文教学应该给学生提供一生有益的文化营养和精神滋养，学东定然是这样考虑的，所以，一方面，他把真正有用的“语文”的东西（包括知识与能力，也包括学习的方法）教给了学生。只以他让每一届学生做“日知录”的事情为例，每一天都抄录、诵记或写作一点东西，这些不是速生速灭的惰性知识，而是学生后续成长必须依赖的语文的或思想的“钙质”，也是他们终身受益的“获鱼之渔”。相信，学东的学生在今后的人生中一定会怀揣一些有别于同辈人或为同辈人所没有的好东西，而这正是学东对他们的“馈赠”。另一方面，学东还不愧是应试指导的高人。我们或许不能说考得不理想的学生不是一个完整的“（语文）人”，但敢说，指导学生应试不力的语文教师不是一个成熟、优秀和完整的语文教师——尽管他有可能扮演了另一种很好的角色，譬如成熟、优秀和完整的人文学者——因为，应试能力其实也是学科素养结构中挺重要的因素，教师有必要也有责任把它较好地“让渡”给学生。联想到南师大附中王栋生老师，也就是著名杂文家吴非先生，他文章写得棒，高考指导也很出色，如果没有后者，我们照样会仰慕“吴非”，却未必能记住“王栋生”……回看学东，他所在班的学生学得轻松，考得很好，可以说，是学东帮助他们以今天的成功走向明天的幸福。相形之下，成功事小，幸福事大，但没有前者之小，便难以成就后者之大，是故，虽小亦大，作为语文教师的我们不可以随随便便地“小视”之——易言之，只有指导学生考好，帮助学生成功，才能超越了它，也才有资本和资格去“小视”之——要不然，我们就有失职之嫌，也断断乎成不了一名“大写”的语文教师！

由此想到一个老话题，什么样的语文老师是好老师？我说判定的依据其实也很简单，一是学生考得好，二是学生喜欢他。前者基于功利考量，后者基于人文诉求。千万不要低估学生的理性判断力，一个不择手段让学生考“好”的教师，是不会受到学生真心和长久喜欢的。学东深受亲承謦欬的各届学生的爱戴，在很大程度上是因为，他使学生成功进而使他们更有把握拥有幸福。

三是他有着自己的语文人生规划，不断构筑着自我的语文精神乐园，而又注意留存、检视和丰富那一些有意味、有意义的“语文细节”。前者十分容易感知，后者则须细察，我正是在学东娓娓道来的文字间悉心留意才有所感的。给我印象特别深刻的一件事是，他在 1980 年写了一篇古诗赏析文章，因为某些原因，最终未能如愿发表，时过三十多年之后的今天，他把这篇文章收录集中。这真是“看似寻常却奇崛”的事，由此可以看到一位优秀语文教师对自我内心生活的深深眷注——他的每一步教学行走实际上就是在书写自己的教学史乃至精神史。正是有了许多这样令人心动的小事，才构成学东作为一个语文名师的事业或生命的宏大叙事；而真正的“大家”都是从“小处”做起的……

第三，学习学东，持续发展，努力追求终身成长。

尤其是在说这一方面时，我感到有点“拿学东说事儿”的意味，因为这是我关于教师专业发展等问题感触最深的地方，平时有机会我就和老师们说，它是我脑海里纷繁芜杂的一些思绪的一个“主题”。

学东从1980年大学毕业走上教育工作岗位，那时就有文章发表，可见起步较早，起点较高，在后来的三十余年里，“积跬步以至千里”，成就了一番事业。2002年成为特级教师，这一“事件”对于当事者“教育事业”而言可谓幸而不幸，因为许多人至此止步，甚或走下坡路。若干年前南京市某区欲外招一批特级教师，结果报名的几十人中无一人录取，由此或可推知特级教师的“含金量”和“成色”，推知他们“誉后”的发展状况。从那时起到现在十有一年，而学东的很多成果是写作与发表其间的，他未曾止步。2006年他成为全省首批教授级中学高级教师，按理说，人过知命之年，也该知足和歇劲了，但学东没有。他在做好日常教学和带教工作的同时，又继续推出一批有分量的作品，甚至出现了成果的“管涌”现象。眼看耳顺之年不远，学东把过去的成果加以整合，推出这两本书来。我没有问学东此举的具体动机，但我敢肯定，这是他又一次出发、又一番长征之前对自己的打理，是“整装待发”。人的成长就是这样，年少时有精力却少经验，年老时经验满满却精力不够，所以西谚有语：“经验是头发掉光之后的梳子”。学东年纪不算大，“头发”也挺“茂盛”，又有了一把能娴熟地理清思路、廓清思想的“金梳子”，有理由相信，他的未来应该是一个有着许多好的可能性的美梦。

如今，我离知命之年也只一步之遥。年轻时总怪评职评优要论资排辈，现在看来，这固然有不足之处，但有弊亦有利，肖川博士云：“少年得志者往往有一点人格上的苍白。”这真可谓于今尤盛。真的，让年轻才俊过早“显山露水”，未必有利于他今后的成长。《江苏教育报》最近邀我做一期专题策划，我拟的题目是《教师成长的“慢”与“厚”》，报社很赞赏这个选题。我是由手机充电现象悟到它的，一充即满的电池一用就空，慢慢充满的才能用得长久，由此想及，教师也要厚积，要在长期历练中渐臻完满；慢未必是坏事，“从善如登”，慢慢地、一步一个脚印地往上登攀，最终才可达至险峰之巅。慢是要有耐心、韧劲乃至毅力的，但我以为，作为教师最需要也是最好的一种情形是，大家有"进步瘾""发展癖"，或者说，要有"成长依赖症"。我想学东应该是有的，要不然，他一定会在评上特级、最迟评上正高之后就放缓甚至停下脚步。如此的人、如此的事是何其多矣！

正在捧读一本道德教育方面的书，知道"关怀教育"的力倡者美国人诺丁斯女士在从事了三十多年基础教育实践之后才步入大学，进行专职和专门的研究，现在则蜚声全球。由此又想到了学东，想到了"终身成长"这个命题。我在几年前提到教师的"终身成长"问题，特别让我高兴和兴奋的是，通过网搜，未曾发现此前有人提及和专门论述它。现在，这篇序言已经够长了，再往下写就有喧宾夺主之嫌，何妨就上述联想，也借收笔之机，再絮叨几句，聊作对学东的建言和祝愿：

学东是"大家"，而"大家"是一个弹性很强的概念，希望学东不断充实"大家"的内涵，提升"大家"的品质。这至少有两条路径，一是像诺丁斯一样，在从事了三十多年基础教育实践或年届"致仕"（退休）之后也步入"大学"——当然是"自修大学"——就个人更为鲜明、更有个性特征的教育教学主张（我以为，学东提出的"激趣·启智·寻法"不错，但还不够）进行专门的、深入的研究；一是有计划、有"规程"地带徒授业，这当然不是指单向的授受，而是形成一个"学习（或研究）共同体"，学东以前已经做了，以后可以做得更好，我想，这是个体有限教育生涯的延续和接力，也是个体教育生命可能的后发优势的实现与升华。这些都是很有意义和意思的，不知学东以为然否？

卒稿于壬辰年除夕

（作序者为南通市教育科学研究中心副主任，江苏情境教育研究所副所长，江苏省特级教师、教授级中学高级教师）

目　　录

第 一 篇

阅读论坛

“腹有诗书气自华”，这是阅读之于人的最深层意义。阅读是人们认识世界、思考世界的过程，也是人们内心自我观照的过程。钱理群先生所说“打下精神的底子”，意即通过阅读，达到反刍自我、提升自我，丰富精神世界。中学阅读教学中不仅学生要阅读，老师也要阅读，全面提高语文素养，实现语文教育的突破，关系到语文教育的成败。

期待视野理论下中学阅读教学的改进策略

一、什么是“期待视野”

“期待视野”（又叫“期待视界”或“期待视阈”）是接受美学中的一个重要概念，在解释“期待视野”前有必要先介绍一下接受美学。接受美学又称“文学的接受和作用论”“接受研究”，20 世纪 60 年代中期兴起于当时的联邦德国，由康士坦茨大学的姚斯、伊瑟尔、福尔曼、普莱斯丹茨、斯特里德五位年轻教授共同创立，被称为康士坦茨学派。其后在跨越国界、东进西扩的过程中，又得到瑙曼、霍拉勃等众多学者的补充，成为当今世界颇有影响的一种美学理论。

接受美学与以往把文学研究的重点放在文学作品本身的文本中心论相对，明确提出了读者中心论，强调读者不可低估的能动作用，强调读者不可或缺的、具有决定意义的创造。接受理论认为，作品与读者是互渗互动的关系，作品一旦与读者发生关系，便不再是一个孤立的存在，作品的意义，也“只有在阅读的过程中产生”。由此，他们导出了一个公式：

$S=A+K$

（S：作品的意义；A：作者赋予的意义；K：接受者领会并赋予的意义）

在这个公式中，A 的意义是恒定的，K 的意义则可因读者的不同而有种种，有时甚至与作者的原意大相径庭甚至是南辕北辙。在他们看来，每一个真正的阅读者都不是被动地接受作品的观念内容，而是借助作品提供的审美意象，由联想而想象，表达或宣泄自己的情感。（古人所谓“夺他人之酒杯，浇自己之垒块”便是此意）因此，他们又将上述公式简化为：

$S\approx K$

这就说明，一个文本的意义，主要是读者赋予的；同样，作为文本意义体系的有机构成的主题，也应是主要由读者赋予的。在我们中学语文教学中，学生和教师对文本主题的理解不应受到某类特殊读者——文学大师和批评大家——的人为规范；因而，在传统的语文教学中，那种将作品主题固化为牢笼的藩篱，并将学生的思维拘捕其中的做法，不仅是荒谬的，而且是对学生思维与个性发展的恶性扼杀。在接受美学看来，读者实质性的参与了作品的存在，甚至决定着作品的存在。由此给予文学和美学研究中的传统思维模式以有力的冲击，引发了文学和美学研究领域的重要变革，自然也影响到语文阅读教学的改革。

接受美学对语文教学来说，具有极其重要的意义。早在接受美学创立后不久，主要创立者姚斯就曾指出，这一理论之所以获得意想不到的成功，是因为它“满足了人们在60年代由于对语文学科的普遍不满而产生的潜在兴趣”。而今，当我们用接受美学理论研究中学语文阅读教学时，我们觉得它对语文教学不但有着认识论的意义——帮助我们深刻地认识语文教学的规律和特点，而且也有着方法论的意义——启发我们探求尽可能科学的语文教学方法。

“期待视野”是接受美学的“方法论顶梁柱”。所谓“期待视野”，主要是指“在文学接受活动中，读者原先各种经验、趣味、素养、理想等综合形成的对文学作品的一种欣赏要求和欣赏水平，在具体阅读中，表现为一种潜在的审美期待”。[①] 姚斯认为，期待视野是读者对作品的某种“先入之见”，即阅读前已经存在的意向。这种意向决定了读者对所读作品的内容和形式的取舍标准，也决定了他对作品的基本态度与评价。只有读者的期待视野和文学文本相融合，才谈得上接受和理解。而读者的期待视野又是不断发展变化的，不同的读者因为生活的和文学的期待视野不同，必然导致对同一部作品产生理解和评价的差异，因而我们的阅读教学就应该考虑到不同学生的不同期待视野，考虑到不同学生的审美情趣和接受水平。

然而，在整个中学语文阅读教学中不少教师对学生期待视野的漠视并未引起人们应有的关注。如果我们引进接受美学中的期待视野理论，有可能引发中学阅读教学的革命性变化。

① 朱立元．接受美学［M］．上海：上海人民出版社，1989.13.

二、中学语文阅读教学中存在的四大弊端

依据期待视野理论观照当前中学阅读教学，主要存在以下弊端：

1. 学生阅读的单一性

在接受美学看来，“期待视野”主要有两大形态：其一是在既往的审美经验（对文学类型、形式、主题、风格和语言的审美经验）基础上形成的较为狭窄的文学期待视阈；其二是在既往的生活经验（对社会、历史、人生的生活经验）基础上形成的更为广阔的生活视阈。这两大视阈相互交融，构成具体的阅读视阈。学生的审美经验从哪里来？应该是从大量的阅读中来。然而，中学生的阅读现状不容乐观。从我们的问卷调查来看，目前中学生的阅读材料主要是两种：一是课本，一是中学生优秀作文选，其他就是一些快餐式的小报。我们在某重点中学高三年级调查时发现，全部通读中国四大古典名著的学生不到 20%，至于教学大纲规定的其他中外名著很多学生一片茫然。最近，高中新教材第五册选了四篇外国现代主义文学代表作，如果不是通过教学，学生根本不懂世界上还有什么荒诞派、意识流、魔幻现实主义。虽然现在每册教材都配了一本厚厚的《语文读本》，但是认真读这个《语文读本》的又有多少呢？为此，我们对高一年级学生阅读《语文读本》情况做了一份调查，结果令人担忧。850 人中，认真读完的还不到 5%；有 18%的学生勉强读过了。而 79%的学生完成得相当不理想，或是老师有要求就读一点，没有要求就不读，或是只把感兴趣的读了，或是压根就没有去读。读本阅读质量尚且如此，更不用说其他形式的课外阅读了。学生阅读内容的单一性必然影响他们审美经验的积累，也必然影响到他们的阅读期待心理。

2. 教师授课的灌输性

虽然“学生是学习的主体”已成为广大教育工作者的共识，但在课堂上，教师绝对站定讲台的状况始终未得到根本性的扭转，多年来的语文教育，暴露得最明显的弱点还是讲风太盛，课堂上给学生自己阅读的时间太少。笔者曾为此做过专项调查，结果显示：高中学生在课堂 45 分钟内自己读书的时间，达 10 分钟的占 10.9%，有 5 分钟的占 36.9%，仅有 2 分钟的占 29.71%；每周读书超过一小时的仅占 25.59%。

无疑，在以教师传输知识为中心的课堂里，学生充分阅读、自主感知、

细致品味、用心理解、深入思考、大胆质疑的机会被剥夺了，学习的主动性、积极性，钻研的兴趣与热情，都被老师滔滔不绝的讲解消磨殆尽。大多数学生养成了听老师讲解、等标准答案的习惯，形成严重的依赖心理和思维惰性。如此教学，要实现其语文能力的真正提高，是很困难的。

从接受美学的观点看，文本的本身不经过阅读，对某一对象而言，就没有任何意义，也无所谓生命，只是一个多层面、未定性、未完成的开放结构，其存在本身并不具备独立的意义。阅读是一种交流活动，在交流中，客体的意图语境消失了，只能在信息载体中留下一些暗示，这些暗示犹如空白，有待读者在阅读中运用联想和想象去填充。文本意义的实现是读者的释义具体化的过程，正是这个过程赋予了作品无穷的意义，其成为“作品”的价值也只有经由读者的阅读才能体现出来。在阅读过程中，阅读主体要借助自身的生活经验和语文积淀来换回直觉经验。由于不同主体之间不可能有完全相同的生活经验和语文积淀，在同一教师指导下，阅读同一材料，不同主体阅读课文的心理活动也会不同，甚至差别很大。

但是，长期以来的语文教学忽视了这些特点，把学生当作知识的“容器”，认为学生是需要接受教育的被动者，师生间是我说你听，我写你记的关系，是师讲授徒接受的绝对服从的关系。因此教学活动关注的是课文本身，教师习惯于自己去理解、去深入，然后将自己的理解和教参的意见一股脑儿交给学生，这是典型的“传输”和“接受”的过程，这种做法无疑是忽视了阅读活动中学生作为主体的地位，使阅读者不能和作品这个客体达成必要的联系，而是由教师这一“中介”全面包办代替，这从根本上违背了阅读的本来意义。这样的课堂培养出来的学生充其量只是“书袋子”“饱鸭子”，往往缺乏应有的灵性。

我们认为，接受美学强调读者在作品理解中具有能动性和决定性作用，是有着真理性价值的，因为“仁者见仁，智者见智”，“一千个读者就有一千个哈姆雷特”，这是不争的事实。接受美学无疑可以视为批判传统语文教学弊端的工具，但我们也必须看到接受美学也有矫枉过正的一面，接受美学甚至主张作者表现了什么是无所谓的，关键是读者发现了什么。这就从文本中心主义走向了读者中心主义，从强调理解的绝对客观性走向了强调理解的绝对主观性。而事实上，理解毕竟是对作品的理解，不可能脱离作品潜在的规定性。面对传统语文教学的困境，接受美学给了我们许多有益的启示：既然作品不是被当作与读者无关的纯客体来看待，而是被当作读者的对象、读者的对象化客体来看待，那么在语文教学中，重要的一点便是在读者和作品之间建立一种“对话”关系，着力改变语文阅读教学，特别是文学作品教学中单向传输和接受的模式，通过作品（作者）、教师、学生之间多向的平等对话，教和学双方在对作品信息既有流失更有增值的过程中，实现作品意义的生成和理解。

3. 练习测试的封闭性

不知人们注意到没有，中学语文教学中有关阅读分析的练习和测试，包括高考现代文阅读题的答案都是唯一的。而我们知道，关于文本的阅读由于阅读者生活阅历和审美经验的不同，他们的期待视野不同，对同一文本也会有不同的理解。鲁迅曾说《红楼梦》一书：“单是命意，就因读者的眼光而有种种：经学家看见《易》，道学家看见淫，才子看见缠绵，革命家看见排满，流言家看见宫闱秘事……”鲁迅还说：“文学虽有普遍性，但因读者的体验的不同而有变化。”就是说对作品的理解，因生活体验、学识水平、兴趣爱好、性格品质等的不同而有所差异，硬性地“统一答案”是不符合阅读规律的（尤其是对文学作品的阅读）。马克思说：“对于一个著作家来说，把某个作者实际上提供的东西和只是他自认为提供的东西区分开来，是十分必要的。”这话的言外之意是作者实际上提供的东西与他自认为提供的东西是不等量的，如果把“实际上提供的东西”理解为读者从作品中得到的东西，那么常常是前者大于后者，因为前者是经过了读者加工的东西。这正是阅读的价值，它往往可以使作品增值。因为阅读是一种创造性劳动，因此，对作品理解加以人为的“限制”也是不科学的，它不仅损害了作品的价值，而且扼杀了读者的创造力。只提供唯一答案的封闭式的练习测试比用作者“自认为提供的东西”强加给读者的更可怕，那是用一个读者——命题者的理解去强加给所有的读者——考生，并由此来决定考生的命运，这是多么霸道的一件事啊！

不可否认，有些测试题的答案确实是唯一的，但是不是所有的测试练习题的答案都是唯一的。恢复高考二十多年了，笔者查阅了二十多年的高考语文卷，我没有发现有哪一道阅读分析题是开放式的，是可以有多种答案的。高考阅读分析题真的就只有一个答案吗？命题者提供的答案真的都那么准确吗？

1999年的高考阅读题是分析作家宗璞的散文《报秋》，命题者问的第一个问题是“作者在第一自然段中写到玉簪花开，‘先是一惊，随即怅然’，作者为什么吃惊?”命题者给出的答案是“没几天便是立秋”，其实这个答案并不是最理想最准确的。为了说清这个问题，我们有必要将该文的第一自然段引录如下：

“似乎刚过完春节，什么都还来不及干呢，已是长夏天气，让人懒洋洋的，像只猫。一家人夏衣尚未打点好，猛然却见玉簪花那雪白的圆鼓鼓的棒槌，从拥挤着的宽大的绿叶中探出头来，我先是一惊，随即怅然。这花一开，没几天便是立秋，以后便是处暑便是白露便是秋分便是寒露，过了霜降，便立冬了。真真的怎么得了!”

从表面看，“我”吃惊的原因确实是因为“没几天便是立秋”，但这仅仅是表层的意思，如果我们再追问一句，为什么“没几天便是立秋”就要“一惊”呢?再往下读，原来是因为立秋“以后便是处暑便是白露便是秋分便是寒露，过了霜降，便立冬了”，由此看来，作者“吃惊”的原因不仅仅是因为“没几天便是立秋”，而是因为“时间过得真快”。如果考生答“时间过得真快”不是更准确吗?可是命题者没有提供这样的答案，阅卷者更是死扣“标准答案”而不肯有丝毫的通融，考生不就吃了大亏了吗?

这还仅仅是作者一个心理活动的读解，如果涉及文章主题和人物性格的分析，那就更是见仁见智了。鲁迅曾说，他的小说《阿Q正传》出版之后，“首先收到的是一个青年批评家的谴责；后来，也有以为是病的，也有以为滑稽的，也有以为讽刺的；或者还以为冷嘲，至于使我自己也要疑心自己的心里真藏着可怕的冰块。”后来鲁迅终于想开了，“看人生是因作者而不同，看作品又因读者而不同。”就说鲁迅的《阿Q正传》吧，我看到有一道练习，要学生用5个字概括阿Q的性格特征，答案是“精神胜利法”，当然，“精神胜利法”确实是阿Q的主导性格，但如果把阿Q的性格仅仅归纳为“精神胜利法”显然是不全面的。有人曾将人们对阿Q性格的看法作了这样的归纳：“质朴愚昧但又圆滑无赖，率真任性而又正统卫道，自尊自大而又自轻自贱，争强好胜但又忍辱屈从，狭隘保守但又盲目趋时，排斥异端而又向往革命，憎恶权势而又趋炎附势，蛮横霸道而又懦弱卑怯，敏感禁忌而又麻木健忘，不满现状但又安于现状。”① 真正是“一千个读者有一千个阿 Q”。

从高考卷中的现代文阅读题和课堂阅读教学的练习设计来看，阅读教学的僵化主要表现在两个“自我”的丢失：一是丢失了教师的自我。表现在只有教参和命题者的理解，没有“我”的理解；二是丢失了学生的自我。表现在三个方面：只有老师和命题者的理解，没有“我”的理解；只有被动的接受，没有主动的发现；只有肯定和赞成，没有否定和批判。在阅读教学过程中，“我”是被动的，是追随的，没有自己的观点，更没有自己的创见。一句话：只有作品、作者、老师和命题者，就是没有作为学生的“我”。

这种僵化的封闭的阅读训练势必造成学生思想的僵化（被老师和命题者的思想禁锢起来）、思维的退化（总是跟在老师和命题者的后面跑）、品质的惰化（面对一篇文章不是自己主动地去分析理解，而是依赖老师来分析讲解）、道德的伪化（不是积极主动地提出自己的见解，而是揣测琢磨老师和命题者的意图），这对于提高学生的鉴赏能力、批判能力、创造能力是极为不利的，必须给予纠正。

4. 学生学习的被动性

这个问题与第 2 点“教师授课的灌输性”是有联系的，但它们是一个问题的两个方面，侧重点不同。从学习结果看，学生经过十几年的语文学习，花费了相当多的学时，但语文能力的低下仍甚为明显，普遍的情况是语言贫乏，知识面窄，见解浮浅，思维板滞。阅读方面，存在着严重的问题，如阅读品味低俗，阅读能力低下，不会读书，不爱读书，没有良好的阅读习惯，没有终身与书为伴的意识，远远不能适应信息时代的要求。从课堂效率看，语文教学仍然存在着严重的高耗低效、“少、慢、差、费”现象。语文课堂的肢解性讲析使文章丧失整体美感，使语文丧失活力与魅力。许多学生不是因为不喜欢语文而不爱上语文课，而是因为不喜欢上语文课而不爱语文，课堂教学不能调动学生对语文的热情和积极性，使语文学科在各科评价中地位普遍偏低，人气不足。这些问题的根源就出在学生在语文学习特别是阅读教学中始终处于被动地位上。

就说作品主题的分析吧，作品的主题是指文本通过其形象或语言体系显示出来的主要意旨，它既体现了中心思想，也是作者创作意图的体现，因

---

① 林兴宅．论阿 Q 的性格系统［J］．鲁迅研究，1984，(1)．

此，作为文本意义解读的重要组成部分——主题诠释，成为中学语文阅读教学中一个至为重要的环节，甚至可以说是作品鉴赏和阅读教学的必然归宿。因为，在这个过程中，一方面可以培养学生的综合概括的能力，使学生对课文内容达到本质性的理解，促进学生阅读能力的提高和阅读思维的健全；另一方面，还可以使学生受到深刻的思想教育，提高其认识水准，拔高其思想道德境界。正是基于上述认识，不少语文教师在“主题诠释”上投放了大量的时间和精力。但是，不少语文教师往往将参考书对作品主题的阐析奉为圭臬，并以此作为评价学生对主题理解程度的唯一尺度；另有一部分教师，在分析作品的主题时，虽然能坚持“启发诱导”，却始终是在想方设法把学生的思维引向参考书对作品主题分析预设的彀中，从而表现为一种认识尺度的过分的求同取向，漠视了学生阅读思维的个性差异，忽略了作品所蕴含的丰富内蕴。上述两种做法在扼制学生的个性发展和创新思维上，可以说是半斤八两、轩轾难分，也在某种程度上导致了学生在解读文本时创新思维的先天不足和后天乏补。而一旦学生对文本主题的理解与参考书偏离时，教师常常不能正确地加以评价、肯定和激励，这样做的结果往往使学生在自己思维的成果得不到教师的赞赏之后产生了思维上的惰性，而满足于教师或参考书对文本分析的主题的理解，从而极大地扼制了学生的创新思维。

“文学接收是个性化行为，读者可以这样或那样理解作品，这是读者的权利，你有什么资格规定那种理解就不正确呢?”针对中学语文教学的这种怪现状，北师大教授童庆炳先生如是质问。可是，我们中学语文教学的现状正好与此背驰，如教材对《孔乙己》这个短篇小说的主题分析在“预习提示”里说：“《孔乙己》揭示了为封建科举制度所戕害的读书人的病苦，是一篇讨伐封建科举制度和封建文化的战斗檄文。”显然，这个主题的理解在很大程度上出于茅盾先生的看法，在它的上面存有着特定的政治背景，残留着特定的时代暗影。当然，笔者并不是说这种理解全无道理；相反，却认为这是一个很好的解读方式。但鲁迅先生自己却说《孔乙己》“是在描写一般社会对苦人的凉薄”。那么，我们凭什么强制学生接受“茅版”的“戕害”说而否认“鲁版”的“凉薄”说呢？对这个小说主题的解读难道就没有其他版本了吗？如“反封建”说、“等级观念”说、“兼有”说等，只要学生言之成理，我看就可以接受，就应该肯定。所以，钱钟书先生说：“我主张作者对自己的作品不应插嘴。”这便是说，作品自流传开始，作品自由作者的思维中分娩，就有了自己独立的生命，有了在不同读者眼中特有的意蕴、情感和主题，作者理应从此失去对作品意蕴和主题的垄断权。《孔乙己》也是如此，作者和大家可以有他自己的看法，普通读者也应有不同理解的权利。但是，对《孔乙己》的主题虽然也有过争论，但争执的各方并不是以一种包容的态度对待其他解释，而是各执一词，试图站在他们自己的立场上说服对方，殊不知，这正是主题多元性的表征。可是，教材、教参的编写者和见仁见智的各方，都表现为一种极端的独裁和专横，像《孔乙己》这种情况的例子，在中学语文教材里可谓比比皆是，但管中窥豹，亦可见此谬之一斑。

三、中学语文阅读教学弊端的矫治方法和策略

面对当前中学阅读教学存在的种种弊端，我们提出如下矫治的方法及策略：

1. 扩大学生的阅读视野

接受美学认为，期待视野既是阅读理解得以可能的基础，又是其限制。接受美学的创始人姚斯曾说："一部文学作品，即便它以崭新面貌出现，也不可能在信息真空中以绝对新的姿态展示自身。但它却可以通过预告、公开的或隐蔽的信号、熟悉的特点或隐蔽的暗示，预先为读者提示一种特殊的接受。它唤醒以往阅读的记忆，将读者带入一种特定的情感之中，随之开始唤起'中间与终结'的期待，于是这种期待便在阅读过程中根据这类文本的流派和风格的特殊规则被完整地保持下去，或被改变、重新定向，或讽刺性地获得实现。"姚斯这段话告诉我们，人们的阅读期待是随着阅读的扩大而变化发展的。当一部作品与读者的既有期待视野符合一致时，它立即将读者的期待视野对象化，使理解迅速完成，这是阅读一般通俗作品时的状况；当一部作品与读者既有的期待视野不一致甚至冲突时，它只有打破这种视野使新的阅读经验提高到意识层面而构成新的期待视野，这是阅读所谓的先锋艺术作品时的状况。我们在组织学生阅读现代西方的现代主义文学作品时就碰到了这种情况，在学生原有的阅读期待视野中从未有过什么表现主义、意识流、荒诞派、魔幻现实主义，可当他们读完弗兰茨·卡夫卡的《变形记》、弗吉尼亚·伍尔夫的《墙上的斑点》、萨谬尔·贝克特的《等待戈多》、加西亚·马尔克斯的《百年孤独》之后，就逐渐由原来的不能接受到初步接受，

由原来的不能理解到初步理解。由此看来，我们只有不断地扩大学生的阅读视野，才能不断丰富学生的期待视野。鲁迅是中国文学的巨匠，而成就这位文学巨匠的极其重要的条件便是广泛的阅读。据有关资料介绍，他幼承庭训，7 岁进私塾，熟读《四书》《五经》，又偷读了如《山海经》一类大量的“闲书”。后进水师学堂、矿路学堂，学地质，学化学，学绘图，又读了如赫胥黎的《天演论》、达尔文的《进化论》一类西方新潮书籍。他东渡日本学医，当然读了许多医学书。后来他弃医从文，潜心研究中国文化，历代小说、笔记、诗话、史书、画谱、尺牍、碑帖、墓志、佛经和各类杂书，几乎无所不读，也就在这大量的博览中孕育着他的巨著。我们不能要求我们的学生也像鲁迅先生那样阅读那么多的书，但仅仅阅读教材所提供的那么几篇课文显然是不够的。

我们必须明白，阅读是未来教育的一块基石，阅读是语文之根，阅读是学习之母，阅读是教育之本，阅读能力是可持续发展的学习能力。广泛阅读，学会阅读，才能生存，才能发展。但我们也应该看到，现代的学生又不同于鲁迅那个时代，他们学习门类繁多，学习任务繁重，升学竞争激烈，要想从从容容地广泛阅读显然是不可能的，也是不现实的。怎样做到既扩大了学生的阅读视野，又不增加学生过重的负担呢？在课题实验中，笔者主要采取了适时延伸（即结合课文教学，让学生阅读与课文相关的著作和文章）、重点推荐（即教师有重点地向学生推荐介绍古今中外的名著）、方法指导（即向学生介绍行之有效的读书方法，如朗读涵咏法、疑问思辨法、比较阅读法、浏览默读法、提纲挈领法、不求甚解法、无声视读法、一目十行法等等）、竞赛交流（即定期或不定期地公布各人读书书目、累计读书字数、交流读书心得）等手段，切实而又有效地扩大了学生的阅读视野，提高了学生的阅读能力。

2. 增加学生的生活阅历

美国教育学家华特曾说：“语文的外延和生活的外延相等。”语文教学不能只局限于几本教材，除了要加大学生的阅读量，训练学生对作品的直观感悟能力外，还要丰富学生的生活，丰富他们的情感体验，因为生活视界对理解作品至关重要。我们在前面已经说过，期待视野包括文学期待视野和生活期待视野，这两大视野的相互交融才构成具体的阅读视野。一般来说，学生的基本语言能力在初中已大致形成，他们在阅读和写作时遇到的最大障碍往往不是语言文字的匮乏，而是他们对所要阅读的作品、对所要写作的命题存在着认知上、情感上的隔膜，以及学识上、经历上的欠缺。因而，如何有效地拓宽学生的生活视界，应该成为语文教学研究的一个重要课题。

为了拓展学生的生活领域，我们经常提醒学生要关注社会、关注生活、关注人生，我们建议学生要多看中央电视台的“新闻联播”“焦点访谈”“今日说法”“社会经纬”“新闻调查”等社会类节目，我们还希望家长有机会多带孩子出去走走看看，所谓“读万卷书，行万里路”说的就是这个道理。生活的阅历多了、丰富了，阅读的感悟能力就会相应得到提高。

3. 尊重学生的阅读体验

传统的文学欣赏理论告诉我们，文学作品只有一种绝对的独一无二的意义，文学欣赏则只能是读者对这种意义的单向的审美静观。读者只能被动地、谨慎地、封闭地去阅读与欣赏。在读者眼中，作家和作品是至高无上的，读者只能是跪着阅读。

接受美学则为我们打开了一扇新的窗口：作家写了什么并不是最重要的，关键是读者从文本中发现了什么，是读者的参与才使得一个文本变成了作品。在接受美学看来，作品的意义来源于两个方面：一是文本本身，一是读者的赋予。文学文本是包含着思想感情的形象体系，是一种具有内在生命和活力的“召唤结构”。它具有许多的“不确定性”和“空白”，所以作品意义的不确定性和意义空白，促使读者去寻找作品的意义，从而赋予他参与作品意义构成的权利。换言之，作家输入文本中的“密码”，对读者的阅读产生着潜在的导向作用和“神秘”的召唤作用，读者的阅读正是在这种密码或“召唤结构”的诱惑和吸引下，才能动地、创造性地寻幽探微，推测破译文本中所隐含的密码，从而产生阅读效果，获得审美快感。在接受美学的理论视角下，读者被发现了，被赋予了主体地位和主动接受的权利，读者是主动的、开放的、创造的接受文学的站着的读者。

文学接受又是一种纯粹的个体性、精神性活动。文学接受者总是依据他的前提对文学文本进行解读，即运用自己的全部知识背景和经验去感悟、理解文本。接受者的生活阅历、审美情趣、思想修养、理解能力和理解方式各不相同，必然有着各自不同的价值取向，这就必然形成文学接受结果的差异性、独特性。这也即是通常说的“仁者见仁，智者见智”“一千个读者就有一千个哈姆雷特”。

接受美学理论对读者的发现，对读者权利的肯定，给我们中学语文教学尤其是文学教学的启示是多方面的，而最为重要的是，尊重学生的阅读体验，突出他们的主体地位。在这样的自主阅读中才会提高学生的语文整体素质，促进他们的个性发展，培养他们的创新意识、创新思维和创新习惯。

现在，学生为主体，教师为主导，已经成为一种共识。学生的主体地位体现为：他们是知识接受的主体，是文化承传的主体，更是社会创造的主体。素质教育要面向全体学生，“一切为了学生”，就必须将每个学生当成独立的、独特的个体看待，既要见林，又要见树，要让每一棵树都能吸收营养，茁壮成长。因此，在阅读教学中要真正做到突出学生的主体地位，教师中心应让位于学生中心，教师必须改变“教师讲读为中心”的教学模式，建立“在教师指导下学生自学为主”和“启发·创新”的教学模式。教师必须放弃那种自我炫耀式的或自恋式的所谓展示“深刻”“精辟”的教学行为，让学生自主独立地阅读、接受文学作品。在文学接受中的“以意逆志”，就是要让学生用自己的经验和情感去参透人生、理解作品，从而把作品中的不确定性和空白结构联系起来，并按照自己的理解组织起来，从而得到自己对作品意义的阐释结果。也许这样的阅读结果在成人读者看来是幼稚的，无深度的，点滴零碎的，但重要的是，这是学生自己获得的。创新教育的必要前提条件是，教师必须千方百计地营造宽松的教学环境，学生在“心理安全”和“心理自由”的教学氛围中，创新激情与创新主动性才会得到激活，也才会有主动、自由的创造性阅读。

文学不具有标准答案，不具有唯一的解释。在文学创作与文学阐释中，永远尊重人的独特性和独创性。真正的文学文本也绝不是一首凝固的诗。在文学作品的阅读教学中，追求唯一的标准答案，既是对文学的亵渎，又是对学生主体的漠视，是对学生创造天性的扼杀。因此，教师应尊重学生自己的各种不同理解，只要是立足于作品本身，又不牵强附会，能自圆其说，都应该支持其成立，肯定其“合法性”。这样，不仅使学生从这种支持与肯定中获得成功的愉快，更使他独立思维的积极性得到保护。他们的虽不深刻却是自己的认识，要比虽深刻但却是别人的认识更有价值。阅读是自主性很强的学习活动，阅读须尊重原文，所以要首先理解、品味原文语言，但又要激励阅读者适当发挥，以不同的形式融入阅读个体的不同感受，以产生积极新颖的审美功效。还原性阅读是基础，创造性阅读是升华。所以，我们应确立一个基本原则：开放性阅读、创造性阅读必须从作品本身出发，建立有限度的诠释与过度的诠释之间的基本规范。例如，对莫泊桑的小说《项链》主题的理解，作品是尖锐地讽刺小资产阶级的虚荣心和追求享乐的思想，还是通过主人公的性格及生活境况的变化来揭示“极细小的一件事可以败坏你，也可以成全你”这一生活哲理，还是写落在小人物头上的灾难，以表达对小人物人生命运的关怀，对其不幸遭遇的深切同情？我们可以设计这样的引导思考的问题，让学生独立自主地阅读钻研，进行理解，并写出自己的理解来。文学阐释的角度不是单一的，唯一的，而是多向度的。例如，我们可以引导学生从语用学角度去理解鲁迅小说《祝福》中四婶的“祥林嫂，你放着罢！我来摆”这一简单话语所蕴含的巨大的话语语用效果，从新的视角去体会祥林嫂的悲剧；从文化学、广义语境的角度去体会小说《林教头风雪山神庙》中林冲报仇雪恨时话语表达的丰富内涵，从而去理解话语理性信息背后所隐含的时代信息和情感信息。新颖的角度是激发学生主动阅读的有效刺激元，在新颖的视角下，创设文学接受条件与前提，学生更能主动地、自觉地大胆质疑，从而创造性地进行阅读，作出阐释，这正是学生主动学习的创新成果。

4. 引发学生的探究欲望

阅读教学，应该引发学生的探究欲望，引导学生创造性地解读文本。尤其是高中阶段，阅读教学不能只是停留于、满足于分段划层、落实“知识点”这些简单的知识层面上，而应注重学生作为阅读主体的主动创造地位。虽然体验过程中因学生自身构建能力的薄弱，最初不能排除各种干扰，多见表象，难于深入本质，甚至产生错觉，但并不能因此而以教师的活动代替学生的自主感悟。作品的意义不是绝对的、唯一的，读者的释读绝非被动地接受，而是主动地建构，能动地创造。因此，语文阅读教学应还学生以自我感悟的机会，还学生以“发现”“探究”的过程，教师要重视对阅读个性的尊重，重视学生个性化解读文本，重视鼓励学生“用自己的思维”来思考，来判断，来生发，完成由“不知”到“知之”再到生产独特的思想的过程。从这个意义上说，也是把学习语文当作一个思想、智慧的训练过程，是激励学生勇于形成并表达创见的过程。

在教学中，鼓励学生对作品作出多元的解读，能够有效地培养学生的创新思维。创新思维是人类思维的最高表现，是现代社会对教育提出的更高要求，检验一个思维过程或结果是否属于创新思维的范畴，有三个重要标准：

(1) 独立性；(2) 发散性；(3) 新颖性。由此可见，在文本解读过程中，鼓励学生作多元的解读，正符合这三个指标：(1) 学生对作品作出的多元性的解读，以其个性鲜明的思维为基础，他们解读作品所得到的意蕴，是他们独立思索的结果；(2) 学生的解读结果往往是多样的，从而表现为很大程度的发展性；(3) 最重要的是，学生的解读过程，常常是一种探新的思维活动，学生得到的不同的主题解读，都会无一例外地具有不同的、新的因素，具有很强的新颖性。

但是，真理往前多跨出半步就会导向了谬误。如果把创造性阅读理解成不顾作品的意义而随心所欲地“自由理解”，则只有“创造”而无“阅读”了。这里的关键就在于“创造”的基础是否离开了“阅读”，即是否抛弃了作者的本意？应该说，读者理解到的意义与作品本身的意义是不完全等同的，前者属于作者自己而后者既包括文本自身意义也包括读者的“前理解”。也就是说，作品的意义（含义）与读者理解到的意义，既有区别——因为加进了读者的前理解，但又绝不是与原作无关——因为毕竟是对作品的理解。如果是在这个意义上说“共同创造”，则是科学的，因为这种“创造”的前提是肯定作品有自身的意义。

这里又有一个问题出现了，允不允许学生对文本进行“戏说乾隆”式的再创造？我们认为，当然可以。所谓“古为今用”“洋为中用”以及“旧瓶装新酒”式的“故事新编”都是允许的，比如，“滥竽充数”新说，比如“龟兔第二次赛跑”等等。学生联系自己的生活和时代特点由文本而激发新的联想或想象，进而赋予文本以新的含义，或者将作者的意义加以引申（包括对文学形象进行再创造），这不但符合学生的阅读心理，也是阅读要达到的真正的意义之一。但是，如果我们把这种新的意义、新的形象强加给作者，硬要说这是作者的原意，这便是极不严肃的。正如魔术师要分身术的魔术，魔术师明说这仅仅是魔术而不是真的，观众都不会误解；但如果魔术师硬要说其“分身术”是真的，那么，这便成了伪科学。而且，即使是并未强加给作者的新意，也不能完全离开原文，“戏说乾隆”说的毕竟是乾隆而非尼古拉二世。近年来，有人把《荷塘月色》中的情感“新解”为朱自清的婚外恋苦闷，把《孔雀东南飞》中刘兰芝被休的原因“新解”为刘兰芝的“不孕症”，我们认为，这与有人将雕塑大师罗丹的名作《思想者》煞有介事地断认为是“一个厕所位上的胡思乱想者”[①] 一样，是一种随心所欲的“理解”，是很不严肃的，也是违背理解规律的。这一点，我们在鼓励学生勇于探究时也有必要作适当的提醒。

运用接受美学中的期待视野理论来研究我们当前的中学语文阅读教学，是一个新鲜的课题，也是一个很有价值的课题。期待视野理论对阅读主体的尊重和重视，对改变目前中学语文阅读教学重作品、重作者、重教师的现象确实具有革命性的意义。我们的研究还是初步的、肤浅的，我们期待着有更多的志愿者加入到我们的研究行列中来，为我们中学语文的阅读教学创设更为广阔的创新空间。

① 丁宁．接受之维［M］．天津：百花文艺出版社，1990.67.

目标教学与教学目标的异同

“目标教学”与“教学目标”是当前课程研究领域中的两个核心概念，两者有联系，也有区别。“目标教学”是以目标为导向、以反馈矫正为基本特征的教学体系，是典型的以学为主、以目标探究为核心的教与学高度协调配合的课堂教学结构；而“教学目标”是指一堂课所要完成的主要任务，是教学中师生预期所要达到的学习结果和标准。“教学目标”是“目标教学”的出发点和归宿，它贯穿于教学的全部；“目标教学”则是教师根据“教学目标”组织教学，把“教学目标”渗透到教学活动各个环节的一个过程。

在当前的语文教学实践中，有关“目标教学”的实施和“教学目标”的制定等方面还存在不少的困惑或误区，本文拟就相关的问题谈一谈笔者肤浅的认识和理解。

目标教学始于 1986 年。当年 9 月，美国著名教育学家、心理学家布鲁姆教授应邀到上海华东师范大学讲学，讲学的主要内容就是目标教学，其目标教学的理论依据就是布鲁姆等人的“教育目标分类学”“掌握学习策略”“形成性评价”三个方面的理论，这是布氏学派教育理论中最有价值也最生动的部分。从那以后，我国各地都有人在学习布鲁姆理论，并结合我国国情，根据自己所在地区的实际情况，有计划地进行着目标教学的实验。

其实，早在 20 世纪 70 年代末，上海华东师范大学一附中的语文教师陆继椿先生就已经开始了目标教学的实践，不过他不叫“目标教学”，他所进行的是“一课一得，得得相连”的“分类集中分阶段进行语言训练”的实验研究。

陆继椿老师面对当时语文教学内容的无序状态，从叶圣陶、夏丏尊的《国文百八课》中得到启示，以语言运用——写的能力为目的，根据初中学生的心理特点，借助系统论的研究方法，建构了初中语言训练的序列——“分类集中分阶段进行语言训练”体系。他创造性地提出语言训练系统的要素——训练点，共罗列了 108 个训练点，这 108 个训练点分为五大类：记叙能力、文言文阅读能力、说明能力、论述能力、文学作品赏析能力。经过不懈的努力，到20世纪80年代初，陆继椿已是语文教学的一大流派——“得得派”的核心代表，该流派在当时的中国语文教学界形成广泛的影响。应该说陆继椿老师的每一个训练点就是一个“教学目标”，这与目标教学是不谋而合的。

目标教学是在继承我国传统教育模式的基础上，借鉴和吸收近年来教育改革的成果和国外现代教育理论中有益的因素，经过广泛的实验形成的一个教学模式。它的理论体系主要由学生观（全体学生）、差生观（转化差生）、教育观（全面发展）和评价观（诊断性评价和形成性评价）等四个相互关联的基本观点构成。

与传统教学相比，目标教学有着比传统教学更科学、更先进的优势。首先，传统教学遵从凯洛夫的程式，课堂上从复习检查开始，到布置作业结束，每节课走一遍过场，缺乏针对性，不注重教学实效；目标教学则注重用教学目标规范教学流程，从出示教学目标开始，到反馈矫正终止，每节课目标任务明确，富有针对性，教学效果好。其次，传统教学以教师为中心，以讲授为主要形式，更多地着眼于教师的“教”，因此出现了诸如“一言堂”“满堂灌”等弊病，学生处于被动地位，只能被迫地听，机械地记，无法形成较强的学习积极性；而目标教学则把学生当作学习的主人，以启发引导学生主动地学习为主要形式，更多地着眼于学生的“学”。再次，传统教学对学生学习行为的结果没有规定，沿用一成不变的教学方法去教，学生学到什么程度算什么程度；目标教学的教学目标却对学生学习行为的结果有具体要求，如果达不到目标，还要进行补救，直至达到目标为止。另外，传统教学将后进学生比例大的原因归结于学生脑子笨、不努力，而目标教学的理论告诉我们，之所以有的学生没有达到要求，是因为学生投入的时间不够及教师没有提供可靠的帮助。因此，目标教学更看重教学过程中教师的主导地位与责任感。

目标教学的前提是制定准确、适合的教学目标。但从目前课堂教学的实际看，教学目标的制定存在诸多问题，有的定得太多，有的定得太大，有的定得太空，课与课之间的教学目标也处于杂乱和无序的状态。

下面是一位老师在讲《江南的冬景》时所确定的“教学目标”：

一、知识与技能

1. 培养学生对自然美的观察能力和感受能力，让学生了解一点美学知识。

2. 培养学生文本阅读的审美感知能力、发现能力和鉴赏评价能力。

二、过程与方法

1. 亲近大自然，感受自然之美。

2. 交流探究，品味文本意境美。

3. 拓展探究，在文本的比较阅读中进一步了解相关的美学知识、文学知识。

三、情感态度与价值观

加强自然美的审美教育，在寄情山水的同时陶冶情操，提升精神境界。

一篇课文，一课时，竟然有六个教学目标，而且每个目标都很大，单“知识与技能”这一项就要培养学生“对自然美的观察能力”“感受能力”“文本阅读的审美感知能力”“发现能力”和“鉴赏评价能力”等五种能力，还要外加一点“美学知识”。一堂课45分钟要承载这么多教学目标，教师能完成吗？学生能接受吗？

教学目标一般可分为宏观目标、中观目标和微观目标。

宏观目标一般指的是课程标准中所确定的总目标，如《高中语文课程标准》中规定的高中语文课程培养的总目标是“高中语文课程应进一步提高学生的语文素养，使学生具有较强的语文应用能力和一定的语文审美能力、探究能力，形成良好的思想道德素质和科学文化素质，为终身学习和有个性的发展奠定基础”。这是所有语文教学活动的出发点和最终归宿，但并不是某一堂课的教学目标。

中观目标在《高中语文课程标准》中从以下五个方面做了表述：

1. 积累·整合

能围绕所选择的目标加强语文积累，在积累的过程中，注重梳理。根据自己的特点，扬长补短，逐步形成富有个性的语文学习方式。了解学习方法的多样性，掌握学习语文的基本方法，能根据需要，采用适当的方法解决阅读、交流中的问题。通过对语文知识、能力、学习方法和情感、态度、价值观等方面要素的融汇整合，切实提高语文素养。

2. 感受·鉴赏

阅读优秀作品，品味语言，感受其思想、艺术魅力，发展想象力和审美力。具有良好的现代汉语语感，逐步提高对古诗文语言的感受力。在阅读中，体味大自然和人生的多姿多彩，激发热爱生活、珍爱自然的感情；感受艺术和科学中的美，提升审美境界。通过阅读和鉴赏，深化热爱祖国语文的感情，体会中华文化的博大精深、源远流长，陶冶性情，追求高尚情趣，提高道德修养。

3. 思考·领悟

根据自己的学习目标，选读经典名著和其他优秀读物，与文本展开对话。通过阅读和思考，领悟其丰富内涵，探讨人生价值和时代精神，以利于逐步形成自己的思想、行为准则，树立积极向上的人生理想，增强民族使命感和社会责任感。养成独立思考、质疑探究的习惯，增强思维的严密性、深刻性和批判性。乐于进行交流和思想碰撞，在相互切磋中，加深领悟，共同提高。

4. 应用·拓展

能在生活和其他学习领域中，正确、熟练、有效地运用祖国语言文字。在语文应用中开阔视野，初步认识自己学习语文的潜能和倾向，根据需要和可能，在自己喜爱的方面有所发展。增强文化意识，重视优秀文化遗产的传承，尊重和理解多元文化，关注当代文化生活，学习对文化现象的剖析，积极参与先进文化的传播和交流。注重跨领域学习，拓展语文学习的范围，通过广泛的实践，提高语文综合应用能力。

5. 发现·创新

注意观察语言、文学和中外文化现象，学习从习以为常的事实和过程中发现问题，培养探究意识和发现问题的敏感性。对未知世界始终怀有强烈的兴趣和激情，敢于探异求新，走进新的学习领域，尝试新的方法，追求思维的创新、表达的创新。学习多角度多层次地阅读，对优秀作品能够常读常新，获得新的体验和发现。学习用历史眼光和现代观念审视古代作品的内容和思想倾向，提出自己的看法。在探究活动中，勇于提出自己的见解，尊重他人的成果，不断提高探究能力，逐步养成严谨、求实的学风。

这些中观目标是对宏观目标的具体化，但还较笼统，也较抽象，仍然不宜作为某一堂课的教学目标。上面那位老师所设计的《江南的冬景》的教学目标有相当一些目标就是属于中观目标，所以仍然显得很空。

具体到某一堂课，应以微观目标为主。在确定微观目标时要遵循三个原则：

一要“小”。“小”就是切口要小，角度要小。如笔者在教学《我的一位国文老师》时，确定的教学目标就是“学习本文欲扬先抑的结构特色和幽默风趣的语言风格”。因其小，课堂教学方向感就更强，也便于操作。

二要“少”。虽然《高中语文课程标准》是从“知识和能力”“过程和方法”“情感态度和价值观”三个维度来确定教学目标的，但具体到某一课，没有必要全部兼顾。“过程和方法”可以放到教学过程中去展示，“知识和能力”“情感态度和价值观”最好一个维度一个目标，一般不要超过两个，最多不要超过三个。笔者在教学《想北平》时确立了如下三个目标：

1. 培养学生热爱家乡的感情。

2. 学习本文在对比中突出北平特点的手法。

3. 学习本文语言的通俗、纯净而又简洁、亲切的特色。

这三个目标，第一个是属于“情感态度和价值观”的，第二个是属于本课的主攻目标，第三个是属于本课的次攻目标。这里还要顺便强调一下，在一堂课的教学中，我们不提倡多“目标”，但并不意味着全课只围绕一个目标进行教学。作为语文课，除了本课的主攻目标外，还有一些作为语文训练的常规目标必须贯穿于语文课的始终，譬如学生口头表达能力的训练、想象能力的训练、语感的训练、字词句的教学等等都应该穿插其间，这样的语文课才是重点突出而又丰富多彩的。

三要“准”。所谓“准”有两层含义，一是所定目标要准确体现所教文本的特点，二是所定目标要与整个知识体系切合并准确定位。譬如有位老师在确定《乡土情结》的教学目标时将其定为“体味散文的语言艺术，鉴赏文本的意蕴美”，这样的教学目标就显得空泛而不准确。“散文的语言艺术”内涵非常丰富，不同的散文有不同的语言风格，而《乡土情结》的独特之处在于它引用了大量的古诗文和典故，使文章的意蕴非常丰厚。如果把赏析古诗文和典故的引用作为该文的一个教学目标就体现了所教文本的特点。同时作为散文训练系列，有的突出细节，有的突出风物，有的重在对比，有的重在哲理，而古诗文和典故的大量引用正好填补了这个训练系列的空白，使该文在整个散文系列训练中找到了恰当的定位。

上面我们重点谈了教学目标制定的各项注意事项，有人以为只要确定了教学目标，就可以进行目标教学了，其实这是一个误区。制定教学目标还仅仅是目标教学的一个前提，目标教学还有更加丰富的内容，目标教学的大体流程是：定标（制定教学目标）→示标（出示教学目标）→达标（达成教学目标）→测标（检测目标完成情况）→补标（矫正补救不达标的现象）。前面我们已经分析了“定标”，下面我们简要地谈谈目标教学其他程序操作上的注意点。

先说“示标”，所谓示标，就是出示教学目标。关于要不要出示教学目标也是有分歧的，有人主张不要出示，因为有些研究课目标与教学严重脱节，似有“挂羊头”而“卖狗肉”之嫌，因而有人认为这种类似形式的目标不如去掉。另外有些研究课目标笼统，缺乏明显指向，学生理解尚成困难，还谈何导向、激励功能，亮与不亮又有何异？有人坚持出示，他们认为目标导向是目标教学的主要特色，亮出目标就是想置学生于学习主体的地位，学生看了学习目标就明确了本课要学习的内容和需要达到的程度，就自然会围绕目标带着问题积极、主动地参与学习活动。笔者也以为还是亮出目标为好。布鲁姆指出：有效的学习始于准确地知道所要达到的目标是什么，我们也常说，学要有目标，赶要有方向，学生心中有了学习目标，更有利于教师的启导，也有利于目标的达成。

再说“达标”，达标就是达成既定的教学目标，它是课堂教学的主体。实现教学目标其实是需要一个过程的，因此，有经验的老师总是把教学目标的达成分成几个部分，然后分阶段实施。譬如讲《乡土情结》的古诗文的引用，我们可以先让学生快速浏览课文，让学生从文中找出所引用的古诗文并用现代汉语翻译，接着再让学生对所引用的古诗文进行分类，看哪些是直接引用，哪些是间接引用；哪些是整段（或整首）引用，哪些是片段（或一个句子或一个短语）引用，在此基础上再分析引用在文中的不同作用。这样，这堂课关于古诗文引用的教学目标就算是完成了。

“达标”之后就是“测标”，所谓测标，就是通过形成性评价手段对学生的达标情况进行检测。过去由于教育的竞争性和选拔性，在人们的观念中，考试的结果与教师的评判只是一种划分等级的制度，它用分数将学生区分为好、中、差几等。这种分等，给学生的心理、情感带来深刻的影响，这种影响对于成功的学生可能是积极与良性的，而对于失败的学生肯定是消极与不利的。由此，布鲁姆认为，这种以分等为目的的评价对于改进教学的作用甚微，难以保证所有学生达到教育的终极目标。为了适应社会的发展和要求教育功能的转变，布鲁姆指出，教育评价不能只是用来分等，更主要的是用它来改善教师的教和学生的学。

目标检测后最好当堂评析。绝大多数教师重视了模仿练习与变式练习的练评，以帮助学生形成正确认识，有不少教师认为这时再做张小练习卷或完成书面作业就行了。其实就信息反馈的层面而言，从模仿与变式练习教师只能收集到部分同学掌握知识的情况，而测后的及时评析，能迅速全面地了解每个学生的信息，及时“对没有命中的目标再射一箭”。正如布鲁姆教授所指出的，反馈的效果如何，关键在于我们能够不失时机地对学生（以及教学）进行矫正。因而我们认为，在学生完成课堂检测练习时要认真巡视，并有针对性地组织点评。

目标教学的最后一个任务就是“补标”，所谓补标，就是根据测标的情况对尚未达标的学生进行矫正补救。矫正补救是目标教学实现大面积丰收的关键。由课堂形成性评价、单元形成性评价获得信息后，要决策下一步教学应采取的措施，其中必须包括矫正一项，特别是对那些距教学目标较远的学生要提供必要的帮助和补救，不可让他们在前面知识没有掌握的情况下再去学习后面知识，应该使每一个学生后续知识的学习建立在牢固掌握上一单元（或上一课）知识的基础上，一步一个脚印地前进，从而有效地控制学习上的两极分化，确保大面积教学质量的稳步提高。

目标教学从理论到实践，其优越性是显而易见的。实行目标教学，有利于转变师生的教学观念，从而为争取大面积提高教学质量奠定了思想基础；实行目标教学，可以克服教学领域普遍存在的教学内容的随意性和质量评估的盲目性，从而为大面积提高教学质量提供了先决条件；实行目标教学，能够真正做到主体参与、分层优化、及时反馈、激励评价，是实现大面积提高教学质量的有力措施。

近年来，人们正在探究高效课堂的教学模式，而目标教学模式为语文课堂的高效提供了可能。我们希望更多的有识之士进入到目标教学模式的研究领域，为提高中学语文教学的效率探出一条新路来！

课堂教学素质化的基本原则

随着素质教育研究的深入，人们越来越意识到，素质教育绝不仅仅是搞一些热热闹闹的活动，素质教育还必须扎扎实实地体现在课堂教学之中。据统计，学生在学校的活动总量中有75%的时间是在课堂上度过的，如果素质教育不能落实在课堂教学中，那素质教育只能是空中楼阁，是没有生命力的。因此，课堂应该是素质教育的主阵地，课堂教学必须向素质化努力。另外，从“减负”的角度看，只有素质化了的课堂教学才是高质量、高效率的课堂教学，也只有高质量、高效率的课堂教学才能从根本上减轻学生过重的学业负担。那么，课堂教学如何素质化？课堂教学素质化必须遵循怎样的原则？本文拟就此作一些探导，以求教于大方之家。

1. 规范性

这里的“规范”主要是就教师而言。素质教育简言之，就是通过教育、训练，使知识和能力内化为学生的素质。要提高学生的素质，教师就必须具备相应的素质。教师在课堂教学中是起示范作用的，教师的示范必须是规范的。语文教师（自然不仅仅是语文教师）必须操一些较为标准的普通话，写一手工整的粉笔字；外语教师吐音要准确；理化教师实验操作要正确；体育教师做示范动作一定要到位……总之，凡是我们要求学生做到的，自己首先要做到，而且要符合标准。很难想象，一个讲话南腔北调的语文教师能教出会说标准普通话的学生，一个在黑板上随意涂鸦的教师，他的学生能工工整整地写字。不少有识之士早已认识到，要提高学生的素质，首先就要提高教师自身的素质。有些本身素质不高的教师应加强教学基本功的训练，以期尽快适应课堂教学素质化的要求。

2. 准确性

古人云：师者，所以传道授业解惑也。教师要在课堂上完成“传道授业解惑”的任务，就要能准确地理解把握教材，这也是教师内功的体现。课前，教师必须对教材进行深入细致的研究，决不放过任何一个疑点。教师最忌讳的是在课堂上出现低级的、科学性的错误，那不仅会贻笑大方，更严重的是误人子弟。上海著名的特级教师于漪在谈她的备课体会时就说，她备每篇课文都要翻阅大量的资料，备一堂课常常要耗费十多个小时。她这样做的目的就是要保证课堂传授知识的准确性。素质教育虽然强调能力的培养，但能力是以知识为前提的，如果教师在课堂上传授给学生的知识是不准确的，甚至是错误的，那能力的培养、素质的提高又从何谈起？

3. 针对性

所谓针对性，就是课堂教学的目标要有针对性。课堂教学目标的针对性，主要体现在三个方面：一是针对教材。教师要认真研究教材，要抓准教材的重点、难点，确定教学目标；二是针对知识网络。教师备课时眼睛不能只盯在一篇课文或一章一节上，心中要有一张知识网，要明确本课所讲的内容在这张知识网络上属于哪一个点，如果原定所讲的重点以前已讲过，那就有必要重新确定教学重点，以不断填补知识的空白点；三是针对学生。教师备课不仅要备教材，更要备学生。备学生也要有针对性，一个班的学生往往是参差不齐的，你的目标如果只面向少数尖子生，那中等偏下的学生就会感到学得吃力；你的目标如果过分照顾中下等生，尖子生又会觉得吃不饱。因此，教学目标的确定最好着眼于中等偏上，这样两头都能兼顾。课堂目标的针对性应该是以上三个方面综合考虑的结果，这样，我们就能避免教学目标的随意性。

4. 全体性

素质教育的第一要义就是要面向全体学生。在教学中，教师既要根据教学目的、教学计划向学生提出统一要求，同时，又要从学生的实际出发，承认个别差异而因材施教。教师要看到学生发展的不平衡性，要防止仅凭学生一时一事的表现就轻率地下片面结论，教师要承认差异，但不可轻言“差生”。课堂教学的每一个环节教师都要兼顾到每一个学生，譬如课堂提问，难度要适中，学生暂时答不出来或答错，不要责备，更不要讽刺挖苦，要耐心启发引导；提问的面要广，不能只集中在几个尖子生身上，教师要千方百计让每个学生都得到发展的机会，让每个学生都感受到成功的乐趣。

5. 全面性

素质教育的第二要义就是要促进学生的全面发展。应试教育下的课堂教学是以传授知识为主的，而素质教育下的课堂教学则要求在传授知识的同时发展学生的能力。教师要通过多种途径去训练学生，如语文课、外语课就是从听、说、读、写四个方面去训练的，各科教学都要重视思维训练，理、化、生等学科还要注意培养学生的动手能力。只有通过多方位、多层次的训练，才能使学生内在的素质得到提高，并逐步内化为能适应社会发展的能力。

需要强调的是，人的素质的全面发展还不仅仅指知识和能力的并重，人的整体素质还应包括健康的心理和健全的人格。因此，在整个教学进程中，教师要不失时机地利用教材和可以利用的因素对学生进行健康心理的教育和健全人格的培养，努力使我们的学生成为具有优秀的体力和智力，具有健康心理和健全人格，具有包括科学、道德、艺术等方面全面发展的良好的社会主义素养的“完人”。

6. 主体性

学生是具有主观能动性的实践者和认识者，整个课堂教学过程最终是以学生的认识为归宿的。因此，在课堂教学中要充分尊重学生的主体地位，要竭力培养学生的能动性和自主性，这也是素质教育区别于其他各种教育模式的最显著、最根本的特征。

教师要认真研究学生，研究学生的知识基础，研究学生的认知规律，教师在课堂上要做“主导”，且要因势利导。上海著名特级教师钱梦龙曾这样解释“因势利导”：“因势，就是要充分尊重学生的主体地位，要承认学生的知识、能力、智力、情感、兴趣等等对教师的制约作用，教师只能顺其势而施‘导’，不能逆其势而硬‘牵’。利导，就是要把学生引导到最有利于他们的认识和发展的情境中去，从而使学生真正成为学习的主体。”

另外，从内化的角度看，课堂教学也必须以学生为主体。内化学说是素质教育的重要理论根据。内化是一种心理过程，在社会心理学中，内化是指将一定的精神文化经过社会学习而转化为稳定的心理因素的过程。这一过程是在个体的活动中经过语言的中介而实现的，内化的过程，正是个体形成适应社会需要的各种素质的过程。个体身心素质结构作为一个开放的系统，在接受外界教育影响时，不是消极被动的容器，不是有什么影响它就内化什么。只有当外部的教育影响与学生主体的需要相一致，他才能积极、主动、自觉地进行各种智力活动，与此同时，各种非智力因素也在积极参与活动的过程中得到发展，只有这样，内化过程才能顺利进行。如果无视学生的需要、动机、态度、情感，一味地实施灌输，那只会导致学生的厌学情绪。学生的接受系统一旦封闭，就会出现视而不见、听而不闻的现象，此时，内化的过程就中止了，素质形成和发展的过程也就中止了。由此可见，课堂教学中离开了学生主体性的发挥，素质教育就会落空。

7. 创新性

创新教育是素质教育向更深层次的发展，江泽民同志曾说，创新是一个民族的生命。那么，我们是否可以说，创新也是一堂课的生命。课堂教学中的创新，我们认为应该包括两个层面：一是教师的课堂设计要有新意。教师应根据不同的教学内容设计不同的教学思路，要力争每堂课都能给学生以新鲜感；二是教师要鼓励学生创新。教师不宜过早用标准答案束缚学生，有的甚至不必给标准答案，教师还要鼓励学生勇敢地向传统挑战、向名家挑战、向自己挑战。只有这样，我们的课堂教学才能处处爆发出创造的火花。

8. 实践性

课堂教学中的实践性，就是教师在课堂上要尽可能多地给学生动手、动口、动脑的机会。美国有人曾这样说，美国的学生考不过中国的学生，但中国学生的动手能力比不过美国的学生；美国的学生拿奥林匹克金牌拿不过中国的学生，但中国的学生拿诺贝尔奖拿不过美国的学生。这些话看上去是有些刻薄，但我们又不能不承认这是事实。这实际上暴露了我们平时教学中的弊端，即只重知识传授，而轻视实践能力培养。我们的老师在课堂上讲得太多了，老师的越俎代庖必然导致学生的实践能力下降。因此，我们在课堂教学中要多给学生实践的机会，他们能说能做的，自然要让他们说，让他们做，他们暂时不能说不能做的，也要让他们努力去说，努力去做。

9. 启发性

说到启发式教学，有人总把它与提问画上等号，于是，满堂灌变成了满堂问。是的，启发式教学是要借助于提问，但提问并不等于启发式教学。如果所提问题没有思考价值，即使问得再热闹，也与“启发”无缘。

启发是引导学生思考而不是牵着学生鼻子走，是勉励学生而不是强迫学生、是启迪学生而不是代替学生思考或作出结论。教师要能通过自己的“讲”，诱导学生去“想”，从而弄懂所讲解的知识。

怎样诱导学生去“想”呢？俗话说：“学源于思，思源于疑。”思维永远是从问题开始的。只要在一个人面前摆出必须经过思考才能解决的问题，他的思维必然会活跃起来。宋代教育家朱熹也说："读书无疑者，须教有疑，有疑者，却要无疑，到这里方是长进。"启发学生思维的要点就是"在无疑处生疑"，使一堂课沿着"无疑——有疑——无疑"这样一条"波浪式"的思维路线前进。

10. 生动性

素质教育要求学生去主动地探求知识，但要学生学得"主动"，教师就要教得"生动"，教师要想方设法调动学生学习的兴趣，使学生"乐学""想学"。

怎样才能把课上得生动起来呢?

首先，教师要有激情。特别是文科的教师，感情要投入，那种照本宣科、人云亦云的讲解，学生只会恹恹欲睡。

其次，教师要调整好课堂节奏。讲课速度要快慢适度，繁简有致，对教材内容的处理安排要富有弹性，有起有伏。电视剧导演爱追求十分钟一个兴奋点，目的在抓住观众。我们一堂课 45 分钟，大体与一集电视剧的时间相当，在设计教案时，也应该有"十分钟一个兴奋点"的意识，这样，才能减轻学生身体的劳累并唤起他们追求新知的喜悦感。

再次，教师要激发学生的参与意识。有一位英语老师在讲"爱因斯坦小传"时，举办了一个"记者招待会"，请一位同学扮演爱因斯坦，请全班同学扮演记者。做记者的同学频频发问，扮爱因斯坦的同学侃侃而答，所问所答的内容虽都来自课本，但此时学生的求知兴致远高于教师一人唱独角戏，原因就在于学生参与到教学的进程之中了。

11. 形象性

随着时代的发展，人们对教学手段的要求也越来越高，原来那种一支粉笔一本书、一根教杆一张嘴就显得过于简陋和朴素了。有些条件较好的学校，每个教室都配备了四机一幕（"四机"即电视机、幻灯机、放像机、放录机，"一幕"即幻灯屏幕），有的学校还制作了多媒体软件辅助课堂教学。有了这样一些现代化教学设备，课堂教学就成了三维的、立体的，有些原来非常抽象、很难说清的问题，随着三维立体画面的展示，就显得轻而易举了，这就是形象化教学的优势，对于培养高素质的人才是大有帮助的。

当然，现在有些学校由于经费紧张，教学手段依然非常落后，在这种情况下，我们教师就要动脑筋、想方法，努力使我们的教学形象起来。如有位语文教师讲《核舟记》，这是一篇文言说明文，在既无实物又无图片的情况下，这个老师安排了两组学生根据课文分别扮演舟头的三个人物和舟尾的两个船工，然后让学生对照课文判别他们动作和表情的正误，课堂气氛非常热烈，教学效果也很显著。

12. 规律性

“教是为了不教。”这是叶圣陶老先生的至理名言，也是我们课堂教学素质化要达到的最高境界。

《孙子兵法》云：“授人鱼，供一餐之用；授人渔，则享用不尽。”这里的“渔”就是规律，就是方法。在课堂教学中，我们在传授知识、训练能力的同时，还应帮助学生总结规律，让他们掌握方法。我们不要求一堂课讲很多规律、很多方法，但一堂课至少要引导学生掌握一个规律、一种方法。这样日积月累，学生就会越学越轻松，越来越聪明。达尔文说：“关于方法的知识是最有价值的知识。”那么我们要说，懂得了认识规律，掌握了各种学习方法的学生则是最有价值的学生，也是素质最高的学生。

纵观以上十二条原则，可分三个层面：第一个层面是1～3条，这是教师自身素质层面，也是课堂教学素质化的首要原则，没有高素质的教师焉得有高素质的学生；第二个层面是4～8条，这五条是素质教育的精髓，是课堂教学素质化的核心原则。这五条体现不出来，就无素质教育可言；第三个层面是9～12条，这四条属于教学艺术的层面，它可以促进和强化素质教育并使之更有成效。

素质教育渗透课堂教学，是素质教育的深化，也是素质教育的最终归属。研究课堂教学素质化的原则将有助于人们更自觉地贯彻素质教育，更具体地落实素质教育。以上所谈，仅仅是笔者的一孔之见，我们期待着有更多的同道来思考这个问题，研究这个问题，让我们携起手来，共同迎接结满素质教育累累硕果的金秋的到来。

“模块” 不宜太 “模糊”

——高中语文新课程模块设计的认识与思考

在普通高中新课程方案和各门课程的课程标准中，“模块”是一个出现频率很高的词汇，模块的设立是高中新课程非常重要的特色。

普通高中课程是由学习领域、科目、模块三个层级构成的。高中新课程共设置了八个学习领域：(1) 语言与文学（含语文和外语）；(2) 数学；(3) 人文与社会（含思想政治、历史、地理）；(4) 科学（含物理、化学、生物、地理）；(5) 体育与健康；(6) 艺术（含美术、音乐、综合艺术）；(7) 综合实践活动；(8) 技术（含通用技术和信息技术）。这八个学习领域是高中新课程结构的第一层级，它们所涵盖的十七个科目是高中新课程结构的第二层级，模块则是组成科目的基本单位，属于第三层级。

虽然“模块”是最低层级，却是最为重要的一个组成部分。它以学科内容为基础，遵循学科逻辑，整合学生经验和社会现实，构成相对完整的学习单元，最终完成知识传授和能力培养的任务。因此，模块的设计必须有利于解决学科不断分化与学校科目设置相对稳定的矛盾，必须有利于学校灵活安排课程，必须有利于学生自主选择课程，形成个性化的课程修习计划，必须有利于学生在同一时段内减少大学科目，相对集中有效地学习。又因为模块在整个课程结构中属于微观领域，直接与学科联系，直接与广大教师联系，因此，模块的设计还必须清晰明了，且具有相当的可操作性。然而，当我们打开《普通高中语文课程标准》时，我们不无遗憾地发现，这里的模块设计实在太笼统、太模糊了。下面我就来谈谈我在阅读《普通高中语文课程标准》时产生的困惑以及由此而引发的思考。

一、语文必修课五大模块设计存在的问题

根据《普通高中语文课程标准》规定，高中语文的必修课由五大模块组成，即语文 1、语文 2、语文 3、语文 4、语文 5，编写者在设计思路介绍中

说："每个模块都是综合的，体现'阅读与鉴赏''表达与交流'的目标和内容。"这样的设计思路不能算错，它充分体现了语文学科的特点，也充分体现了模块设计所应具有的综合性。但模块设计者仅仅重视了模块设计的综合性，而忽略了模块设计的相对独立性。教育部制订的《普通高中课程方案（实验）》明确规定："模块之间既相互独立，又反映学科内容的逻辑联系。每一模块都有明确的教育目标，并围绕某一特定内容，整合学生经验和相关内容，构成相对完整的学习单元；每一模块都对教师教学行为和学生学习方式提出要求与建议。"而我们现在所看到的五大模块是一笔糊涂账，是混沌一片，没有重点，没有主题，没有要求。这叫一线的老师怎么操作？

理想的模块设计应该是每一个模块都以一个特定的主题作为该模块组织的核心，模块中的所有内容都紧紧围绕这一主题设置，模块与模块既有分工又有联系，每一模块所蕴含的主题都指向该学科的明确的教育目标。学生在模块课程中所获得的不再是一个个孤立的知识点，而是一种在主题统摄之下的结构化的知识框架。在这一点上，我觉得历史学科的模块设计就很值得借鉴。

普通高中历史课程由必修课和选修课构成。普通高中历史必修课分为历史 1、历史 2、历史 3 三个学习模块，历史 1 着重反映人类社会政治领域发展进程中的重要内容，历史 2 着重反映人类社会经济和社会生活领域发展进程中的重要内容，历史 3 着重反映人类社会思想文化领域发展进程中的重要内容。这三大模块又包括 25 个古今贯通、中外关联的学习专题，分别反映人类社会政治、经济、思想文化、科学技术等领域的重要历史内容，是全体高中学生必须学习的基本内容。普通高中历史选修课是供学生选择的学习内容，旨在进一步激发学生的学习兴趣，拓展学生的历史视野，促进学生个性化发展。历史选修课分为历史上重大改革回眸、近代社会的民主思想与实践、20 世纪的战争与和平、中外历史人物评说、探索历史的奥秘、世界文化遗产荟萃等六个模块。学生可根据自己的兴趣，任选若干个模块。

这样的模块设计分工明确，重点突出，既体现了综合性，又体现了独立性，可操作性强，非常便于一线老师的教学。

历史学科能设计出这样主题明确的模块，语文学科为什么就不能呢？"阅读与鉴赏"能不能分专题、分层次？"表达与交流"能不能分专题、分层次？我认为，只要我们潜心研究，我相信是会有结果的。

二、语文学科五大模块的设计依据及其模糊性

既然我们语文学科的模块设计既无主题，又无重点，那为什么要把语文教学设计成五大模块？它的设计依据是什么？从《普通高中语文课程标准》中我们找到了唯一的解释，课程标准中把高中语文必修课的教学限定在五个半学期完成，每半学期为一个学段，每一学段（约 10 周）完成一个模块的学习，每个模块 36 学时，2 学分。

细读上面课程标准中的这个规定，我们不禁会产生这样一些疑惑：1. 现在一般学校语文课都是按每周 6 课时排的，10 周的总课时应该是 60 课时，减去每个模块所用的 36 课时，剩下的 24 课时干什么？2. 语文必修课的五个模块的学习只用高一至高二两个学期半的时间完成，也就是说整个高中语文教学只用高一一学年，另加高二第一学期的前半学期就结束了，这短短的 50 周时间能达到“课程目标”所规定的“阅读与鉴赏”“表达与交流”的学习目标吗？我只知道，我们现在每周 6 课时，训练三年，还有相当一部分学生语文学习不过关。

前不久，我在上海参加上海杨浦区的“三名工程”（名学校、名校长、名教师）展示会，会上，复旦的一位教授呼吁，中小学要拿出一半的时间来教语文，因为他发现，他们学校本科生的语文水平实在太差，有的博士生还不会写文章。他的这个呼吁不免偏颇，但至少反映了一个现实问题，我们中学的语文教学没有让我们的学生语文过关，连走进复旦大门的学生语文都没过关，遑论其他？现在仅用整个高中阶段三分之一多一点的时间，就要完成学生高中语文的学习任务，对此我深表怀疑。

语文学科模块这种既无主题、又无重点的设计，使模块目标显得模糊不清，使整个高中阶段的语文教学目标也显得模糊不清，而教学目标的模糊性，也造成了教学用时的随意性。

三、模糊性造成的五大模块与五大系列的交叉和重复

《普通高中语文课程标准》的五大模块没有主题，没有侧重点，但作为选修课的五大系列倒较具体明确。系列 1 是诗歌与散文，系列 2 是小说与戏剧，系列 3 是新闻与传记，系列 4 是语言文字应用，系列 5 是文化论著研

读。看了这五个系列的主题，我们发现，除系列 5 之外，其他的四个系列与必修课的五大模块要完成的“阅读与鉴赏”“表达与交流”有着太多的交叉和重复。如“阅读与鉴赏”的第 4 条所要求的“能阅读理论类、实用类、文学类等多种文本”，第 6 条所要求的“学习鉴赏中外文学作品，具有积极的鉴赏态度”，第 7 条所要求的“在阅读鉴赏中，了解诗歌、散文、小说、戏剧等文学体裁的基本特征及主要表现手法”，与系列 1、系列 2、系列 3 不都有交叉与重复吗？再如“表达与交流”第 2 条所要求的“能考虑不同的目的要求，以负责的态度陈述自己的看法，表达真情实感”，第 3 条所要求的“书面表达要观点明确，内容充实，感情真实健康；思路清晰连贯，能围绕中心选取材料，合理安排结构”，第 7 条所要求的“增强人际交往能力，在口语交际中树立自信，尊重他人，说话文明，仪态大方，善于倾听，敏捷应对”……与系列 4 又有什么区别？

我们知道，选修课是必修课必要的拓展和延伸，它们之间不可避免地会有一些交叉和重复。但选修课也应有相对的独立性，它与必修课的交叉和重复仅仅是部分的而不应是全部，如果是全部涵盖，那必修课与选修课又有什么区别呢？

他山之石，可以攻玉，我们再来看看生物学科必修课和选修课的设置：生物的必修课有三个模块，生物 1 是分子与细胞，生物 2 是遗传与进化，生物 3 是生态与环境；生物的选修课也有三个模块，选修 1 是生物技术实践，选修 2 是生物科学与社会，选修 3 是现代生物科技。从生物学科必修课和选修课的设置看，模块之间虽有一定的联系，但各自的独立性还是很强的。

除了生物，其他学科的必修课和选修课的设置，也没有哪一科像语文有这么多的重复和交叉。之所以会出现这种现象，我认为，仍然是由模块的模糊性造成的。

关于“模块”，我没有作过深入的研究，但我知道，模块的设计不是一件简单的事，特别是语文这个较为特别的学科。就目前我们所看到的高中语文课程的模块设计已经浸透了很多专家的心血，我对这些专家表示深深的敬意。以上我所提出的一些疑惑，仅仅是从一个一线教师的角度，从可操作性的层面来谈的，很不全面，也很不成熟，恳请各位专家学者同仁批评指正。

功夫在课外

——语文教学有效性的另类思考

语文教学的有效性是一个既简单又复杂的命题。说它简单，是因为“有效”的概念很明了，内涵很清楚；说它复杂，是因为“有效”的标准是众说纷纭，“有效”的途径有千条万条，谁心里都有数，谁嘴上都说不明白。

什么是“有效”？依我看应从两个方面来理解：一是学生要有所得，二是用最少的时间能取得最好的效果。学生的有所得应体现在知识能得到丰富，思维能得到训练，能力能得到提高，人格能得到完善，最终体现在高考的分数和人生的发展上。至于用最少的时间取得最好的效果就是说你花的时间比谁都少，但你的学生的语文成绩比谁都好。这一点我可以自豪地说，我做到了，而且连续二十多年都做到了。

我所在的学校每周除六节正课外，要安排两节辅导课，每周日上午要安排一节课，这三节课我都不上，都把学生放到图书馆里，我就只上星期一到星期六的六堂课，每堂课我还要抽出十分钟来让学生演讲并作演讲评析，实际上我上课的时间就是一周六个 35 分钟。因为我常常要外出开会或作讲座，有时课实在调不过来就送一两节课给其他学科的老师。在这样有限的时间里，我的教学进度并不比别人慢，我的教学质量不仅不比别人差，而且连续二十多年我所任教的班级的中考或高考（我先教初中后教高中）成绩均名列同轨班级前茅。我的学生毕业若干年后谈起我仍然对我心存感激，认为我给他们打下的良好的语文基础，使他们的人生得到了更好、更快的发展。由此可见，我的语文教学不仅是有效的，而且是高效的。

那么我是怎样使我的语文教学达到有效甚至是高效的呢？在这里，我想借用诗人陆游的一句诗“功夫在诗外”来谈谈提高语文教学效率的一条捷径——功夫在课外。

我们先来说说语文教师的课外功夫。

吕叔湘老先生曾说：“要提高语文教学效率，根本问题是语文师资问题，老师的水平高，才能教出好学生；老师水平不高，学生中也有少数或个别的由于自己用功有了成就，但是多数学生需要有好的老师来提携、来指导，所以归根结底还是师资问题，名师出高徒！”语文老师的水平怎样才能高起来呢？

首先，语文教师要多读书。语文教师的工作是紧张而忙碌的，我刚开始从事教育工作时，两个班语文再加一个班主任的工作几乎占去了我所有的时间，我整天忙于备课、上课、批改作业、找学生谈话。渐渐地，我发现自己上课不再像以前那样谈笑风生、挥洒自如了，静下心来反思原因，竟吓出一身的冷汗。除了教材和教参，我已记不得近几个月来还读过什么书了，如果任自己这样发展下去，该不会有江郎才尽的一天？

宋代著名学者朱熹在《观书有感》一诗中写道：“半亩方塘一鉴开，天光云影共徘徊。问渠哪得清如许，为有源头活水来。”这是一首用比喻方法写读书重要性的诗。作者以物喻人，寓理于景，小小方塘，美丽可爱，就是因为活水不断注入的缘故；人若要不断长进，就要不断地读书学习，探求新知识，吸取书中的营养。为了使自己永不断流，也为了使自己永远耳目精爽，从此，我逼自己每天必须抽出起码一小时来读书，同时，我还要求自己读书要坚持三个原则：

一是读书要“杂”一点。教师，特别是语文教师知识面应该广一些，你可以不必成为某一方面的专家，但你必须是一个杂家，有些领域哪怕懂点皮毛也是好的。有的书不必细读，可以像鲁迅所倡导的那样随便翻翻。

二是读书在“杂”的基础上也要适当“专”一点。如果我们整天满足于看杂书，而没有一定的研究方向和研究领域，那恐怕就可能流于空泛。我这里所说的“专”主要是针对三个方面而言：一是专门阅读与教育或自己所教专业有关的书籍；二是围绕所备的课文专门阅读与此相关的书籍报刊；三是围绕拟写的一篇论文，重点阅读相关的著作和资料。

三是读书要“新”一点。读书要读经典，但光读经典也是不够的，我们语文老师要努力与时代同步，当代的、流行的、时髦的，我们都应该有所了解。朱自清要读，余秋雨、周国平也要读；曹雪芹要读，贾平凹、姜戎（《狼图腾》的作者）也要读；《巴黎圣母院》要读，《达·芬奇密码》也要读。我们只有时刻关注社会的发展，文明的进步，我们才能跟我们的学生息息相通，心心相印。

其次，语文教师还要多动笔，多写文章。一个教师对自己的教学要经常反思，经常总结，要勤于将自己反思总结的结果形成文字。我从教二十多年，已发表有关语文教学论文 200 多篇，出版有关语文教学方面的著作 30 多部。我一直固执地认为，一个不读书不写作的语文老师绝对不可能是一个好的语文老师，也绝对不可能取得好的教学效果。

再次，语文教师还要在课前的备课上多下苦功。课堂教学仅仅是你教学方案的一种呈现，一堂课能否成功，课前是否精心准备是关键。于漪先生曾说她备一篇课文一般要十几个小时，她一个大家尚且如此费心，我们还有什么理由不认真？备课要注重什么呢？我以为文本的研读、目标的确定、过程的安排、提问的推敲、板书的设计都是备课的重中之重。只有课前准备充分了，课堂上才能做到张弛有度、游刃有余，也才会有好的教学效果。我从没有不备课就上课的事情发生，即使是教过的课文我也要重新备一遍。只有备课备得充分，备出激情，上课才有感觉，才有激情，也才能感染学生。

教师的课外功夫固然重要，但要提高语文教学效率，学生的课外功夫也应该重视。

首先，学生也要加强课外阅读。我经常向学生推荐一些好书、新书，我把学校给我的辅导课都让给学生去图书馆，我还要求我的学生每人至少订阅一份语文方面的报刊。学生读得多了，视野开阔了，语文的素养自然也就提高了。

其次，学生也要重视课前预习。毛泽东同志曾教导我们，不打无准备之战，不打无把握之战。一堂课教师准备得再充分，如果学生对所学内容毫无所知，那课堂效果肯定不好。因此，每堂课前，我总是要求我的学生要做好充分的预习，预习时我要求他们分四步进行：一是圈点勾画（即给课文标注自然段，给课文中的生字词注音、释义，将课文作者或出处的有关常识勾画出来)，二是分段概括，三是评点文本，四是质疑问难。课前学生作了这样充分的准备，课堂上的深入探讨就有了保证。

再次，学生更要注重平时的积累。我要求我的学生从开学第一天起每人就准备一本笔记本，我将之命名为“日知录”，我设计了四个模块供学生选择：第一模块是一天四抄，即每天抄一个成语，抄一个名句，抄一句名言，抄一段精彩语段；第二模块是一天两练，即练一个古诗词鉴赏题，练一个语言运用题；第三模块是写一篇 300 字以上的有标题的日记；第四模块是写一篇 800 字以上的有标题的周记。当然学生也可以自行设计模块。学生每天选择一个模块，四个模块每周每一种起码要选一次。学生每天的摘抄写作量平均在 500 字左右，三年下来，我的学生每人都要积累近 50 万的文字。有了这样的积累，学生的语文功底自然就要高于其他班的同学了，他们的高考成绩和未来发展怎么可能不优于其他同学呢？

有效的语文教学实际上是个系统工程，仅仅关注 45 分钟的课堂远远不够，需要课内课外各方面的合力作用。本文所谈的课外功夫可能与课堂教学关系不大，但却是语文教学有效性的题中之意，权且把它当作有关语文教学有效性的一点另类思考，供有识之士研究之用。

语文教育的突破与关键

——学生语文素养的提高

“语文素养”是语文新课标中的一个核心概念，新课标先后六次提到这个概念。那么，什么是语文素养？语文新课标为什么要提出“语文素养”这一概念？多年来大家已经习惯于“语文能力”的说法，语文新课标中摈弃“语文能力”，而提“语文素养”，意在什么？我们看一看相关的工具书关于“能力”和“素养”的表述：

“能力”，指人能胜任、完成某项工作的自身条件（包括心理和生理条件），其重在功用性；“素养”，指人通过长期的学习和实践（包括修习培养）而在某一方面所达到的知识、技能、品德、思想的高度，包括功用性和非功用性。

由上述的解释可以看出：“素养”高于“能力”，“素养”所包含的内容比“能力”丰富。

新课标所提的“语文素养”是指学生在语文方面表现出来的比较稳定的、最基本的、适应时代发展要求的学识、能力、技艺和情感、态度、价值观。

下面，笔者拟就语文素养的内涵及其重要意义作一简要的阐述，以引起人们对这一问题的进一步思考。

一、语文素养涵盖的内容

语文是工具性和人文性相统一的学科，它是各学科学习的基础，也是人生发展的基础。复旦大学一位教授甚至建议中小学要拿出一半的时间来教语文。现在人们对英语的重视远远高于对母语的重视，这是值得我们警惕的。

语文素养涵盖的内容是非常丰富的，它是以语文知识和语文能力为主干，至少包括语文知识、语文能力、一般智力、社会文化常识和情感意识与个性五个要素在内的有机复合体。提高语文素养就是要实现这五个要素的辩证统一，使这五个要素得到全面、和谐、充分的发展。学习语文知识，训练语文能力，开发智力，感受社会文化熏陶和陶冶情操，构成了提高语文素养的基本内涵。

大家知道，素养所涵盖的内容可谓包罗万象，既包括个人的价值观、人生观等品性特征，也包括个人学习过程中所获得的知识体验和情感价值体验。比如，一个学生在语文学习过程中，从掌握语文知识和形成语文能力的活动中获得的感受以及能力，都可称为语文素养。这样一来，语文素养的内容到底包括多少，真的很难给予界定，这其中还不包括学生通过课外实践活动，如选修课所获得的语文素养。

再说它的内涵，新课标要求“弘扬和培育民族精神，使学生受到优秀文化的熏陶，塑造热爱祖国和中华文明、献身人类进步事业的精神品格，形成健康美好的情感和奋发向上的人生态度；应增进课程内容与学生成长的联系，引导学生积极参与实践活动，学习认识自然、认识社会、认识自我、规划人生，实现语文在促进人的全面发展方面的价值追求”。这一要求比较全面，有关于学生的人生态度，有关于学生的认知态度，有关于学生的道德品质。因此，语文素养是带有明显的综合性的。

语文素养应该包括知识素养、能力素养（听说读写能力、探究性学习能力、收集和处理信息的能力）与情感素养（态度、价值观、文化品位、审美情操）这三个维度。

我们这里谈的教育主要是基础教育，其对象是广大的中小学生，因此它有别于一般的素养，它指的是学生在学校教育中习得的语文素养。比如一个作家的语文素养可能是多方面的，如较强的写作能力、较大的阅读量、比较丰富的社会阅历和生活体验等，而且随着时间的积累，其容量会越来越大；而我们讲的语文素养，对学生只是规定了一个最低标准，只要在规定的时间范围内达到相应的最低要求，就算已经达到了要求。因此，我们应该根据学生各个阶段不同的心理发展特性，制定出相应的培养目标。语文素养的培养有一个“变通域”，即它有一个很大的层次空间和范围，为此，必须对语文素养从量上进行规定，即“量化”。所谓“量化”，就是用客观、具体的数字来规定学生在各个学习阶段实现语文素养所要求达到的最低标准。比如，在小学阶段，学生应该掌握至少 2800 个单字，高中阶段应该会背 50 篇古诗文等，只有规定了这样一个最低标准，语文素养的实现才更容易些。

自语文课设置以来，经历了由重知识向重能力转变的发展过程。如果向前追溯，古人重什么？古时候没有专门设语文课，但古人仍去读很多东西，背很多东西，实际上这里面就有个跨领域学习的问题。他们去考秀才、考举人、考进士，虽然只是考一篇文章（并不是像我们现在考《校园一角》《我的老师》之类的文题），但是要想写好文章，必须运用各方面的知识，有语言的、历史的、文学的，有的甚至涉及国策的讨论，这不就是跨领域的学习和运用吗？用现代学科分类的目光来看，在这个学科学的东西到那个学科用上了，它就是超学科的。在语文课上安置一些原来我们认为不是语文该做的事，让学生做一些综合性的学习，这是非常自然和正常的，也是适应社会发展需要的。

其实，各门学科里都有一些超出自己学科、与其他学科有一定联系的知识，在学科与学科之间搭建相互沟通的平台，这对学生的综合能力的发展是大有好处的。语文新课标中就说到语文教学“不宜刻意追求语文知识的系统和完整”，只有学生综合能力得到发展，他的语文素养才能得到真正的发展。

二、语文素养的提高是语文教育的突破与关键

语文新课标在教学建议中指出：“培养学生高尚的道德情操和健康的审美情趣，形成正确的价值观和积极的人生态度，是语文教学的重要内容，不应把它们当做外在的附加任务。应该注重熏陶感染，潜移默化，把这些内容贯穿于日常的教学过程之中。”显然，这段话在指出提高人文素养是语文教学的重要内容的同时，也强调指出了提高人文素养的基本途径——“贯穿于日常的教学过程之中”，基本方法——“熏陶感染，潜移默化”。这就是说，人文素养的提高是在语文教学的过程之中，在指导学生理解语言和运用语言的过程之中，是与培养语文能力同步进行的，绝不是在培养语文能力之外，另外“附加”提高人文素养的环节。也就是说，培养语文能力和提高人文素养，在语文教学中是统一的，不要人为地割裂。

第一，离开知识的能力是不可设想的，轻易否认语文知识对语文学习的指导和促进作用，容易使语文教学走向非理性主义的误区。在中小学阶段，使学生掌握一定的汉字音形义的知识、基本的语法和修辞知识、常用的段落和篇章结构知识、基本阅读和写作方法知识等，是非常必要的。语文学习必

定涉及语言知识学习，知识是一定要教的，但教什么知识，如何教知识，还有很多需要我们认真研究。

第二，语文学习的主要内容是一篇篇具体的范文，这就决定了语文教学必须让学生占有一定量的感性语言材料，在量的积累基础上产生质的飞跃。掌握 3500 个左右常用字和汉语常用书面词汇，背诵一定量的语段和优秀的诗文，阅读一定量的课外书籍，是形成语文素养的基础。郭沫若在 7 岁的时候就在背《唐诗三百首》《古文观止》，他长大后能成为著名的文学家，与小时候的这些积累是分不开的。

第三，熟练的技能到了一定程度就成为一种能力。语文教学必须在大量的语言实践过程中，培养学生查字典、朗读、默读、说话、听话、作文、写字等基本技能；让学生学会运用多种阅读方法和常见的语言表达方式，能掌握常用的思维方式，善于把自己独特的思维结果用规范的语言进行加工和表述，初步具备收集和处理信息的能力；能根据不同语言材料和不同交际场合适当地使用语言，最终形成良好的语感。

见什么人说什么话，在什么场合说什么话都是很有讲究的。最近媒体报道了这样一件事：在重庆科技学院的双选会上，湖北新冶钢铁有限公司的展位前始终排着长队，每一位应聘学生递上简历后只有几十秒钟的时间与考官对话。而该校学生程应敏因在简历中将“第一学期”的“第”写成了“弟”而引起了考官的注意，程应敏见机行事，抓住跟考官直接对话的机会，滔滔不绝地说起来：“写错别字，目的是为了更能引起你的注意，让我们有更多了解的机会；我本也想改过来，但从节约成本的角度考虑，没有必要为一个字而浪费整张纸……”整整 5 分钟，程应敏从一个错别字引申到节约工业材料的专业话题，一番话显然打动了考官，当场答应下午签约。如果程应敏没有熟练的语言技能，恐怕机会就不会属于他了。

第四，语文教学必须牢记叶圣陶先生的名言：“教是为了不教。”教学中要让学生掌握最基本的语文学习方法，养成语文学习的自信心和良好习惯。如勤查工具书的习惯，不动笔墨不读书的习惯，认真听讲的习惯，书写整洁的习惯等。

叶圣陶说：语文学习首先是一种习惯。良好的习惯既是提高学生语文素养的前提，同时也是语文素养的一种体现。因为良好的习惯无非就是字要规规矩矩地写，文章要仔仔细细地读，作文要认认真真地作。就拿写字来说，现代社会虽是网络时代，但是教学生写好汉字，仍然是我们母语教学中的重要任务，且不说书法具有审美的艺术价值，单说热爱祖国的语言文字首先就要珍爱每一个汉字。语文素养的提高当然离不开好的语文基础，因为“空中楼阁”是不存在的。语文学习是讲究咬文嚼字的，首要问题是学好语言文字。

第五，我们这个民族很久以来就非常讲究实用，“学以致用”便是一例。比较一下，古希腊则不同，她追求的是“真、善、美”，具有“唯美”倾向，至于有用与否则不加考虑。对于这一点，我们就显得很薄弱。而在教育上，如果一味偏重实用、追求功利，就会导致人文精神的失落，只能塑造一批精于技能的工匠。

语文教学要让学生受到高尚情操的熏陶，提高学生的文化品位和审美情趣，养成实事求是、崇尚真理的科学态度；欣赏汉字的形象美，培养热爱祖国语言文字的情感；领略中华文化的博大精深，吸收民族的文化智慧；尊重多元文化，吸收人类优秀文化的营养。

第六，语文教学要注重培养学生的儒雅气质和文明举止。与人交往态度要大方，谈吐要文雅，能根据不同场合选择合适的措辞。要敢于提出自己的想法，也要耐心倾听他人意见，尊重他人的观点。要勇于承认自己的不足，欣赏他人的优点和长处，学会和他人文明地沟通和交际。

提出“语文素养”这个概念，它的范围自然比“语文能力”变广了，增加了文化品位及修养，体现了语文的特点，体现了工具性与人文性的统一，体现了现实能力与前瞻能力的综合性的追求。这种提法的改变，并不仅仅局限于范围的增加，它意味着语文教育模式的重大突破与变革，是非同小可的。现在新课标中提出“工具性与人文性的统一”，已经综合了这样的思想。

着眼整体效应，注重知能结合

——钱梦龙文言文教学艺术初探

追溯上海著名特级教师钱梦龙老师教学改革的踪迹，我们发现，他是从改革文言文的教法起步的。这是因为，在中学文言文的教学中，传统的、陈腐的教学方法表现得最突出而且特别顽固。钱梦龙老师将之概括为三弊：繁、偏、死。繁，即逐句串讲，逢字必讲；偏，即偏重于古汉语知识的学习，而忽视了文章的思想内容、构思立意等极其重要的方面。以上两个原因导致文言文课大多上得死气沉沉，从而阻碍了学生兴趣的培养和智力的发展。

针对这些弊端，钱梦龙老师从整体效应着眼，从知识传授和能力发展相结合出发，在课堂教学结构和教学方法上进行了大胆改革，使他的文言文课上得生气勃勃而又扎扎实实，给人以耳目一新、如坐春风之感。下面我们所探讨的就是钱梦龙老师在文言文教学方面的四个特点。

一、以线串珠

文言文的传统教法主要是串讲法，串讲法是以句子为单位进行的，文章按句子被分解成许多部分。而钱梦龙老师教文言文却是立足于整体，着眼于文章的总体构思、选材立意和人物塑造等，其目的在于让学生体会到文章的精妙。无疑，后者的教学难度要远远大于前者，因为这样的教学既要使学生对课文有整体的印象，又要落实文言词句。对此，钱老师总结了一个窍门，即“尽力找到一根可以把许多知识的‘散珠’联串起来的‘线’”。钱老师曾打比方说：“开会议事要有个中心议题，教学中有了“线”，就等于会议有了中心议题——有时候尽管议论的是枝节问题，但都是为解决中心论题服务的。这样教，教学过程显得‘形散而神不散’，使学生对课文获得整体的认识，这就避免了串讲法肢解课文之弊。”

怎样确定“线”呢？钱老师认为可根据教学的需要灵活考虑：或据课文

的写作特点，或据课文的思想内容，或据课文的人物关系，或据课文的中心事件……尽管“线”的确定是灵活的，但又不是随意的。从钱老师的成功教学案例中，我们发现定“线”至少要遵循这样三个原则；

1. “线”要能体现课文特点

如《捕蛇者说》的立意并不新奇，与《苛政猛于虎》类似，但它在构思上却有独特之处——奇于蓄势。钱老师就抓住这个特点，步步逼近。他在引导学生分析蛇的色、毒、用之异后，马上提问，从作者的写作意图看，他要突出哪一个字？学生回答是“毒”，他立即在“毒”字上加了一个□以示强调。接着他又追问：为什么要突出“毒”字？在老师的启发下，学生领悟到是为了衬托后面的赋敛之毒。顺着这条线，他又进一步引导学生思考，既然这种蛇这么毒，为什么永州之人还要“争奔走焉”？蒋氏捕蛇不纳税是有利还是有害？针对这两个问题，他启发学生去比较捕蛇和纳税人的三种不同遭遇——60年存亡、逼租时安危、平居时忧乐，体会作者极力铺陈捕蛇之害的目的，从而把握课文“奇于蓄势”的特点。

2. “线”要能带动全篇

要使导读的线能贯穿始终，就必须寻到一根能带动全篇的线，使全篇的每一部分都与这根线紧密联系，这才能给人以整体感。如讲《大铁椎传》时，钱老师就是紧紧扣住“文章各段对刻画‘大铁椎’这个人物有何作用”这根线来逐步诱导的。他在组织学生讨论了课文的第1自然段之后，就以“你们认为最能表现大铁椎的英雄本性的，写得最生动，你读了以后感受最深的是哪一段”的问题，引出对第5自然段的分析，然后再以“前几段有无必要”带出2、3、4三个自然段，并在体会作者构思的同时，逐步落实了各段字词。整个导读过程“如珠之在线，多而不乱”。

3. “线”要有利于知识和能力的结合

传统的串讲法只注重传授知识，而钱老师十分重视把知识的传授和能力的培养结合起来。导读之线就要以此为出发点。讲《愚公移山》时，钱梦龙老师以“不同人物对移山的不同态度”为线，围绕这根线，他设计了三个训练步骤：（1）理清本文人物；（2）了解各人对移山的不同态度，着重比较智叟和愚公妻的态度；（3）认识愚公坚持移山是一种“大智若愚”的表现。这三个任务的完成必然伴随着知识的落实和能力的培养。如在解决第三个问题时，钱老师启发学生从课文中找出有关句子进行分析并得出结论。于是，学生从“惩山北之塞，出入之迂”中明白了引起愚公移山的动机是“痛感迂塞之苦”，从移了山就可以“指通豫南，达于汉阴”中看到愚公“确知移山之利”；又从“子又生孙，孙又生子，子又有子，子又有孙，子子孙孙无穷匮也”中，知道愚公“深明可移之理”，由此得出愚公“大智若愚”的结论。以上每一个问题的解决，都源于对课文的理解和分析，知识的传授和能力的培养在这里达到了自然的结合。

二、以意带语

废除串讲法，人们最为担忧的是字词如何落实。钱梦龙老师采用以意带语的方法消除了人们的顾虑。这里的“意”即文章的思想内容，“语”即文言词语知识，“以意带语”就是在理解课文思想内容的基础上顺带落实文言词语知识，同时又通过文言词语的落实加深对文章思想内容的理解。请欣赏钱老师导读《愚公移山》中的一个片段：

师：文章里有两个人讲的话差不多，你们看是谁啊？

生：愚公妻和智叟，他们两人的态度差不多。

师：差不多吧。好，我们就先把他们两个的话一起读一遍，比较比较，看看两人的态度究竟是不是一样。（学生朗读）

生：智叟讲愚公很笨，太不聪明了。愚公妻没有讲。

师：智叟讲的两个句子是怎样组织的？

生：倒装的。

师：那么不倒装该怎么说呢？

生：汝之不惠甚矣。

师：你知道为什么要倒装吗？

生：强调愚公不聪明。

师：对，把“甚矣”这个表示程度的副词提前，强调愚公不聪明到了极点。这句话愚公的妻子是不讲的。我们再来看一看称谓，愚公妻称愚公什么？

生：（齐声）君。

师：那么智叟称愚公呢？

生：（齐声）汝。

师：这两个词有区别吗？

生："君"表示尊敬，"汝"很不客气。

师：嗯，好！我再把这个"汝"简单地讲一讲。长辈对小辈，地位高的人对地位低的人，一般用"汝"；平辈之间用"汝"，就有看不起的意思。智叟叫愚公为什么用"汝"啊？

生：智叟看不起愚公，因为他觉得愚公笨。

师：对，这是又一点不同。还有什么不同吗？

生：还有两句讲得不一样。愚公妻说："以君之力，曾不能损魁父之丘，如太行、王屋何？"智叟说："以残年余力，曾不能毁山之一毛，其如土石何？"

师：不一样在什么地方？

生：愚公妻说愚公不能把小山怎么样，智叟说连山上一根毛都不能动，有点讽刺的意思。

师：啊，讲得好。这里的"毛"字是什么意思？

生：小草。

师：对，一棵小草也毁不了，这是一种什么口气？

生：轻蔑。

师：对，轻蔑的，这跟愚公的妻子一样吗？

生：不一样。

师：看，这里又有不同。还有"如太行、王屋何"和"其如土石何"，同样是"如……何"的句式，可是智叟的话里多了个"其"字，这里有什么不同？

生：智叟的话语气比较强，用个"其"字，有点强调愚公没有用。

师：讲得好。

以上共比较了四处不同，接着钱老师还引导学生从"且焉置土石"中看出愚公妻对愚公的关心和担心。最后得出结论：两人虽都不同意愚公移山，但愚公妻是"献疑"，而智叟则是"讥笑"。

在这段精彩的教学中，教者没有孤立地去讲文言知识，而是紧紧地把文言知识和人物分析结合在一起。像倒装句"甚矣，汝之不惠"的讲解，"汝""君"两个称谓的比较，"其如土石何"中"其"的强调无不体现了思维训练的因素，无不与课文的思想内容息息相关，这是串讲法所无法企及的。

三、以问促思

钱老师很重视在文言文教学中提问的设计，他认为："问题不仅要环环相扣，而且问题本身要富于启发性，要能激起学生思维的浪花，产生'投石冲开水底天'的效果。"要使问题富有启发性，就要问得巧妙。钱老师的提问就有三种方式：

1. 串问

"串问"就是使问题环环相扣，形成一串。这一连串的问题中又有"大串"和"小串"之分。"大串"就是贯穿全篇的几个大问题。如讲《愚公移山》，钱老师设计了四个大问题：(1) 这篇寓言共写了几个人？(2) 这个寓言写了一件什么事？(3) 各人对移山是什么态度？(4) 愚公究竟笨不笨？这四大问题前后相因而统领全课，因而是"大串"，"小串"就是为解决某一个问题而设计的一串小问题。如讲《大铁椎传》，大串上有三个问题：大铁椎是个什么样的人？哪一段最能表现大铁椎的英雄本性？其他几段有没有必要？在分析第三个大问题时，钱老师分段设计了若干小问题，如第 2 段，他问了这样一些问题：这一段主要写了大铁椎的什么？是从哪几个方面写大铁椎的？大铁椎给人一个什么印象？这一段有没有必要呢？在这里，钱老师化大为小，以小答大，虽散而不乱。

2. 曲问

"曲问"即"问在此而意在彼"。如钱老师为了讲"孀妻"的"孀"，设计了这样一个问题："这个年纪小小的孩子跟老愚公一起去移山，他爸爸肯让他去吗?"这个问题既有趣味性，又有曲折性，令人拍案叫绝。讲《大铁椎传》，钱老师问：大铁椎是哪里人？课文里没有直接的答案，学生首先要读懂"语类楚声"，再进行一点简单的推理，才能回答"大概是湖南湖北一带的人"。这就增大了学生思维的容量。当然，我们不能要求每个问题都设计成"曲问"，但如果一堂课有意识地设计几个"曲问"，就会使课堂顿时生辉。

3. 逆向

所谓逆向，就是倒过来问。一般问问题总是问：这样写有什么作用？而逆向法则问：不这样写行不行？这种问法可训练学生的逆向思维，促使学生更深刻地体会文章构思的精妙。如讲《左忠毅公逸事》，钱老师问：文章一开头先交代“风雪严寒”的天气有什么必要？这四个字去掉好不好？

钱老师的逆向，还有一种情况，即以贬问褒，就是明明是作者匠心独运之处，教者却偏偏以“贬”的语气从反面引发学生思考。这在《左忠毅公逸事》的实录中，有几个很典型的例子。如“左光斗仅在古寺里看了史可法的一篇文章，考试时也未仔细看史可法的试卷，即‘面署第一’，左光斗处事是否过于轻率？”“照理说，这一段（指第3段）应该写史可法跟阉党斗争，为老师报仇之事，可作者却写了跟上文毫不相干的事，这不是离题了吗？”“最后两段写得过于平淡，似乎只是作了一些事务性的交代，有点淡而无味，而且写的都是史可法的事，从全文看，写史太多了，非常讲究义法的方苞，怎么会这样写呢？”这种以贬问褒的逆向能激发学生的深层思维，有着其他提问方式所不能代替的作用。

四、以练反三

文言文的练习，我们见得最多的是解词和翻译，但这往往是课堂教学的机械重复，同时，也缺乏训练的力度。钱老师认为，“练习应该有利于学习的迁移，有利于举一反三学以致用。”他的练习设计是怎样达到这样的目的呢？

1. 对比互征

在一部分现代汉语的书面语词汇和成语中，仍然保存着一些文言词的古义，有些文言词的古义和今义差异很大，学生极易误解。将二者放在一起，加以比较，就能加深印象，如钱老师设计的这样两组练习：

（1）名存实亡（灭亡）——暮而果大亡（丢失）其财

（2）抱恨（遗憾）终身——未尝不叹息痛恨（遗憾）于桓灵也

这两组互征练习中加点字的词义或同或异，通过比较，不仅可以帮助学生记住文言词的古义，而且加深了对现代汉语某些词语的理解，收到了“学用结合”的实效。

2. 变换语境

有时为了检测学生举一反三的能力，我们常想找一些与教学内容有相似点的古文片断，可往往不能如愿。钱老师以他那深厚的古文功底，常常将新授课的文言词句重新编排，变换语境让学生断句解词。1981年出版的语文教材，在《愚公移山》后的练习中，就选编了一则钱老师在杭州上课时所编的变换语境练习。他在讲了《岳阳楼记》《大铁椎传》《卖油翁》等课程后也都编了相应的练习。这类练习，学生一般都很感兴趣，因为这里的词语、句式大都在已学过的课文中遇到过，旧词句，新环境，容易触类旁通，温故知新。当然，编这样的练习不容易，钱老师曾告诫说："偶一为之，而且编得确有一定质量，固无不可。倘编得太多太滥，写出一些不伦不类的东西来给学生练习，那是会误人子弟的。"

3. 读写结合

古文的读写结合，人们往往局限于改写和抄写，而钱老师却设计出更高层次的读写结合的练习。如讲了《捕蛇者说》之后，他出了一个作文题：《立意非奇，奇于蓄势——〈捕蛇者说〉简析》。讲了《左忠毅公逸事》后，他让学生结合《狱中杂记》写《"言有物"与"言有序"——方苞〈狱中杂记〉〈左忠毅公逸事〉读后》。这两篇文章不是一般的读后感，而是带有文评的性质，难度相当大。不要说学生，就是让中学语文教师自己写也不见得能写好。然而令人吃惊的是，从钱老师提供的学生习作看，写得相当出色。原因何在呢？回顾一下钱老师的导读过程，我们不难发现，钱老师所设计的作文题不是心血来潮突然想起的，他的整个导读无不渗透着对最后作文练习的指导，他胸有全局，才能举重若轻。学生只要稍微回忆一下老师上课的提示，便可写出文章。这也启示我们，教师不仅要整体把握教材，还要整体把握课堂。

钱梦龙老师致力于教学改革特别是文言文的教改已好多年了，但遗憾的是，目前中学文言文课堂上的串讲法仍大有市场，这不能不令人忧虑。叶老早在40年代就说过："逐句讲解是最省事的办法，如果指导学生预习，主持课间讨论，教师就麻烦得多。"叶老这里所说的"图省事"恐怕是串讲法久盛不衰的一个重要原因。从目前的情况看，还有一个指导思想的问题。钱老师最近提出："教学设计要有'制高点'。"这"制高点"就是钱老师"学生为主体，教师为主导，训练为主线"的"三主"思想。只要我们站在"三主"思想的制高点上，真正如钱老师那样着眼于阅读整体效应，注重于知识和能力的结合，我们的文言文教学一定会出现新的转机。

钱梦龙的说明文教学艺术

课文的情感因素对课堂气氛和教学效果起着不可忽视的作用，然而，说明文却是最缺少情感因素的，它既无小说引人的情节，又少散文优美的意境；既乏诗歌荡怀的情韵，又缺议论文思辨的魅力。它有的只是平实的说明。难怪不少老师怕讲说明文，如果要上公开课，总是力避说明文，教师如此，学生自然就更无心学了。说明文教学已成为中学语文教学中的薄弱环节。

然而，上海著名特级教师钱梦龙老师却很热衷于进行说明文教学的探索，特别是近年来他上示范课常开说明文。这是需要勇气的。但凡听过他的课的老师无不由衷赞叹。认真地探究一下钱梦龙老师的说明文教学艺术，对提高我们的说明文教学不无启发意义。

钱梦龙老师的说明文教学艺术有些什么特点呢？纵观钱老师的说明文教例，我们以为主要有以下四个方面：

一、激发兴趣

学生不爱学说明文，钱老师就首先从激发兴趣入手来调动学生学习说明文的积极性。瑞士心理学家皮亚杰说：“所有智力方面的工作都要依赖于兴趣。”因此，钱老师每讲一篇说明文之前总要“琢磨怎么样引起同学们自学的兴趣”。这里值得我们重视的是“怎么样引起兴趣”的问题。苏霍姆林斯基说过：“如果你所追求的只是那种表面的、显而易见的刺激，以引起学生对学习和上课的兴趣，那你就永远不能培养起学生对脑力劳动的真正的热爱，你应当努力使学生自己去发现兴趣的源泉，让他们在这个发现过程中体验到自己的劳动和成就——这件事本身就是兴趣的最重要的源泉之一”。苏霍姆林斯基在这里谈了两种激发兴趣的方法，钱老师采用的是后一种。

他在讲《人民英雄永垂不朽》时关于教学挂图的处理就是激发学生兴趣

的成功一例。《人民英雄永垂不朽》是介绍首都人民英雄纪念碑的说明文，纪念碑上有10幅浮雕，不少老师手头也有这10幅浮雕的挂图，这10幅挂图怎么用呢？按照一般的用法，总是在讲课中讲到某一部分就拿出一张挂图，一面看图，一面讲解课文，而钱梦龙老师却换了一个用法，他故意遮去了图下的标题，并颠倒了次序，然后要求学生“猜”出这些浮雕的标题并讲出自己作出判断的理由。这下引起了学生浓厚的兴趣，他们拥到挂图下边，边观察画面，边仔细对照课文，最后在教读课上，不少学生不看课文也能准确地说出这些浮雕所反映的历史事件，还能丝毫不差地排出它们的顺序。

由于求知的过程一直伴随着“发现”，学生学习说明文的兴趣终于被激发出来了。

二、抓住重点

每篇课文的涉及面都较广，特别是说明文，涉及很多方面的知识。如果在说明文教学中过多地纠缠于对各种知识本身的解说，那势必琐碎且枯燥，这可能正是说明文教学不受学生欢迎的原因之一。钱梦龙老师敢于跳出琐碎的知识解说的圈子，高屋建瓴地从宏观上把握课文，然后突出一点，带动其他。

如教《第比利斯地下印刷所》一课，钱老师只重点讲了地下印刷所的步骤说明一段。按照一般的教法，教师大多布置学生画地下印刷所的结构剖面图，而钱老师则要求学生画“建造步骤示意图”，并说明为什么要按这样的步骤来造。这样，学生不仅了解了地下印刷所的结构，而且由建造过程的巧妙安排，进一步体会到地下革命斗争的艰苦卓绝和革命者机智巧妙的斗争艺术，比单单画结构剖面图具有更多的思维容量和思想教育的因素，解决了这个问题，那么，对于敌人为什么要破坏，新中国成立后为什么要修复等问题也就迎刃而解了。

再如讲《食物从何处来》，钱老师将讲读的重点放在“食物的定义”和“自养、异养的次序安排”上，而略去了“自养”原理的介绍。这部分介绍约占课文的四分之一，但其中可挖掘的语文因素不多。另外这一部分内容学生已在生物课上学过了，这就无需教师再啰唆了。由这个教例我们得到的启示是，力要用在刀刃上，说明文的教学也要突出语文因素。

三、导之以法

达尔文说："最有价值的知识是关于方法的知识。"钱梦龙老师很欣赏这句话，并把"教会学生学习"的方法指导贯穿于说明文教学的始终。方法的指导主要有两种，一种是教师把方法直接传授给学生，一种是启发学生自己思而得之。这两种方法钱老师都采用过，而后一种用得尤为出色。下面，我们不妨欣赏一下钱梦龙老师《中国石拱桥》教学实录中的一个精彩片段：

（这段实录之前的教学内容是：教师要学生说明一下赵州桥的一个大拱和四个小拱的位置关系，学生纷纷发言但均未说准，于是教师叫学生看书）。

师：好，请仍把书合拢。刚才大家都说不清大拱和小拱的关系，现在谁来说说看？

生：在大拱的两肩上各有两个小拱。

师：你们看，这个"肩"字用得多准！不是顶上，也不是两端，而是"两肩"。还有一个字非常重要，是哪个字啊？

生：（齐）"各"字。

师：为什么这个字重要？

生：因为大拱的每个肩上都有两个小拱。

师：对，"各有"，不是只有一肩有。可见说明事物要说得人家能听明白，有一点十分重要，你们说是哪一点？

生：用词准确。

师：对了。说明事物用词要准确，这是我们得到的第一个结论。（板书：用词准确）现在请把书打开，我们再来看课文，课文说明赵州桥的特点，一共讲了几点？

生：（齐）四点！

师：能不能把第四点移前作第一点呢？

生：不好！第一点应该先讲大拱，而第四点讲的是桥栏上雕刻的花纹。

师：为什么应该先讲大拱呢？

生：因为作者是从上到下说明的。

师：那么先说桥栏有什么不好呢？桥栏不是在上面吗？也是从上到下呀。

生：应该先说大拱。因为多数读者没见过赵州桥，先说大拱，读者眼前就出现了赵州桥的大致的模样。如果先写桥栏上精致的花纹，读者连桥是什么样子也不大清楚，那就不好。

师：有道理！××要发表意见，是吗？

生：因为说明的是一座桥，主要应该说明它的结构特点。

师：哦，结构特点，讲得好。那么这座桥的结构特点是什么呢？

生：这座桥有一个很大的独拱，在大拱的两肩上各有两个小拱。这在当时是独创的。

师：讲得真好！从这里我们又能得到什么结论呢？

生：要抓住特点。

师：对，那么拱桥最主要的特点是什么？

生：（齐）拱！

师：是呀，没有了“拱”，那就不成为拱桥了。可见说明事物首先要抓准事物的特点。（板书：抓住特点）下面我们继续讨论。文章说明赵州桥的特点，先写大拱，第二点写什么？

生：（齐）小拱！

师：第三点呢？

生：（齐）拱圈。

师：第四点是……

生：（齐）桥栏上的雕刻。

师：你们看，这四点写得有条不紊。从这里，我们懂得说明事物还要怎样？

生：按照顺序。

生：先主后次。

师：两种说法都很好。先主后次也是个顺序问题。我就这样写：注意顺序。（板书：注意顺序）你们看，我们从这一段文章的阅读讨论中，得到了这样的结论：说明事物一要注意顺序，二要抓住特点，三要用词准确。

这一段讲读是十分出色的。学生在教师的引导下，很自然地从个别的现象中概括出普遍性的结论，受到了一次归纳思维的训练，这比单纯传授更胜一筹。

四、及时反馈

日本教育家福泽谕吉说："学问的要诀，在于活用，不能活用学问，便等于无学。"这里所说的"活用"，指的就是知识的反馈运用。钱梦龙老师在教学说明文时，也是十分重视知识的反馈的，如讲《苏州园林》时，他把学生带到学校附近的一个苏州式的园林——古猗园中去，要求学生拿着课本在古猗园中找实物来印证"苏州园林"的特点，然后叫学生写一篇题为《谈古猗园的构景艺术》的作文；讲了《中国石拱桥》后，他马上叫学生说明一张"赵州桥教学挂图"；在《食物从何处来》的教学中涉及下定义的方法，他就叫学生给"人"下定义，然后总结出"下定义就是要揭示事物的本质特征"的规律，接着再依照这个规律给"自养"下定义。

从以上教例中，我们发现钱老师在说明文教学中进行知识反馈的两个特点：一是及时，这样有利于知识的巩固；二是紧扣所学，使学生学以致用。这样的知识迁移正是钱老师"训练为主线"思想的体现。实践证明，离开了训练，忽略了知识的及时反馈，所学的知识是难以转化为能力的。由于钱梦龙老师重视了知识的反馈，因此，他的说明文教学也是既活且实的。

钱梦龙导读课“序幕”设计艺术欣赏

如果把一堂课看作是一场大戏的话，那么开课之初就是这场大戏的“序幕”。一堂课的气氛如何，教学效果怎样，“序幕”起着举足轻重的作用。因此，不少有经验的老师都十分重视“序幕”的设计，钱梦龙老师就是一位精于设计“序幕”的出色“编导”。他的课之所以那样生动，学生思维之所以那样活跃，是与“序幕”打下的基础和创造的气氛分不开的。认真探讨一下钱梦龙老师导读课的“序幕”设计艺术，对于我们提高课堂教学效果是大有裨益的。

钱梦龙老师导读课的“序幕”设计艺术，有以下四个特点：

一是“散”。“散”就是开始所提的问题扩散面大，学生可以从各个角度对教师所提出的问题作出回答，这样，课堂气氛会很快活跃起来。钱老师导读《驿路梨花》时就体现了这一特点。他问学生的第一个问题就是：“你喜欢这篇课文吗？为什么？”为了消除学生的紧张心理，钱老师还补充交代：“大家可以随便谈，我是没有标准答案的。”关于这个问题，对钱梦龙导读法素有研究的上海师范大学何以聪教授曾经问钱梦龙老师：“这可是个囫囵题，范围大得无边，答案可以五花八门，散网容易收网难。一开局就来这么个‘自由式’，请问您这‘设’的是什么‘计’?”钱老师颇为自信地说：“我认为这个题目好就好在答案可以五花八门，但估计学生又不致无从说起，因为即使程度很差的学生，看了一篇文章多少会有一点感受的，况且《驿路梨花》又确是一篇很有特色的文章，这样，每一个学生在一开始就可以根据自己的理解水平，按照自己的思考方式去感受作品，并且自由自在、无拘无束地发表意见，那就容易激发学生生动活泼的思想，唤起他们真挚的感情。”教学实践完全证明了钱老师设计意图的正确性。钱老师话音刚落，整个课堂就沸腾起来了，有的说“这篇文章能引人入胜，”有的说“这篇文章自始至终都是围绕‘梨花’来写的，中心非常突出，”有的说“主人公梨花姑娘并没有出场，我读完文章后，梨花姑娘的形象就像在我的面前一样，”还有的说“这篇文章含义很深，表面上写驿路梨花处处开，实际上是写雷锋精神之花处处开放。”学生的这些回答有深有浅，但说的都是自己的理解，吐的是真实的感受。在这样的氛围下讲课，何愁课堂不活跃呢？当然这样的开局是要担风险的，学生或者不知从何谈起，或者是放野马。钱老师的课并没有出现这些现象，其原因主要有三：1. 课文本身具有许多特色，即使水平较差的学生也能说出一二；2. 教师给学生松绑，不需要学生去揣摩教师的“标准答案”，消除了学生的心理顾忌，从而畅所欲言；3. 教师适时“收网”，然后因势利导引入正轨。如果我们在学习钱老师的教学方法时，只是机械地模仿，而忽略提问的内外因素，就难以达到应有的效果。

二是“悬”。“悬”就是设置悬念，戏剧的序幕常常靠悬念抓住观众。课堂上设置一点悬念，也能产生引人入胜的魅力，勾起学生求知的欲望。钱梦龙老师讲《中国石拱桥》时就设置了两个悬念：一是教课之前故意对教学内容暂时“保密”，让学生带着疑问进课堂。二是出示赵州桥挂图，叫学生说明一下大拱与四个小拱的位置关系，以此来试一试学生的“说明”能力。同学们一听，以为这个问题很简单，于是纷纷举手。有的说“大拱两边各有两个小拱”的，有说“大拱两边的顶部有四个小拱，”的有说“桥身左右两边有两个小拱”的，也有说“在大拱的两边依次向内的桥身上各有两个小拱”的。这时，课堂气氛十分热烈，但教者不置可否，只是按学生所说画图，结果没有一个像挂图所示。就在学生“心有所思，口不能言”的情况下，钱老师让大家把书打开，看看书上是怎样说的。这个“序幕”的设计产生了两个效果：一是活跃了课堂气氛，二是激发了学生的求知欲，使学生进入了“心愤口悱”的精神状态。

三是“趣”。“趣”就是设计有趣的开局以引起学生的兴趣。钱梦龙老师讲知识短文《词义》时，为了使抽象的“词义”知识能迅速为学生所接受，一开始就给学生讲了一个阿凡提理发的小故事：

阿凡提为了整治一个只理发不付钱的阿訇，在刮脸的时候，阿凡提问他：“眉毛要不要？”阿訇说：“当然要！”阿凡提就把眉毛剃下来给了他，那人虽气，但又不好怪阿凡提，因为他确实说过“要”眉毛的。阿凡提接着又问：“您的胡子要不要？”那人忙说：“不要！不要！”阿凡提又哗哗两刀把他的那漂亮的大胡子给剃掉了，结果阿訇的头像个剥光的鸡蛋似的。

听了这个故事，同学们都大笑起来，钱老师马上因势利导问学生：“阿凡提究竟玩了什么花样让那个人上当的？”学生立即领悟到阿凡提在“要”这个词的词义上玩了花样，于是，课堂自然引到对词义的理解上了。我们有些老师也爱用讲故事引入课文，但常常是把故事当引子，与本课教授的知识点并无直接联系，而钱梦龙老师所讲的这个故事是紧紧扣住“词义的使用范围”这个知识点设置的，那么它的作用就不仅仅是引起兴趣了，这也正是钱老师胜人一筹之处。关于这一点，还有一个值得称道的例子：钱老师在导读《变色龙》时，先指派几个学生分角色朗读了一篇类似而又不及《变色龙》的苏联小说《考试》，这不仅使学生感到新奇，而且还有助于使学生在比较中获得新知。

四是“小”。“小”就是开始所提的问题角度小，易于回答。上课伊始，学生的思维还未进入特定的情境，倘若此时就抛给学生一个大而无当或深奥难懂的问题，势必出现冷场，这对于调动学生的积极性是极为不利的。对这一点，钱老师也是深知其弊，他在开课之初所提的问题一般都比较小，难度也不大，学生常常可借助自读或旧有知识解答。如讲《食物从何处来》一课，钱老师问学生：“今天早上起床后，我喝了一杯牛奶，吃了两个窝头，几片肉和咸菜，吃了一片治嗓子发炎的药，喝了一杯开水，最后又吃了一个苹果，请同学们告诉我，我吃的这些东西当中，哪些不是食物？还要讲出道理。”学生只要在自读时注意到了食物的定义——食物就是一种能够构成躯体和供应能量的物质，这个问题是不难回答的。再如讲《故乡》时，钱老师要学生讲一讲《故乡》写作的时代背景，学生很自然地就想到《一件小事》的背景。由于所提的问题角度小而又有旧知识做“拐棍”，学生回答问题的兴致总是很高。

孟子说：“教亦多术矣。”钱梦龙老师是很欣赏这句话的，他的导读课的“序幕”设计也是“多术”的。但不管“序幕”的形式怎样变化，其总原则是不变的，那就是以学生为主体，以教师为主导，以训练为主线。从以上实例我们可以看到，没有教师的主导就不可能有那样出色的“序幕”，而教师主导的出发点又是在调动学生的积极性，以体现学生在课堂上的主体地位。钱梦龙老师在《驿路梨花》的“序幕”设计时说：“我是在一个陌生的班里上课，这种‘囫囵题’（即‘你喜欢这篇课文吗？’一问）由于有相当的难度和灵活性，正好用来对学生的智力水平进行一次‘火力侦察’，以便考虑下面的教学难度是否有必要作适当的调整。”钱老师的这番话再清楚不过地表明了他“以学生为主体”的指导思想。另外每一个“序幕”的完成又都是伴随着紧张而有趣的思维训练进行的。可以说，钱老师导读课的“序幕”设计是他的“三主”思想在整个教学流程中的最早体现。这正如何以聪教授所说：“钱梦龙老师的‘三主’思想是渗透在一切教学细节之中的。”因此，我们要学习钱老师的“序幕”设计艺术，关键是要吃透他的“三主”思想。

俗话说，良好的开端是成功的一半。如果我们每堂课的“序幕”都能像钱梦龙老师那样创设一个轻松愉快的求知氛围，让学生无拘无束地发挥聪明才智，那么后面的“大戏”还愁“唱”不好吗？

第二篇

阅读教学

阅读教学是教师教学中一个重点内容，如何强化学生听说读写的能力？如何把握戏剧教学的内容？如何引起学生学习说明文的兴趣？如何开拓学生的创造性思维？都是教师在阅读教学中要遇到的问题。教师通过开启学生的智能，激发学生的学习兴趣，引导学生掌握学习方法，能让学生建立起阅读的自主性与独立性，让语文教学真正达到“教是为了不教”的境界。

激趣·启智·寻法

——我的语文教学追求

从教30余年，一直在探寻语文教学的规律，也一直在试图总结出一种能体现自己教学特色或风格的模式来，我也曾经将自己的教学特色总结成“以素质教育为本，以能力训练为线，以学法指导为纲”三句话，但总感觉这样的概括不够简洁，不够精练，或者说还不够准确，不够到位。“高效课堂”的招引，促使我对自身的教学追求做了更深层次的思考和总结，我认为，“激趣”“启智”“寻法”这三个词能比较准确地体现我的教学风格或教学追求。

一、“激趣·启智·寻法”教学追求产生的背景

早在20世纪70年代末，著名的语文教育家吕叔湘先生就不无忧虑地说：“中小学语文教学问题是个老问题，也是当下不容忽视的一个严重问题。中小学语文教学效果很差，中学毕业生语文水平低，大家都知道，但是对少、慢、差、费的严重程度，恐怕还认识不足。……10年的时间，2700个课时，用来学本国语文，却是大多数不过关，岂非咄咄怪事!”这段话，既描述了当时语文教学的现状，也揭示了当时语文教学的危机。

面对百孔千疮的语文教学，面对“少、慢、差、费”的教学现状，20世纪70年代末到80年代初，中国语文界涌现了一批致力于语文教学改革的弄潮儿并渐成大家。于漪的“情感教学”、钱梦龙的“三主四式”教学模式、蔡澄清的“点拨教学法”、魏书生的“六步自学法”等等教学模式都对提高语文课堂效率作出了有益的探索。

新的《语文课程标准》的问世，也对提高语文课堂效率提出了更多建设性的要求，在《语文课程标准》中我们多次看到要激发学生学习的兴趣、要注意开发学生的潜能或智能、要掌握语文学习的基本方法等重要提醒。

于是，在前辈大家的引领下，在《语文课程标准》的指导下，我开始了

我语文教学深层次的思考和研究。

我曾经对新生做过问卷调查，给了学生四个选项：一是非常喜欢语文，二是比较喜欢语文，三是不太喜欢语文，四是非常讨厌语文。调查结果让我深感意外，选“非常喜欢语文”的不到5%，选“比较喜欢语文”的不到30%，选“不太喜欢语文”的竟高达60%以上，选“非常讨厌语文”的也有5%左右。问及不喜欢语文的原因，学生几乎异口同声地说，语文老师课堂上不是读教科书，就是读参考书，语文课索然寡味，提不起兴趣。于是，我意识到，激发学生学习语文的兴趣应该是语文教学的第一要义。

我曾经听过一位语文老师的课，课堂上老师虽然问了若干个问题，学生也回答了若干个问题，但总感热闹有余而深度不够。课后问学生这堂课有意思吗，学生回答没意思。问为何没意思，学生说，问的问题书上都有现成的答案。回顾课堂提出的问题，确实如学生所说，没有思维的力度，都是些类似于“春风杨柳多少条”之类的问题。于是，我意识到，训练学生思维，启迪学生智慧应该是语文教学的又一要义。

我曾经辛辛苦苦备了一堂研究课，对所教的文本作了深透的研究，对课堂的提问作了精心的设计，对所用的课件作了充分的整合，但课后问学生有什么收获，学生瞪着一双茫然的眼睛，摇摇头。我不解，问听课的专家，专家说，这堂课没有规律的总结，没有方法的指导。真是一语中的。于是，我意识到，帮助学生总结规律、寻找方法应该是语文教学的最终归属。

于是，我的语文课始终围绕“激趣·启智·寻法”做文章；于是，“激趣·启智·寻法”也就渐渐成为我语文课堂教学的特色和追求。

二、“激趣·启智·寻法”教学追求的理论依据

（一）关于“激趣”

什么是兴趣呢？从心理学的角度看，兴趣是人的个性心理特征，它是在一定的情感体验下产生的积极探究某种事物或从事某种活动的意识倾向。学习兴趣是指学生对学习的喜好和关切的情绪，是学生积极主动学习的内在因素；兴趣的激发，是指将一定的刺激因子作用于受激主体学生，通过激活大脑皮层产生对某一事物较强的思维倾向、思维兴奋，使当前兴趣由潜默状态转到露显状态、由较低较淡状态转到较高较浓状态。具有较强学习兴趣的学

生，他会以愉悦的心情、积极的心态、饱满的热情主动地去学习知识、探究操作技能。相反，没有兴趣的学习充其量是应付式的，学生肯定会把学习当成精神负担，最终将失去学习的信心，这样的教育就是失败的教育。

心理学家认为："兴趣是一个人能量的激素。"对一件事物产生浓厚兴趣的人，他的智能会得到充分的发挥。科学家做过这样的研究，一个人做他感兴趣的工作，他的全部才能可发挥80%以上，做不感兴趣的工作就只能发挥20%，学习活动也是如此。心理学表明，一个人在有兴趣时，往往伴随着血液循环的亢进，使大脑皮质得到营养物，能把注意、记忆、想象等心理因素都调动起来，使之积极化，所以说，兴趣是学习的内动力。

许多中外著名教育家、科学家也都有关于激发学习兴趣的重要论述——

最著名要算中国孔子的一句名言了："知之者不如好之者，好之者不如乐之者。"

中国宋代的著名教育家程颐先生也曾经说过："教人未见其趣，必不乐学。"

现代著名的物理学家杨振宁说过："成功的真正秘诀是兴趣。"

瑞士著名教育家皮亚杰说："所有智力方面的工作都要依赖于兴趣。"

德国教育家第斯多惠说过："教育艺术的本质不在于传授本领，而在于启发、唤醒、鼓舞。"

这些关于兴趣激发的重要论述都告诉我们，兴趣是最好的老师，学生的学习兴趣直接影响着学生的学习行为和效果；兴趣是知识的入门，当一个人对某种事物发生兴趣时，他就会入迷地去追求，去探索。现代教学论认为，教学过程必须建立在学生心理活动的基础上，只有培养强烈的学习动机、浓厚的学习兴趣，学生的智力才能得到充分发展。

（二）关于"启智"

"启智"就是开启智能。智能是智力和能力的有机统一体。智力，是指人认识、理解客观事物并运用知识、经验等解决问题的能力，主要包括注意力、观察力、记忆力、思维力和想象力这五项要素。智力水平的高低，不仅仅取决于单个要素的水平，例如记忆力的水平，也不是五项要素简单相加的结果，而是各项要素处在良好的有机组合的结构之中，共同发挥出来的综合效应。当然，其中任何一项要素的优劣，不仅会影响到其他要素，而且也会影响到智力整体效能的发挥。能力，则是指人在实践活动中表现出来的能动作用。能力主要可以划分为自学——探索能力、表达——表演能力、体力——操作能力、社交——管理能力、革新——创造能力、情感——审美能力、意志——调节能力这七项要素。

这些智能要素，在正常人的身上多少都是具备的，而人在 12 岁到 20 岁这个阶段，是每个人的智能发展的关键时期。智能发展在这个时期里所能达到的高度，关系到每个人一生事业所建造的大厦的高度。有位科学家说得好："在科学上，成年人思维的发展，只能达到青年时期打的基础所能支撑的高度。"

据国外对人的智能发展的调查，智能最高数值用 100 表示的话，从 10 岁到 17 岁（相当于我国 12 岁到 20 岁）这个年龄阶段，感知觉已达到最高度（100），记忆力也几乎达到了最高点（95），动作和反应速度则接近高峰（88），比较和判断的思维力也已基本成熟了（72）。在这个时期，伴随着知识和经验的迅速增加，思维力从形象思维为主过渡到以抽象思维为主，主要位于左侧大脑半球的言语系统的最高调节功能也迅速增强，脑细胞活动的数目急速增加，联系神经纤维发挥出显著作用。在这个年龄阶段里，大脑和身体发育的种种特点，使人显得朝气蓬勃，精力旺盛，这正是每个人应把握自己、不怕困难、有进取心、进行自我控制的关键时期。那些对人类作出重要贡献的专家、学者，他们的智能大多在这个年龄阶段里开始崭露头角，伽利略 17 岁发现钟摆原理；伽罗华也在 17 岁创立了群论；爱因斯坦 16 岁就考虑光速问题……

智能是学生获得知识和培养能力的基础，因此开发学生智能是教学，当然也是语文教学的首要目标。语文作为最为基础的学科，在学生智能开发方面具有其他学科不可替代的作用。语文是母语学科，人出生后最先接触的是母语；语文是思维的工具，是智能开发的最关键因素。因此，语文教师要十分珍惜汉语这一开发智力的宝贵资源。

（三）关于"寻法"

"寻法"就是寻求正确的学习方法。《孙子兵法》云："授人鱼，供一餐之用；授人渔，则享用不尽。"这里的"渔"就是方法，就是规律。达尔文曾经说过："最有价值的知识是关于方法的知识。"我们的语文教学之所以被人们说成“少、慢、差、费”，问题就出在只重视知识的传授，而忽略了方法的指导。

说到方法，就不能不先提到笛卡儿的方法论。《方法论》是笛卡儿在1637年出版的著名哲学论著，对西方人的思维方式、思想观念和科学研究方法都有着极大的影响。有人曾说：欧洲人在某种意义上都是笛卡儿主义者，就是指的受方法论的影响，而不是指笛卡儿的二元论哲学。

概括起来说，方法论，就是人们认识世界、改造世界的一般方法，是人们用什么样的方式、方法来观察事物和处理问题。如果说世界观是主要解决世界“是什么”的问题的话，那么，方法论则是主要解决“怎么办”的问题。当然，方法论与方法还是有区别的，方法论是人们认识和改造世界的根本方法；方法是“人们实现特定目的的手段和途径”，简言之，方法就是达到目的的途径。任何事情只要有好的方法就会变得非常容易，比如上房子，在没有梯子之前，房子可不好上，要么爬，要么堆东西上，有了梯子后就可以轻轻松松地上去了。在这里，梯子就是方法，它是一种具体的方法，它是达到目的（上房子）的一种途径。

墨子在《天志》中说：“‘中吾矩者谓之方，不中吾矩者谓之不方。’是以方与不方，皆可得而知之。此其故何？则方法明也。”这就是有名的“方法”，度量方形之法。据说这是汉语中“方法”一词的最早出处，“方法”后来演变成了做各类事情的办法或手段。

方法问题历来为许多领袖人物所重视。我国历史上治国有方的唐太宗曾有一句名言：“取法于上，仅得为中；取法于中，故为其下。”这句话里包含有注重方法方面的选择和效法问题，即治国处事都应选取和效法高标准的上等的方法。毛泽东对于方法的重要性，曾有生动的比喻：“我们不但要提出任务，而且要解决完成任务的方法问题。我们的任务是过河，但是没有桥或船就不能过。不解决桥或船的问题，过河就是一句空话；不解决方法问题，任务也只是瞎说一顿。”

方法问题历来也为科学家们所重视。俄国生理学家巴甫洛夫曾深有体会地说：“我们头等重要的任务乃是制定研究法。”他还指出，“方法是最主要和最基本的东西”，“有了良好的方法，即使是没有多大才干的人也能作出许多成就。如果方法不好，即使是有天才的人也将一事无成”，“方法掌握着研究的命运”。18世纪，天文学家在火星与木星之间找到了一颗小行星，为搞清它究竟是行星还是彗星，便请数学家计算它的运行轨道。“数学泰斗”欧拉计算了三天三夜，当数据出现时，他的右眼因劳累过度而失明了。而与欧拉同时接受计算任务的数学家高斯，首先革新了欧拉行星运行轨道的计算方法，引入了一个八次方程，仅花 1 小时就得出了更加精确的结果。1901 年 1 月 1 日，人们循着高斯计算的运行轨道，终于找到了这颗小行星——谷神星。高斯深有感触地说：“若是我不变换计算方法，我的眼睛也会瞎的。”

作为语文教师，要实现语文课堂的高效率，也必须帮助学生去寻找语文学习的最佳方法。

三、“激趣·启智·寻法”教学追求的实施要领

（一）“激趣”的实施要领

1. 不失时机强调意义

学生对语文学习没有兴趣，其中最为重要的原因就在于学生对语文学习的重要性认识不足。因此，要激发学生学习语文的兴趣就要经常不断、不失时机地强调语文学习的意义。

那么，我们为什么要学习语文呢？我常常从以下四个方面对学生进行宣传鼓动：

第一，语文是人生顺利发展的需要。语文是一个人一生中离不开的工具。不管你将来从事什么工作，你总要与人对话，总要与人交流，在今后的学习工作中，你免不了要发表一些演讲，免不了要写写总结、写写论文。如果你的语文基本功比较差，你事业的发展和生活的质量就会受到影响，有时甚至还会铸成大错。我给学生讲过这样一个历史故事：冯玉祥、阎锡山大战中原，联合讨伐蒋介石，作战参谋在拟定作战计划时，竟然将“沁阳”误写成了“泌阳”，结果导致冯玉祥、阎锡山 100 多万大军的惨败。这样的事例在生活中并不少见。所以，著名教授、数学家苏步青先生说过，如果让复旦大学单独招生的话，首先要考试语文，语文成绩不合格者，取消其报名资格。从以上的事例中我们可以充分感受到语文学习的重要性。

第二，语文是学好其他学科必不可少的工具。语文是一门基础学科。如果失去了这个基础，其他各科的学习也就要受到限制。英语也是语言学科，自然与语文有着密切的联系，政治、历史、地理同样离不开语文。即使是数

学、物理、化学、生物等，似乎与语文风马牛不相及了，其实，如果语文基础太差，要理解那些公式定理也是非常困难的。我们国家好多老一辈的科学家语文基础都是很扎实的，前面说到的数学家苏步青写诗也是一流的。

第三，语文是高考必考的主要学科。虽然我们天天在批判“应试教育”，然而，既然高考还存在，我们就无法逃避它，而不管你是不是喜欢它。全国的高考方案有很多种，但不管是哪一种方案，语文都是主要考试科目。特别是我们江苏的高考方案，最后决定你是否能上大学的就是语、数、外三科的总分。所以，我们不仅要学习语文，而且必须学好语文。

第四，学习语文还可以陶冶你的情操。“才如江海文始壮，腹有诗书气自华!”一个语文素养高的人，其气质也会与众不同。因此，学好语文可以提高你的生活品位，使你成为一个高尚的人。当然，语文教师也要尽可能地在学生面前充分展示自己语言文字方面的素养，以激发学生学习语文的浓厚兴趣。我就常常把自己写的文章，自己出的书拿给我的学生看，学生在欣赏羡慕之余也会激起学习语文的兴趣。

2. 别出心裁设计导语

俗话说：好的开头，是成功的一半。每节课能否有个好的开头，直接关系到这节课的成败。如果教师一上课就照本宣科、平铺直叙，就会使学生产生厌倦情绪，甚至成为催眠曲，因此，必须讲究开头艺术。教师要尽可能地一开始就引人入胜，把学生吸引住。要达到这样的效果，教师必须依据教材内容和学生实际，精心设计好每一节课的开讲导语，用别出心裁、平中有奇的导语来激发学生的学习兴趣，使学生积极主动地投入学习。

如，我在教学《胡同文化》时提前 5 分钟进课堂，在教室里播放歌曲《前门情思大碗茶》。一开始上课，我就问学生：课前大家听到了一首流行歌曲，你能说出这首歌反映的是哪个地域的生活吗？（北京）接着，我又问：人们把这种带有北京味又有京剧腔调的歌叫做什么？（京歌）那么，歌坛有“京味歌曲”，文坛有没有“京味文学”呢？我国现当代文学史上最著名的“京味文学家”是谁呢？（老舍）接着，我又发问：老舍是地地道道的北京人，他写“京味文学”似乎是顺理成章的事，但如果一个人并不是在北京出生，却被人冠之以“京味作家”，那就很令人称奇了，那么，有没有这样的人呢？如果有，这个人又是谁呢？由此自然引出本文作者——江苏高邮籍著名作家汪曾祺，教师适时用幻灯片打出汪曾祺的画像和汪曾祺的简介。

这个开场有歌曲渲染，有问题引导，有幻灯展示，学生一下子就被深深吸引，自然就对课文的学习产生了浓厚的兴趣。

3. 毫不吝啬夸奖学生

成功感是自信和兴趣产生的重要激素，爱心是教育学生的前提和基础，没有爱心就没有教育，所以老师对学生的态度有一个不等式：赞扬>批评。成功乃信心的积累，对于学生的教育着眼点应放在其取得的进步上，多加表扬，不应纠缠其错误上。老师除了帮助学生改正错误外，应允许学生犯错误，能容忍之。当学生的闪光点和进步得到肯定、褒扬时，就可激发他们对学习前所未有的自信和浓厚兴趣，生发极大的精神动力。在我所带的班级里，每个学生都能分享到成功的快乐。因为有爱心在，我对学生微小的进步都会给予有分寸的表扬，这让他们受宠若惊。伴随着成功感的欣喜，学生人人上进心强，争当先进，学习专心致志，对他们来说，学习不再是一种负担，而是一件轻松愉快的事。学生上课全神贯注，有的甚至废寝忘食，对学习的一种积极而稳定的倾向树立了起来。多年来，我所带语文科教学成绩良好，全得益于“爱心工程”的“成功疗法”。成功感确实是一种神奇的兴趣再生术。

苏联著名教育家苏霍姆林斯基曾这样告诫教师们：“请记住，成功的乐趣是一种内在的情绪力量，它可以促进时时学习的愿望。请你记住，无论如何不要使这种内在力量消失，缺乏这种力量，教育上的任何巧妙措施都是无济于事的。”十次说教不如给学生一次表扬，十次表扬不如给学生一次成功。事实上，每个学生都愿意学习有进步和获得成功。

教师在语文教学过程中，要多方面地为学生创造表现自己和获得成功的机会，并且要善于发现学生的闪光点，对学生的成功和进步要及时加以肯定，最大限度地调动学生的积极性，增加他们克服困难的勇气，增强他们学习语文的兴趣。有时，当学生的某个行为或某个方面取得一点进步时，我们可以给孩子一个特殊的奖励，如加分、颁发奖品、给他某一特别的权利等等，让学生感受到成功的快乐，刺激他们积极主动地学习。课堂中对学生进行恰当的评价能对学生起到不可估量的作用。“好极了！”“你真是了不起！”“我为你自豪！”“棒极了！”“真是不可思议！”“真不错！你比老师还仔细！”“你的回答精彩极了！”这些美好的话语，我们应该毫不吝啬地献给学生。

4. 张弛有度控制节奏

兴趣分两种：直接兴趣和间接兴趣。直接兴趣是对事物本身的兴趣，它容易使学生满足，却难以持久，不利于培养学生的意志力和获得系统的知识，但它情感性强，吸引力大，短期效果好；间接兴趣是因需要而产生的兴趣，它理念性强，靠意志的力量可以维持较长的时间，有利于培养学生同困难作斗争的精神和获得系统的知识，但吸引力差，容易疲劳。

这两种兴趣是可以转移的，当一个人觉得他现在或将来需要某种知识或技能时，他就会把兴趣转移到这方面来，这是间接兴趣；随着学习的深入，他对这种知识的了解日益深透，对这种技能日趋熟练，这时，他的兴趣不仅仅是因为需要，而是因为这种知识或技能的本身吸引，这又是直接兴趣。从质变、宏观的角度看，这种转化需要经过较长时间的孕育和积累，而从量变、微观的角度看，这种转化又时时刻刻在发生，每一次直接兴趣的效果都为间接兴趣的产生增添了有益成分，而间接兴趣的任何收获都是促成直接兴趣的有利因素。

一堂课 45 分钟，教师每一分钟都应激发学生学习的兴趣，只不过有时是直接兴趣，有时是间接兴趣。

一般说来，上课之初，学生的注意力往往还停留在上一节课或课间活动的有趣对象或其他操心的问题上，这时就需要教师激发学生学习的直接兴趣，讲个故事、设个悬念或提个问题。总之，应像于漪老师说的："课的起始阶段不能疲疲沓沓，要如爆竹鸣响，如京剧中的'亮相'，一开始就吸引住学生。"然而，由于直接兴趣难以持久，只是短期效果好，所以，当教学进入重点难点问题时，教师应让学生明白这些内容对他们来说是非常重要的，让他们产生间接兴趣，要靠他们的意志努力去掌握这些内容。但间接兴趣吸引力差，容易疲劳，尤其对中学生来说，间接兴趣只能保持很短的时间（心理学研究表明，中学生课堂听课的有意注意力每隔 5～7 分钟就会有所松弛），所以，产生间接兴趣后，教师可适当运用直观材料或趣味性的谈话使之转入直接兴趣，这样，学生的大脑便可松弛下来……下课之前，学生的注意最易涣散，所以，也要激发间接兴趣，复习一下课上的内容或布置一下课后的作业，以便唤起学生的注意力。

教师要注意调整好课堂节奏。讲课速度要快慢适度，繁简有致，对教材内容的处理安排要富有弹性，有起有伏。于漪老师说："上一堂课，就和写一篇文章一样，好课应该是师生共同创造的一篇优美的散文，其中有老师的智慧，学生的闪光点，有读写听说的结合，同时课一定要有节奏，要有张有驰，张弛结合，起伏有致，疏密有节，有时训练密度要很大，有时要缓解一点，这是基于学生的心理和生理状态，青少年的自控力是不可能 45 分钟始终全神贯注的，老师要意识到这一点，要有节奏地一浪推一浪地组织教学内容。”换句话说，教师应该准确把握直接兴趣和间接兴趣相互转化的规律，二者互相交叉，灵活运用，使一堂课上得生动有趣，有声有色。

（二）“启智”的实施要领

1. 谨慎把握启智的时机

孔子说：“不愤不启，不悱不发，举一隅不以三隅反，则不复也。”人们在理解这一句话时，往往偏于“启发”和“举一反三”。其实，孔子在这里说了两边关系：一是愤、悱、一隅；一是启、发、三隅。如果说孔子特别强调“启发”这一教学原则与方式的话，那么，他对“启发”之前，学生所进入的学习情境和所产生的学习兴趣等相关条件，更是十分重视。这里所说的“启”“发”和“举一反三”，实际上就是一种点拨。叶圣陶先生说：“教师之教，不在于全盘讲授，而在于相机诱导。”所谓“相机诱导”，也就是适时启智。这里所言的启智的“机”与“时”，是从学生思维律动的情况看的，学生感知教材后，开始进入思维状态，但一时又难以突破思维的临界点，此时正处于胶着状态，教师就要调动各种具体的教学手段进行启发调控，使学生的思维在临界点发生质的飞跃，完成学生对教材从感知到认知、从表象到理性的认识，取得良好的教学效应。如果学生的思维尚未进入临界状态，这时教师的讲授就达不到预期的效果。如果学生经过自己的思考，完成了思维的全过程，得到了正确的结论，那么，教师就不必讲授，这就节约了时间，提高了教学效率。把握洞悉学生思维的量与质，在学生思维临界状态下适时启发，相机诱导，这是提高现代语文教学效率的重要途径。

从一堂课的全程或一个教学环节来看，学生的思维都会自然出现一个由活跃到受阻、停滞的过程。在这种情况下，教师要善于运用语文教学中多种启发方法精心设置教学中的思维材料、进程和方式，刺激学生大脑的兴奋，创设出良好的思维氛围，使学生的心理、情绪在认知需要的发展进程中，形成某种程度的思维亢进和起伏状况，让学生突破思维的临界状态，在豁然开朗的、愉悦的情绪中顺利地接受教师所传授的智能信息，全身心地参与语文学习的思维活动，完成思维上的质的突破。

在语文课堂教学中，由学生的激奋、趣味及教师设置的悬念都可以创设一定的思维情境，其方法灵活多样。在精心创设的情境下，学生的思维便易被激活，进入亢奋状态，然后顺着其思维走势，达到理想境界。我们常常埋怨学生经启发后仍然无动于衷，其实是学生的思维尚未进入“愤”“悱”状态，教师启发的“机”与“时”把握得不准而造成的。只有创设一定的思维情境，引领学生的思维进入临界状态，启智方能奏效。

例如我在教学鲁迅先生的《阿长与〈山海经〉》时，一开头就借文题抛出两个互有关联的问题：(1) 关于阿长的称呼，文中提到，“我”平时叫长妈妈“阿妈”，只有在憎恶她的时候才叫她“阿长”。但实际上到作者写作这篇文章时，对长妈妈已经是满怀敬重和感激了，为什么作者还要选择一个他憎恶时才叫的称呼放在题目中呢？(2) 作者在文中写了长妈妈很多事，为什么独独选择一个《山海经》放在文题中呢？

面对这两个问题，我没有急于组织讨论，而是让学生带着问题进入文本的阅读。学生从文本阅读中逐渐了解到，在“我”对《山海经》想一睹为快却又无法得到而完全无望的时候，是长妈妈给“我”买来了《山海经》。这一件事在“我”与长妈妈的交往中具有极其重要的意义，它彻底颠覆了“我”原先对长妈妈的一切不好的印象，“我”终于由“厌”长妈妈、“烦”长妈妈到“敬”长妈妈。发生这种转变的根本原因就是《山海经》。因此，作者在众多事件中选择《山海经》放在了文题中。

关于阿长的称呼问题的讨论，我把它放在了欣赏作者采用“欲扬先抑”的手法时进行。文章从一开始就“先抑”，描写了长妈妈许多让“我”感到厌烦和不满的地方。接下来，作者笔锋一转，奇峰突起地对长妈妈进行“扬”，详细叙写了两件令他敬重的事。而正是其中的“山海经”事件彻底改变了“我”对长妈妈的看法，正因为有了“山海经”事件，“我”才真正由“厌烦”长妈妈变成了“敬重”长妈妈。“山海经”是敬重长妈妈的代表性事件，它代表的是文章后半部分所表达的情绪。品读至此，同学们恍然大悟：本文题目《阿长与〈山海经〉》实际上就隐含着作者对“长妈妈”从“厌烦”到“敬重”的心路历程。

纵观这个课例，我从一开始就让学生的思维进入“愤”“悱”状态，然后准确把握了启发的“机”与“时”，引领学生的思维进入临界状态，这样的启智当然就特别有效了。

2. 精心设计启智的提问

在课堂教学中，有些问题较难，有些问题涉及面较广，有些问题看似简单却极富内涵，对此类的问题，我们要精心设计提问，善于分层推进，逐步化解难度，让学生渐入佳境。

比如我在教学《想北平》时，为了让学生深刻理解文题，我围绕文题设计了如下一组问题：(1) 从这个题目，你推测老舍的这篇文章至少是在哪一年之前写的？为什么？(1949 年以前写的，因为北京在 1928～1949 年间称为北平) (2) 这篇文章老舍是在北平写的吗？为什么？(不在，如在北平就无需用“想”了) (3) 那么这篇文章到底是哪一年在什么地方写的呢？(1936 年写的。老舍 1924 年去英国伦敦大学东方学院任中文讲师，1930 年回国后任济南齐鲁大学、青岛山东大学的教授，抗日战争爆发后才南下。由此推断，老舍是在山东写的这篇文章。这时距他离开家乡北平已有 12 年了，怎能不想家乡呢) (4) 有人觉得题目中的“想”字似乎太朴素了，你能重换一个字或词吗？(在换词比较中体会老舍用词的通俗而又亲切真诚的特点)

一个极普通的文题，一个似乎没有什么深文大义的文题，通过教师的循循诱导，学生了解了北京的历史，了解了作者的游历，了解了本文写作的背景，还了解了作者写作时的心态，抓住了一道文题，一下子就抓住了文章的魂。

再如在教《胡同文化》时，为了“方正”一词的理解，我设计了这样一组问题：(1) 北京的胡同在建筑方位上有什么特点？(正——板书：方位正) (2) 胡同方位的这种特点使北京城形成怎样的特点？(方正——出示幻灯片：北京胡同地图) (3) 这种“方正”给北京人以什么样的影响？(“不但影响了北京人的生活，也影响了北京人的思想”) (4) 这句话在全文起什么作用？(“总领”或“总括”) 这四个问题由浅入深，由表及里，使学生对北京胡同的特点以及这种胡同文化给北京人的影响有了由感性到理性的认识。

3. 努力挖掘启智的深度

学生的学习障碍有些是学生自己发现的，有些却是教师有意设置的。为了挖掘启智的深度，教师不仅要能在有疑处设疑，更要能在无疑处设疑。

譬如在讲《胡同文化》时，我先让学生讨论了这样几个问题：读了这篇散文，你喜欢文中的哪些语句？你为什么喜欢这些句子？你觉得这些句子有什么特点？（雅俗相间、内涵丰富）在讲“俗”时，我着重强调其“口语化”和俗语的大量使用，正因为这样，文章才带有了浓郁的“胡同味”，这是内容决定了形式。说“内涵丰富”时，我又让学生补充“虾米皮熬的菜，嘿！”和“眯着，北京人，真有你的”等句省略的内容。（前者可补“那简直可待皇上了”之类，后者可补“你可真能忍啊”之类）

在解决了“俗”的特点后，我又引导学生去关注教材中的“阅读提示”和“练习”都提到的语言的“雅致”问题。我问学生，这篇文章中有哪些句子体现了“雅致”？这些句子有没有毛病呢？对于这样深层次的问题学生并没有思想准备，老师这么一问，他们开始积极思考了。最终他们在文中只找到“西风残照，衰草离披，满目荒凉，毫无生气”这16个可以称得上“雅致”的字，因为只有16个字，学生认为很难形成特色。接着，我又引导学生用“雅致”的标准来衡量这16个字，结果发现，它们除了都是四字句外，在内部结构上则显得很混乱，“西风残照”是并列结构，“衰草离披”又成了主谓结构，“满目荒凉”是省略了“所见”的主谓短语，“毫无生气”又成了承前省主语的动宾短语，且“毫无生气”的“毫”与前三个短语的语言风格也不一致。（改“毫”为“了”恐怕会更好些）另外，同学们还认为全篇均为朴实的口语，仅在一处突然插入一段带有文言味道的书面语，反显得不够协调。学生们通过思考，提出了自己的异议，又不避贤者讳地对“雅致”的评价予以否定，这种批判精神对学生的启智有着极大的影响。

再比如在讲《胡同文化》时，我特别引导学生去辨析“文化”这个词的内涵。“文化”这个词现在在各种媒体上频频出现，但“文化”的内涵是随语境的不同而变化的。我先让学生从有关工具书中找出有关“文化”的注释，然后让他们在比较中判断“胡同文化”中的“文化”属于何解。

在工具书上“文化”有四解：①指人类在历史实践过程中所创造的物质财富和精神财富的总和。如：政治文化中心。②指社会的意识形态或一种人文现象。如：酒文化、市井文化。③考古学用语，指同一个历史时期的不依分布地点为转移的遗迹、遗物的综合体。如：仰韶文化、龙山文化。④指运用文字的能力及一般知识。如：文化知识、文化水平。根据以上四解，“胡同文化”中的“文化”属于第二解。至此，我又进一步告诉学生们，准确地讲，“文化”解释的第②义还不是“胡同文化”这类“文化”的最恰当的解释，这里的“文化”是一个很宽泛的概念，从课文中可以看出，人们的生存状态、思想性格、人际关系、处世哲学、风俗习惯等等都属于“文化”的范畴。根据这一类“文化”的特点，我引导学生对其下了这样的定义：在某一地域或某一领域经长期积淀而形成的一种独特的人文现象。如“胡同文化”“酒文化”等。最后，我还告诉同学们，其实有关“文化”的定义，至今也没有定论，有人统计，从1871年到1951年80年间，关于“文化”的定义就有164种之多，现在更是众说纷纭，这个问题有待人们进一步探讨，我也希望同学们进一步关注这个问题。

这样的问题设置和讨论很有意义，也很有价值，课堂气氛热烈，学生的智能也得到了最大限度的开发。

(三)“寻法”的实施要领

1. 宏观之法与微观之法相结合

语文学习的方法有宏观和微观之分，教师在指导学生如何学习语文时应该两者兼顾。

所谓的宏观之法就是从大的方面寻找语文学习的规律。譬如怎样才能学好语文就是从宏观方面而言的。教师可以告诉学生，语文是一门基础学科，拥有深厚的功底特别重要。那么这深厚的功底是从哪里来的呢？是从积累中来。尤其是在写作时，更需要一定的材料积累，这样联想才能有着落，才能做到点面结合、内容充实、理论与材料相联系。那么怎样才能有深厚的积累呢？那就要做到四多：多读、多记、多看、多写。

所谓的微观之法是就语文学习的某一个方面而言的，下面我们介绍的听课的方法、预习的方法、背诵的方法都属于微观之法。

(1) 听课法

听课的方法一般有：听视并用法、听思并用法、五到（即耳、眼、口、手、脑都要动起来）听课法、符号助记法、要点听课法、主动参与法、目标听课法、质疑听课法、存疑听课法等。

(2) 预习法

①读：通读全文，包括课文前的训练重点、预习提示、注释、课后练习等。②画：画出自己不懂的字词、重点词语。③评：在课文的空白处对课文的精彩之处作旁批或评点。④疑：学生在预习时，会发现自己不懂的问题或

者提出不同的观点，那就记下来，带着问题进课堂。

(3) 背诵法

背诵的方法一般有理解记忆法、快速诵读法、提纲挈领法、求同存异法、词语提示法、辞格勾连法（即抓住“排比”“顶针”的修辞格的特殊性)、趣味背诵法、分层背诵法等。

2. 专题讲法与穿插讲法相结合

语文学习的方法有的需要专题讲，如当年话题作文出现时我做过“话题作文的写作”的专题讲座，后来出现了新材料作文，我又做过“新材料作文的写作”的专题讲座。专题讲座信息量大，时间集中，宜解决一些重大的课题。一般的学习方法则在课堂教学中穿插着讲，而且应该以在课堂教学中穿插讲为主。方法是学习活动规律的理性总结，理论来源于实践，并指导实践活动。要实现学法指导的经常化、具体化，并获得切实的效果，最有效的途径还是把学法指导有机地渗透于课堂教学之中，使课堂教学过程能为学生“怎样学习”作导向，真正教会学生学习。

譬如我在讲《我的一位国文老师》时，就抓住“如何把人写活”这个话题组织学生讨论，因为该课文所处的单元所选的文章都是以写人为主的散文，而单元的标题就是“活生生的这一个”。写人就要把人写活了、写人就要写出人的个性也正是本单元学习的重点。于是我问学生，通过本文的学习，你能总结一下，怎样写才能写出一个活生生的人来呢？经过学生深入地讨论，教师总结出了把人写活的三种方法：①善抓富有个性化的特征；②善抓富有个性化的细节；③善抓富有个性化的语言。

如果我们每堂课都能抓住一个点，找到一点规律，学生会得益终身的。

3. 教师授法与学生找法相结合

就教学过程而言，教与学是同一事物的两个方面。我国古代教育名篇《学记》中就有“教学半”的说法，吕叔湘先生则更是言简意赅：“教学，教学，就是‘教’学生‘学’。”美国认知心理学家奥苏贝尔指出，教与学是一回事的两个方面，两者在逻辑上是可以分开来研究的，但实质上是联系在一起的。就一般而言，好的学法是以好的教法为前提而获得的，好的教法又是保证好的学法的运用而选定的，教法与学法必须协调同步。而语文学法指导则是探索教法与学法融合规律，解决教法与学法怎样组合、渗透更科学的问题，它的基本思路就是实现教法与学法在教学过程中的最佳结合。教师指导学生学习语文好比指导学生去掰一个壳子，既要讲清掰开壳子的目的、知识、方法，又要重视学生在得到知识与方法后更想掰开壳子摸到核心的心理，从而使教法与学法得到有机组合。

因此，在语文学法指导上，教师要勤于总结，及时将自己总结的规律、方法传授给学生，同时，教师还要引导学生自己去发现规律，去寻找适当的方法。我曾经要求学生在大量阅读优秀作文的基础上总结话题作文或新材料作文的拟题法、作文开头法、作文结尾法等，下面介绍的几种有特色的拟题法就是学生在老师的引导下总结出来的。

①借用法。即借用古诗词、歌词、影视剧名、名著篇名等等，如《众里寻他千百度》《不畏浮云遮望眼》《感时花溅泪》《借我，借我一双慧眼吧》，还有直接以篇名、剧名为题的，如《爱莲说》《孔雀东南飞》《大雪无痕》《傲慢与偏见》《不要和陌生人说话》等。

②改造法。即将现成的诗句、俗语、影视剧名作适当地改造，如《清泉流石上》（由王维《山居秋暝》中的“明月松间照，清泉石上流”改造而来）、《情不误人人自误》（由俗语“酒不醉人人自醉”改造而来）、《怎一个“情”了得》（这改造自李清照的“怎一个愁字了得”）、《那草、那木、那人》（由电影《那山、那人、那狗》改造而来）。

③比喻法。即用比喻修辞格拟题，如《根》《诚信是金》《给生命一根拐杖》《眼睛上的窗帘》《生命是一朵常开不败的花》《没有翅膀的飞翔》等都不约而同地用了比喻拟题法。

④算题法。即用算术题的方式拟题，如《10－1＝?》（这是以“答案是丰富多彩的”为话题所拟的文题）、《7—1＝0》（这是以“诚信”为话题所拟的文题）、《诚实＋信用＝财富》（这也是以“诚信”为话题所拟的文题）。

⑤联系法。如《感性·理性·认知》《挫折·痛苦·人生》《诗人·明月·黄花》《灵动与沉稳》《西安与南京：山与水的对话》等。

⑥亮旨法。即文题就揭示了文章的主旨或中心，如《有用者，即是“材”》《己所不欲，勿施于人》《真情诚可贵，理智价更高》等。

四、“激趣·启智·寻法”教学追求的实践意义

1. 有利于提高学生学习的热情

正如我在第一部分背景阐述中所描述的那样，每当我接一个新班时，班

上真正喜欢语文的学生寥寥无几，但当我在语文课中采用了“激趣·启智·寻法”的模式进行教学后，学生学习语文的热情空前高涨。2006 年我申报教授级中学高级教师时，召开了我所教班级学生的座谈会，下面摘录的就是我的部分学生在座谈会上的发言：

——王老师的课很有特色，他留给我们自己思考和发展的空间很大，而且王老师的课不直板，总是充满笑声。

——身临王老师的课堂，你会真切而深刻地感受到语文的魅力所在，他所传授的，不是枯燥的文字，而是多彩的世界。

——王老师的语文课总是轻松、活泼的，在他的课上，没有拘束，我可以放飞我的思想。我总期待语文课，因为他的课堂很精彩。

——王老师的语文课生动活泼，在他的课上常常觉得一堂课只有 1 分钟。

——王老师上课让人感觉很亲切，有种朋友之间聊天的感觉。王老师很能启发学生，学生的自主性很强。

学生的这些发言除了过分地褒扬了我的课堂教学外，也流露了他们对语文学习的热爱。

2. 有利于提高语文课堂的效率

高效的课堂教学有些什么特征呢?

（1）课堂是关照学生的生活世界的场所。高效的课堂教学是兼顾知识的传授、情感的交流、智慧的培养和个性的塑造的过程。

（2）课堂是学生浸染先进文化的场所。高效的课堂教学是全面地关照学生成长与发展的乐园，所以要善于营造一种追求真理、崇尚学问的精神氛围，让学生在这样一种精神氛围之中接受文化的洗礼和熏染。

（3）课堂还是培养学生灵性的场所。高效的课堂教学重视教学过程的探索性，重视教学中师生的交往与对话。高效的课堂不是机械地生产一些整齐划一的脑袋，它培养的学生是鲜活的、富有创造力的人才。

我的“激趣·启智·寻法”的教学追求正体现了高效课堂的这些特点，学生是在用整个生命学习他所热爱的语文，教师在传授知识的同时又在努力开发学生智能，与此同时，教师还注意帮助学生总结归纳正确的学习方法。课堂上师生互动频繁而又自然，课堂气氛非常活跃，教学效果也非常突出。我从教 30 多年，无论是教初中，还是教高中，也无论是从起始年级送班，还是中途接班，到了中考或者高考，我所教班级的优分率和平均分都是名列前茅的。

3. 有利于提高学生的语文素养

我们有不少老师教学的功利色彩很浓，凡是高考不考的一律不教不学。而我每接一个班总是明确告诉我的学生，我的语文教学不仅要顾及他们的高考，而且要顾及到他们的人生发展。因此，我一直都很重视学生语文素养的提高。

“北大醉侠”孔庆东教授曾说：“语文学好了，干什么都摧枯拉朽，势如破竹。语文学不好，干什么都愚昧弱智。你看我们古人一天到晚不就是学‘语文’吗？学完了就什么都能干，判案子、修水利、打鬼子、搞经济，堂堂五千年中华文明不都建立在‘语文’上吗？一切其他学科，不都是用语文表达出来的吗？离开语文，就如同虎毛离开虎皮，一风吹散，啥价值也没有。”孔教授在这里所说的什么都能做的人就是语文素养很高的人。

我的“激趣・启智・寻法”的教学追求就是要从根本上培养学生学习语文的兴趣，最大限度地开发学生的智能，同时要让学生掌握科学的学习方法，让他们能够举一反三，让语文教学真正达到“教是为了不教”的境界。让我值得欣慰的是，这么多年来，学生们对我的语文教学都给予了肯定，他们赞不绝口，对我说，是语文给他们的人生插上了翅膀。

素质教育指导下的听说读写能力训练

不少有识之士都不约而同地发现了这样一个令人困惑的现象：语文教师工作很辛苦，语文教学改革的声势很大，语文特级教师在全国有影响的也很多，但语文教学质量却不高。问题的症结究竟在哪里？如果深入教学第一线去考察一番，不难发现，以升学为中心的应试教育仍在左右着语文教学，不少老师是本着考什么就教什么、怎么考就怎么教的原则来进行教学的。因此，要深化语文教学改革，要从根本上提高语文教学质量，唯一的出路就是变应试教育为素质教育。

所谓素质教育，就是以全面提高人的素质为根本目的的教育。这里的素质是指以个体的先天禀赋为基础，在环境和教育的影响下，形成并发展起来的、相对稳固的、内在的人的整体质量水平。它不仅涵盖了以人的先天的解剖生理特点（主要是感觉器官和神经系统方面的特点）为基础——即心理学上的狭义的素质，而且涵盖了在后天环境和教育的影响下形成和发展起来的、稳定的、内在的质量水平。

素质教育的范围很广，任务很多，涉及学校教育的方方面面，就语文学科而言，素质教育主要应侧重于听、说、读、写四种能力的培养，使这四种能力内化为学生的个体语文素质。语文教学要培养学生的听、说、读、写四种能力并不是新鲜的课题，但如何从素质教育的高度去认识去训练，却是一个需要花大力气探讨的课题。近几年来，我致力于这方面的实验研究，取得了一定的成效。在语文能力的训练中，我主要抓了以下四个方面：

一、训练的整体性

应试教育面向的是少数尖子学生，而素质教育的一个重要特点就是面向全体学生，它是以全面提高每一个学生的素质水平为目的的。因此，在语文能力训练中，我始终把目光投向班上的每一位学生，力求使班级学生的整体素质都能得到发展。

训练初始，我会先对每个学生的四项能力进行摸底测试，建立素质基础档案，然后根据各人所短，进行有重点、有目的的训练。如有的学生朗读音量低，不会断句，更表达不出蕴含于字里行间的感情，我就利用课堂教学给他们示范，同时教给他们朗读的方法，并尽量多给朗读基础差的学生以朗读的机会。即使是上公开课，我也不冷落他们，只要他们某一方面有了进步，我就鼓励他们。为了使全体学生都能得到锻炼，我还采用按学号顺序接力读书的方法，每人读十行，这篇课文不够读，下一篇接着读。课堂教学时间有限，学生朗读能力的训练不可能都放在课内，我就要求每个学生备一盒空白磁带，把自己朗读的声音录下来，然后作为朗读作业交给我听音打分。这种训练方法收到了意想不到的效果，有些学生平时并没有意识到自己的朗读水平有多低，当他从录音机里听到自己的声音后，不满意了，于是录了抹，抹了又录，直至自我感觉良好为止。

素质教育十分重视环境的影响，马克思指出："一个人的发展取决于和他直接或间接进行交往的其他一切人的发展。"这说明，个人只有在集体中才能获得全面的发展。群体的素质可以对个体施加强有力的积极的影响，使个体大脑皮层中因外界刺激而引起的暂时神经联系得到强化和巩固。有些老师担忧过多地关注整体、关注差生，会影响教学质量，特别是尖子生的发展，我的实验结果表明，这种担忧是多余的，在提高差生个体素质的同时，也促进了班级整体素质的提高，尖子生必将更尖。之前我所送的一届初中毕业生，不仅平时各项语文能力竞赛名列前茅，而且中考语文平均成绩也是全县第一，全县 109 分以上（满分 120 分）的前六名全部是我的学生。

二、训练的分项性

系统论比较重视整体化，但整体是由部分组合而成的。语文能力是一个整体概念，分解出来则是听、说、读、写四项能力，这四项能力都分别提高了，语文的整体能力才能相应提高。以前人们虽认识到语文的能力主要包括这四项，在训练中也注意到了这四项能力，但实际上重视的只是读和写，听和说只放在次要的位置上，造成这种偏向的原因仍然是应试教育在作祟。为了使学生的听、说、读、写四项能力都能得到同步同质的训练，我采用了分项训练的方法，即把每一项能力都作为一个子项相对独立地进行训练。在分项训练中，再根据子项的自身特点和规律确定若干训练小项。

以听知能力的训练为例，我将听知能力分解为听知注意力、听知记忆力、听知理解力、听知品评力、听知想象力。如在听知注意力训练时，我着重训练学生注意力的稳定和注意力的分配。有时，我故意制造一点外界干扰，以检验学生的注意力；在训练听知记忆力时，我常常读一些优秀作文或请学生讲一两个童话寓言故事，然后让学生复述。有时布置学生晚上回去听新闻联播，第二天来校交流新闻内容，看谁记得多，记得准；在训练听知理解力时，我引导学生注意从听力材料中听出弦外之音，言外之意；听知品评力的训练常常和说的训练结合起来，如课前演讲结束后，即由学生品析，指出其优劣所在；听知想象力的训练可以拓宽学生思维的灵敏度，发展联想能力，培养创造意识。我曾用录音机录下自然界的音响，让学生辨别，并借助音响口头作文。

说的能力的训练，我也把它分成几个小项，如发言能力、讲演能力、交际能力、辩论能力等。关于读和写的能力训练，人们探讨颇深，不再赘言。

当然，强调听、说、读、写的分项训练，并不意味着各自独立于其他三者而存在。事实上，这四项能力的训练，有时是综合在一起的。提倡分项训练，目的并不在于孤立各个子项，而在于强化各个子项，各个子项的能力提高了，学生的整体语文素质就必然得到提高。事实也证明了这一点，近几年来，我所教的学生在各级听、说、读、写能力比赛中均取得了较为显著的成绩。

三、训练的阶段性

实施素质教育的一个关键问题，就是要把各种教育影响内化为学生内在的个体素质。因为内化是一个渐进的过程，能力的训练也应该是一个渐进的过程。然而，在教学实践中，人们往往忽略了这种渐进性特点，表现出极大的随意性，造成了内化的暂止和脱节。

为了避免训练的随意性，保证内化的渐进发展，我依据教学大纲制定了听、说、读、写四项能力的训练序列，使四项能力的训练显现出明显的阶段性。训练的阶段是以学年划定的，三年三个台阶。每种能力每学年都有各自的训练重点和训练目标，每一个阶段的训练效果均以分数的形式量化，每个项目均确定最低过关标准，不能过关者，均进行补训，直至过关。

譬如课前演讲的训练，三年是分三个层次要求的。初一时，内容不限，童话、寓言、笑话均可，材料也不要求自己写，但要求神态自如，表达清楚；初二阶段，内容有限制，要求以评论身边的事为主，演讲材料必须自己写，演讲时要有一定的表情，语调要适当注意抑扬顿挫；初三阶段，教师当场出题，指定学生即席按题演讲，要求表情丰富，并附加适当的动作。

再如写作训练中的记叙文写作，初一时训练的重点是一人一事，初二是一人多事，初三则为多人多事。由于训练呈现明显的阶段性，学生目标明确，训练难易适度，各项能力都得到稳步提高，并逐渐内化为学生的素质。在我班任教的其他学科老师都一致认为我班学生素质好，教学很顺手。他们只要上公开课，总喜欢在我们班上。我所任教的这个实验班其他各科成绩在同轨班级中大多处于领先地位，这些成绩的取得不能不归功于语文素质教育。

四、训练的实用性

语文本是一门工具性、实用性很强的学科，但由于应试教育的影响，我们有些学生并不清楚语文学习的目的，在他们看来，课文是为考试而读的，文章是为老师而写的，为了纠正这种偏见，我在教学中注意把能力的训练放到实际运用中，让学生在实用中学习语文。

结合作文教学，我带学生走出校门采访先进模范人物，然后写成通讯，并向报社投寄。学了新闻，我又组织学生写社会新闻，并择优推荐给报社电台，有些已被选用。在进行应用文写作训练中，学了倡议书，我就让学生向全校师生发一份开展冬季长跑的倡议。学了建议书，我又让学生向校领导或班主任写一份建议书，参与学校班级管理。学了书信，我要求学生向外地亲友实寄一封信，并请外地亲友给信打分写评语；班上要开家长会了，我又让学生给出席家长会的父母写一封信说说心里话，然后再请家长给信打分，并给各自的子女写一封回信。

为了扩大学生所写日记、作文的读者面，我每学期都从全班学生的习作中选出一部分佳作，编成一本习作选，印发给大家。我还要求每位学生编一本《作文日记自选集》，自己选文章，自己设计封面，自己写序言，装订后挂在教室里互相传阅。我还经常把本班学生的日记、作文向有关报刊推荐，有不少已经发表。最让全班同学兴奋的是北京一家出版社为我班学生出了一本《小天才日记精品》，书中由我选评的一百篇日记均出自我班学生之手。由一个班的学生合出一本书，这在全国大概也不多见。

通过实用训练，学生学习语文的兴趣倍增，他们在实用训练中所表现出来的积极性和认真态度都是封闭式的训练所不可比拟的。实用的训练还引起了社会各方对我们语文教学的关注，报刊电台的编辑、社会上的先进模范人物、各位学生的家长、亲友以及全班每一个学生都成了我们语文能力训练的参与者。这样，语文能力训练的网络就由原来的“老师→学生”的单向交流转为“教师→学生⟷学生←社会”的多向交流，学生的个体素质也就借助于群体素质得到了进一步的提高。

戏剧教学内容的选择与确定

一、文类解说

戏剧，是以语言、动作、舞蹈、音乐、木偶等形式达到叙事目的的舞台表演艺术的总称。戏剧的表演形式多种多样，常见的有话剧、歌剧、舞剧、音乐剧、木偶戏等。

戏剧是通过舞台演出而诉诸观众感官的艺术形式，其中心是演员的表演，因此，又被人称为“舞台艺术”或“演员艺术”。在戏剧作品中，人物与人物之间由于性格不同和所追求的目的不同而展开的矛盾斗争叫戏剧冲突。戏剧作品总是由一个冲突的提出、发展和解决而得到完成的。戏剧冲突的成功与否是戏剧成败的关键，所谓戏剧性正是由于戏剧冲突解决得独特、新颖、有丰富内涵而形成的。

文学上的戏剧概念是指为戏剧表演所创作的脚本，即剧本。我们中学语文教材中的所谓的“戏剧”就是指“剧本”。剧本是一种文学形式，是戏剧艺术创作的文本基础，编导与演员根据剧本进行演出。在文学领域里，它是一种独特的文体；在艺术领域里，它又接近文学；在戏剧领域里，它是一切戏剧活动的根本出发点。

剧本主要由台词和舞台指示组成。对话、独白、旁白都采用代言体，在戏曲、歌剧中则常用唱词来表现。剧本中的舞台指示是以剧作者的口气来写的叙述性的文字说明，包括对剧情发生的时间、地点的交代，对剧中人物的形象特征、形体动作及内心活动的描述，对场景、气氛的说明，以及对布景、灯光、音响效果等方面的要求。

二、文本分析

《雷雨》是曹禺先生1933年创作的优秀话剧剧本，是一部杰出的现实主义悲剧，也是中学语文教材中的传统篇目。

《雷雨》以20世纪20年代半封建半殖民地的中国社会为背景，通过一个反动的封建资本家周朴园家庭内部的种种纠葛和周、鲁两家错综复杂的矛盾冲突，揭露了以周朴园为代表的封建资本家腐朽、伪善、凶残的阶级本性，鞭挞了黑暗的社会。作者以卓越的艺术才能深刻地描绘了旧制度必然崩溃的图景，对于走向没落和死亡的阶级给予了有力的揭露和抨击。

这是一出严格遵循欧洲古典戏剧的“三一律”原则（时间一律，场景一律，情节一律）而创作的戏剧。两个家庭八个人物在短短一天之内发生的故事，却牵扯了过去的恩恩怨怨，剪不断，理还乱。剧本以扣人心弦的情节，简练含蓄的语言，各具特色的人物和极为丰富的潜台词吸引了千百万读者和观众。

“没有冲突就没有戏剧”，这是一个已经为人们普遍接受的论断。在《雷雨》这部剧作中，其矛盾冲突主要体现在人物关系、伦理道德和阶级矛盾上，如周朴园和鲁侍萍之间，周朴园和鲁大海之间，四凤和鲁贵之间，周萍和周朴园之间，繁漪和周萍、周朴园之间，繁漪和四凤之间，周萍和四凤之间，等等，都存在或新或旧、或隐或显且错综复杂的矛盾关系。曹禺设置冲突的高超技巧在于他在写各种矛盾环环相因、扣人心弦的同时，还做到了自然无痕。因而使剧作获得了真实的力量，刻画出一组“精塑浮雕”（钱谷融语）般的人物。

苏教版的节选部分主要表现的是以周朴园为代表的资本家与以鲁侍萍为代表的下层劳动人民之间的矛盾冲突，人教版的节选部分除此以外，还表现了以周朴园为代表的资本家与以鲁大海为代表的工人阶级之间的矛盾冲突。下面的三个案例既有以苏教版为本的，也有以人教版为本的。

《雷雨》案例一

一、联系旧知，形象导入

我们都熟悉《水浒传》中林冲这一形象，在公众场合，他是威风凛凛的八十万禁军教头；在高衙内面前，他是一个高级奴隶；在妻子面前，他是一个情意绵绵的丈夫。不同角色呈现了他烈性如火、柔情似水而又忍辱负重的复杂性格。像这种形象复杂、性格多面的人物，文艺理论家们常谓之为“圆形人物”。毋庸置疑，《雷雨》中的主人公周朴园也是这样一个“圆形人物”，下面就让我们走近他，一起来解读一下周朴园这一人物形象的复杂性。

二、审美感知，梳理文脉

提问：浏览全篇，请用简要的语言描述周朴园对鲁侍萍态度的发展变化过程。

明确：周朴园由对自己以为“死去”的侍萍的“怀念”，到对已经知道还活着的侍萍的“惊慌”，再到对站在眼前的离开了自己三十年的侍萍的“冷酷”。

三、品读文本，分析形象

提问一：三十年来，周朴园如何对待“死去”的侍萍？这显现出周朴园形象的什么特点？

（引导学生读周朴园认出侍萍前的一段）

明确：周朴园问过许多人，派人打听过梅小姐的情况，要修坟纪念。住房内还保留着侍萍“顶喜欢”的家具，记着她的生日，保留着侍萍关窗的习惯。这纯然是一个温情脉脉、有情有义的人物形象。

提问二：周朴园如何对待活着的鲁侍萍？这又显现出周朴园形象的什么特点？

（引导学生精读周朴园认出鲁侍萍后的一段）

明确：①当他得知侍萍还活着，周朴园感到“惊愕”，更是避而不愿见。他为了维护自己的“尊严”，害怕欺辱侍萍的卑劣行径张扬出去，有损门第。这表明了周朴园的伪善和丑恶。②当他得知侍萍就是眼前的鲁妈时，资产阶级的本性使他一下子从往日的怀念回到现实的利害冲突中来。周朴园先是声色俱变地责问，接着试图以“你我都是有子女的人”为由，企图稳住鲁侍萍，使其不再重提旧事；接着又口口声声表白不忘旧情，以期逃避鲁侍萍的谴责；最后凶相毕露，辞退四凤和鲁贵，开除鲁大海，暴露了他的冷酷和凶残。

提问三：基于上述反差，有人认为周朴园对侍萍的怀念之情是假的。老师却不这么认为，因为老师已经找到了一些论据，待老师陈述后，同学们再依据文本来帮老师补充。

论据一：从周朴园保留侍萍喜欢的家具、记着侍萍的生日这些琐事看来，他对侍萍是有真情的。对一个确认为已“死”了三十年的人依然念念不忘，这不是一个纯粹虚情假意的人能做到的。

论据二：三十年前的周朴园是一个风流倜傥的阔少爷，凭他的经济条件、社会地位、人品和才学，以及从当时社会的伦理道德、世俗理念等方面来看，他和侍萍都是极不般配的。但他却偏偏“忘记”了自己的身份，看中了“知书达理、聪明伶俐、年轻漂亮、贤惠体贴”的侍萍。全剧虽没有直接描述周朴园和鲁侍萍三十年前曾有过的恋情，但却通过《雷雨》中写周萍与四凤的真情间接地反映出了他们的感情。

论据三：周朴园从看到鲁侍萍的熟悉的关窗动作起，一直是心存狐疑、小心探查的，他问她“贵姓”，他试探她“好像有点无锡口音”，可就在鲁侍萍以怀旧的口吻说出“洋火”时，周朴园的瞬间反应却有些失常：

“（沉思）三十年前，是的，很远啦，我想想，我大概是二十多岁的时候。那时候我还在无锡呢。”

“嗯，（沉吟）无锡是个好地方。”

深沉的语气，抒情的口吻，固然与现在猫抓老鼠的游戏氛围不合，就内容而言，竟至于暴露出自己与无锡的关联性，对照后文的推托“亲戚”关系，真有点让人觉得匪夷所思。这一失态的背后就是真情的流露。因为“洋火”这一导火索，引发的是他们“点灯”“关窗”“窟窿”“绣花”等组接的一幅幅过往岁月的温馨画面。

论据四：面对周朴园，鲁侍萍的心里有着无限的怨愤，于是她声泪俱下地痛斥：“我的眼泪早哭干了，我没有委屈，我有的是恨，是悔，是三十年一天一天我自己受的苦。你大概已经忘了你做的事了！三十年前，过年三十的晚上我生下你的第二个儿子才三天，你为了要赶紧娶那位有钱有门第的小姐，你们逼着我冒着大雪出去，要我离开你们周家的门。”尤其是这句很是累赘的“我亲生的两个孩子你们家里逼着我留在你们家里”，让我们看到痛斥的对象是“你们”，可见三十年前的悲剧，罪魁祸首并不仅是周朴园，还有他们家的“老太太”等一大群封建家长。从这个意义上说，周朴园也是一个受害者，并非他一定要抛弃侍萍，而是他的软弱无奈致使他不曾抗争罢了。

小结：周朴园是一个集“多情与绝情、温情与冷酷、软弱与自私”于一身的复杂人物形象。作者曹禺自己也说：“周朴园也是一个人，不能认为资本家就没有人性。为了钱，故意淹死两千二百个小工，这是他的人性。爱他所爱的人，在他生活的圈子里需要感情的温暖，这也是他的人性。”

四、交流感受，升华课堂

提问：赏析完本篇“圆形人物”周朴园的刻画后，你认为这种塑造人物的方法于我们阅读欣赏有哪些好处呢？

明确：这种多面性会给我们阅读带来人物的鲜活感、阅读的多元感、审美的创造感。（结合文本的同时，可拓宽至《红楼梦》中王熙凤形象，以及热播的电视连续剧《蜗居》中宋思民的形象来交流）

（沈红娟　江苏省如皋中学）

《雷雨》案例二

一、导入新课

黑格尔说：“在戏剧中，能把个人的性格、思想和目的最清楚地表现出来的是语言，戏剧人物的最深刻方面只有通过语言才能实现。”也就是说，话剧的主要表演方式就是人物对话，因此对于一个剧本而言，语言是第一要素，读者只要抓住了人物的语言，就等于抓住了人物的灵魂。下面我们就从人物的语言入手，走进人物的心灵世界。

二、播放话剧《雷雨》“周鲁相会”片段，对照课本揣摩人物语言

明确：这一段是写周朴园和鲁侍萍相隔三十年后从相遇到相认的过程。

要求：了解了这一部分的内容后，说说你对周朴园的初步印象，并从文中找出佐证。

提问一：为什么侍萍明明是婢女，周朴园却说是“小姐”？

讨论明确：周朴园三十年前抛弃了侍萍，连他自己都知道这是一段不光彩的过去，说出来会影响自己的名声，而现在要跟“陌生人”谈起，当然就得小心翼翼了。所以，他表面上像是在赞扬侍萍，实则上是想掩盖自己的罪行，足见他的“虚伪”。

提问二：为什么鲁侍萍自己却强调说“不是小姐”？

讨论明确：鲁侍萍说自己不是“小姐”，表面上是否定自己，实则上是想揭露周朴园的自私与虚伪，表现出她的“正直”和内心对周朴园的愤恨。

三、讨论有关周朴园的舞台说明的作用

拿起看看——忽然觉得她很奇怪——沉思——沉吟——汗涔涔地——惊愕——忽然立起

这些舞台说明表现出周朴园的心理变化过程：平静——猜疑——紧张——不知所措（板书）

四、分析下面三句话所包含的潜台词

①“你来干什么?”

②“谁指使你来的?”

③“三十年的工夫你还是找到这儿来了。”

潜台词就是言外之意，是说话人心中真正所想说的。潜台词最能表现人物内心世界。

讨论明确：

①“你是不是想借机来敲诈我的?”

②“你幕后一定有不怀好意的人指使你来!”

③“三十年了，你还是不忘旧仇，还想利用过去的关系来敲诈我。”

小结：在周朴园看来，人与人之间就是尔虞我诈，发财致富全靠敲诈、暗算。这些潜台词暴露了周朴园阴暗卑劣的内心世界，他在这里完全是以小人之心，度君子之腹。(学生再读，体会)

五、仔细揣摩人物对话，总结归纳剧中人物形象的性格特征

1. 精读有关周朴园的对话部分，找出能体现其性格特点的话，分小组讨论。每小组选一名代表发言，并把对周朴园性格特点概括的词语写在黑板上，师生共同梳理。

讨论明确：

①第一场中，我们看到，周朴园向鲁侍萍打听“梅小姐”的“坟墓”等，让人感到他依然怀念已死的侍萍，但在对话中他却谎称侍萍是“贤惠、规矩”的“小姐”，而且只跟他“有点亲戚”关系。从这前后矛盾的对话中我们可以看出，周朴园实际是为了维护自己的“高贵门第”和“老爷”的“尊严”，为了美化自己，并掩盖其对侍萍始乱终弃的卑鄙行径。因为在他看来，同女仆有点什么“关系”是可耻的，有损自己高贵的门第。

②当周朴园认出面前站着的正是自己“朝思暮想”的侍萍后，就立即扯下虚假的面具，由对侍萍一片“深情”转而凶相毕露。“你来干什么?”“谁指使你来的?”“三十年的工夫你还是找到这儿来了。”等一连串的对话就足以说明，他是一个卑鄙的伪君子，一个浑身散发着铜臭的冷酷的资本家。当然周朴园的性格也有其复杂性，他对侍萍的感情不全是虚假的。他不忘旧情，保留旧家具、旧习惯，穿旧雨衣、旧衬衫，一听到鲁侍萍的无锡口音，便急于打听“梅小姐”的事情等，从某种程度上看，这是他感情的真实流

露。因为他后来的家庭生活很不如意，妻、儿都对他敬而远之，使他倍感孤单寂寞，他只能用回忆跟侍萍在一起的美好时光来填补心灵的空虚。

2. 精读有关鲁侍萍的对话部分，找出能体现其性格特点的话，分小组讨论。

讨论明确：

鲁侍萍是一个旧中国劳动妇女的形象。她善良、正直、刚毅、倔强，一直在死亡线上挣扎，饱尝了人间的辛酸。是痛苦的经历把她磨炼得坚强勇敢，同时使她对现实的残酷有了较清醒的认识。虽然她对周朴园的真正了解有一个发展过程，她善良的天性曾使她一度对其产生过某种程度的轻信和谅解。但是，她从周朴园前后行为的变化中，终于看清了周朴园的险恶本性，清醒地意识到周、鲁两家人之间横亘着一条不可逾越的鸿沟——阶级的鸿沟。于是她毅然撕碎支票，表示了对周朴园这个卑鄙的伪君子以及不公平的阶级社会的蔑视和抗议，维护了自己的尊严，表现了无产阶级的觉醒。

小结板书：

周朴园：是一个虚伪、卑劣、伪善、自私、残忍的资本家。

鲁侍萍：是一个善良、正直又受侮辱、被损害的旧中国的劳动妇女。

六、体会戏剧中矛盾冲突的呈现方式并理解其作用

1. 思考“周鲁相会”这一部分的主要矛盾冲突是什么。

讨论明确：周朴园跟鲁侍萍的矛盾，是以周朴园为代表的资本家与以鲁侍萍为代表的下层劳动人民之间的矛盾冲突，这是根本利益的冲突。

2. 分析戏剧中矛盾冲突是如何呈现的。

讨论明确：通过个性化的人物语言来反映人物的性格特征，从而展现戏剧中的矛盾冲突。

七、课堂小结

本节课我们从戏剧的基本特征出发，把握住戏剧的语言，体会了个性化的人物语言在戏剧中塑造人物形象、推动情节发展的重要作用，并在此基础上理解了矛盾冲突对剧情的支撑作用。

（石太东　江苏省如皋市第一中学）

《雷雨》案例三

一、导入

曾经有人把现代文坛最著名的几个作家做了一个排序——鲁郭茅巴老

曹，其中只有一个作家完全是凭戏剧奠定其在文坛的地位的，这个作家就是曹禺。这节课我们就跟随曹禺一起走进他的《雷雨》。

二、了解戏剧特点，简介作家作品

（学生先交流，然后教师补充总结。教师主要补充了戏剧的定义、戏剧的分类、戏剧语言的特点，并简要介绍了作者曹禺及全剧情节等）

三、整体感知

快速浏览，按戏剧中的矛盾冲突将课文分成两部分。

第一部分写三十年后周朴园和侍萍再次相见。这一部分又以鲁侍萍说明自己的身份为界，分为两个层次：第一层主要写他们过去的矛盾。鲁侍萍以叙述别人故事的口吻，诉说自己的悲惨遭遇，揭露周朴园的冷酷；第二层写他们现在的矛盾，通过周朴园认出侍萍后态度的变化和侍萍的表现，暴露周朴园的伪善面目。

第二部分写周朴园与鲁大海父子、侍萍与周萍母子会面，通过周朴园和鲁大海的激烈冲突，揭露周朴园贪婪、冷酷的本性，反映了工人阶级的觉醒和反抗斗争。

四、人物形象分析

对一个剧本而言，语言是剧本的第一要素，抓住了人物的语言，就等于抓住了人物的灵魂。下面我们就从人物的语言入手，来把握周朴园的复杂个性。（请学生从课文中找出最能体现周朴园个性特征的人物语言来分析）

讨论明确：周朴园究竟是个怎样的人？我们通过对周朴园跟鲁侍萍之间矛盾冲突的重点分析，明确周朴园是一个虚伪、卑劣、伪善、自私、残忍的资本家。另外，通过简单分析他跟鲁大海之间的矛盾冲突，又可见他的冷酷、奸诈和心狠手辣。

五、舞台说明赏析

除了用人物语言表现人物性格，戏剧还通过其他途径来表现人物，比如舞台说明（除人物语言之外的其他语言，包括背景介绍、人物动作、神态说明、旁白、画外音以及其他叙述语言等）。

1. 课文开头有一段舞台说明，有何作用？

讨论明确：交代故事发生的时间，烘托舞台气氛。这种气氛同剧情紧密配合，烘托了人物烦躁、郁闷不安的情绪，预示着一场雷雨即将到来，同时也感染、影响了读者，让人产生一种压抑感，把读者带入戏中。

2. 对鲁侍萍有一处舞台说明（很自然地走到窗前……），这一说明有何作用？

讨论明确：为了推动情节发展。鲁侍萍被赶出周家已差不多三十年了，从面貌上，周朴园已经认不出她来，但她熟练的动作和变化较慢的背影，却使周朴园觉得似曾相识，所以引起他的追问“你站一站”，从而推动了情节的发展。

六、揣摩语言

戏剧语言有潜台词。潜台词就是言外之意，是说话人心中真正所想的，也是最能表现人物内心世界的。请思考并讨论下列两组话语的潜台词。请看：

（投影一）

“你来干什么？”

“谁指使你来的？”

“三十年的工夫你还是找到这儿来了”

（投影二）

“我只知道你是罢工闹得最凶的工人代表。”

讨论后明确：

（1）这三句话的潜台词是：

“你是想借机来敲诈我。”

“你幕后一定有不怀好意的人指使你来。”

“三十年了，你还是不忘旧仇，还想利用过去的关系来敲诈我。”

小结：在周朴园看来，人与人之间就是尔虞我诈，发财致富全靠敲诈、暗算。这些潜台词暴露了周朴园阴暗卑劣的内心世界，他这里完全是以小人之心，度君子之腹。

（2）这句话双关，对鲁大海来说就是“你闹得这样凶，小心收拾你”，同时话中带话地告诉鲁侍萍，他不会也不想认这个儿子。——冷酷

（投影三）周朴园问话比较：

鲁侍萍　哦，——那用不着了。

周朴园　怎么？（比较：怎么就用不着呢？）

鲁侍萍　这个人现在还活着。

周朴园（惊愕）什么？（比较：她真的还活着吗？）

讨论明确：戏剧在表演过程中，受时间和舞台的限制，人物的语言必须简洁，具有无限的张力，最大限度地体现最多的意思；但是，该复杂的时候也必须复杂，不惜重复笔墨，简繁的标准就是是否符合中心的需要，就像我们写作文。

（姜跃明　如皋市薛窑中学）

三、观点陈述

（一）戏剧教学在内容选择上存在的问题

戏剧教学在中学语文教学中一直处于被轻视的状态，一是比重小，一套教材一般只有一个戏剧单元，顶多两个；二是中考或者高考几乎考不到戏剧。再加上我们有相当一部分语文老师对戏剧很陌生，所以，在选择戏剧的教学内容时，往往偏重于非戏剧的因素，因此，我们的戏剧教学就很难上出戏剧的味道来。戏剧教学中存在的主要问题有：

1. 视剧为文

戏剧有戏剧的特点，戏剧教学也应该体现戏剧的要素。但有些老师视剧本为一般的文章，或视为小说，或视为散文，教学中丝毫不考虑什么戏剧冲突、戏剧角色的分类、唱腔的特点、旁白、舞台说明等等。有一则《雷雨》的教案，通篇抓住“洋火”“你们”“汗涔涔”“望”“支票”五个关键词进行咀嚼品评。仅其中“洋火”一词就用了全课将近五分之一的时间，不要说鲁侍萍说的是“那时候我记得我们还没有用洋火呢”，即使她说的是“那时候我记得我们还一起用过洋火呢”，也没有必要花这么多时间在这一个词上。细虽细矣，只是有点捡了芝麻，丢了西瓜的感觉。

2. 以演代讲

在中学戏剧教学中，我们不少老师会根据所教班级学生的特点将不同角色分给不同的学生扮演，并在学生朗读台词时做适当的点拨和提示。但我们还会看到另外一种现象，教者先放一段与课文有关的视频给学生看，然后就根据剧本分一下角色，接着，学生就照剧本一句一句读下去。教师基本不插话，学生读完，课也就上完了，教师基本不作为。

笔者曾以学校行政领导的身份去听过我校一位老师讲《茶馆》，该老师一进教室就分配角色，让学生照剧本朗读。在学生读的过程中，教师也不置可否。本来在戏剧教学中分角色读剧本是无可厚非的，问题是在学生读的过程中，教师要适当提示，适当指导：什么地方应该重读，什么地方应该轻读，什么地方语速要慢些，什么地方语速要快些，哪些句子含有丰富的潜台词等等。否则，要我们老师做什么呢？

3. 借题发挥

有的老师可能因为自身戏剧知识的缺乏，在戏剧课堂教学中往往忽视或者放弃了戏剧知识的教学，而热衷于其他方面的训练。请看这样一个教学片段：

师：《三块钱国币》中出现几个人物？

生：吴太太、杨长雄、成众、警察还有李嫂。

师：矛盾冲突发生在哪些人身上呢？

生：吴太太和杨长雄。

师：他们为什么发生争执呢？

生：因为一只花瓶。吴太太的女仆李嫂不小心打破了主人心爱的花瓶，吴太太要求她赔偿，杨长雄认为不用赔偿，于是争辩起来。

师：同学们，你们认为该不该赔呢？（有的同学说赔，也有同学说不用赔，气氛很活跃）

师：好，同意吴太太观点的同学请你们推荐一位代表出来。

生：我觉得应该赔。

师：什么理由呢？请你把吴太太的理由找出来。其他同意吴太太观点的同学也请你们从文中找出理由，准备补充。

生：首先，损坏了别人的东西就应该赔，在那个兵荒马乱的年代谁不穷呢？文中开头吴太太的话清楚地表明了这一点；其次，这只花瓶是吴太太五年前买的，吴太太很喜欢这对花瓶，把她当做宝贝似的带在身边，现在一只被打破了，当然要赔了；再说，现在就是出十块钱买一只也买不到啊！人家吴太太只是照原价让李嫂赔三块钱，已经是“十二分”客气了呢！总而言之，损坏了别人的东西没有不赔的道理。

师：有同学补充吗？

生：人家吴太太损失的可是自己的最爱啊！但是吴太太既然已经说出口了就不反悔，只要李嫂赔三块钱，我觉得已经是最底线了，要是连三块钱都不赔，肯定是不行的。

（这两位同学刚说完，下面反对的同学早就坐不住了，跃跃欲试。此时老师趁势让他们站起来说自己的观点，让双方展开辩论）

这是剧本《三块钱国币》的一个教学片段，除了开头老师提到一下“矛盾冲突”外，其余全成了一场辩论赛，这种借题发挥，热闹是热闹，只是这已经不像一堂戏剧教学课了。难怪有专家评论说：“学生辩论的双方虽然锻炼了论辩的能力，但用力过猛，发挥过头，似乎又有脱离戏剧文本之嫌。”因此，专家提醒，“这需要执教者在教学设计和课堂调控时把握好分寸”。

（二）对上述三个案例的简析

“案例一”是一篇很有特色的案例，设计者没有面面俱到，而是集中抓住一个点，解决一个问题。教者首先由《水浒》中林冲性格的复杂性引出周朴园，并将周朴园定位为一个“圆形人物”；接着引导学生整体感知，用“怀念”——“惊慌”——“冷酷”三个关键词勾勒出周朴园对待鲁侍萍态度变化的轨迹；然后，教者在课堂的主体部分设计了三个纲领性的问题，这三个问题看似简单，其实抓住了关键，抓住了要害，解决了这三个问题，周朴园性格的多样性和复杂性就自然清晰起来了。当然，如果这堂课仅仅是《雷雨》教学的其中一课，那这堂课是精彩的，但如果《雷雨》的教学仅此一课，那又显得过于单薄了。另外，关于“周朴园对侍萍的怀念之情的真假”问题，教师介入太早，结论下得太快，应该组织学生讨论，在学生讨论的基础上，教师再做结论。

“案例二”较“案例一”在内容上要丰富些了，教者不仅要学生通过揣摩戏剧语言，分析戏剧人物形象，还要通过体会戏剧中矛盾冲突的呈现方式理解其作用。另外，在分析人物形象时，还顺带对“舞台说明”在刻画人物形象中的作用作了剖析。在分析人物语言时，又引导学生挖掘人物语言的“潜台词”。整个教学设计，戏剧的因素显然增加了。这个案例的亮点还在于设计者并没有架空分析人物形象，而是通过细品人物语言，从人物的只言片语中去归纳人物形象的性格特点。所感不足的是，该设计有关戏剧冲突的环节处理得有些简单草率，而这恰恰是戏剧教学需要浓墨重彩的地方。

“案例三”在教学内容上是最为全面的，设计者几乎将戏剧教学所需要的知识都囊括其中了。这里有戏剧知识的介绍，有作家作品的介绍，有全剧情节的介绍，有根据矛盾冲突而进行的情节梳理，有戏剧人物的分析，有舞台说明的赏析，还有人物潜台词的揣摩。全则全矣，总感觉有些平均用力，重点不够突出，问题的设计也缺乏新意和深度。其实，有关“戏剧知识”“作家作品”“全剧情节”的介绍都可以在课前以资料的形式印发给学生，这样可以节省更多的时间来解决需要着重解决的问题。

（三）戏剧教学内容的选择

中学戏剧教学到底教什么？怎么教？中学戏剧教学到底是姓“戏”，还是姓“语”？这两个问题一直困扰着广大中学语文老师。

从教材编写者的角度看，即使是同一篇文章，其教学的侧重点也是不一样。

以《雷雨》为例。这篇课文在人教版、苏教版、语文版和山东版四套新课标高中语文教科书中同时出现，但组合方式显然不同。具体情况是：

人教版：《窦娥冤》《雷雨》《长亭送别》《哈姆莱特》（第四册第一单元）

苏教版：《雷雨》《一滴眼泪换一滴水》《辛德勒名单》（第四册第二单元“一滴眼泪中的人性世界”）

语文版：《雷雨》《窦娥冤》《哈姆莱特》《城南旧事》（第四册第三单元“人生如舞台”）

山东版：《祝福》《雷雨》《高老头》《窦娥冤》（第四册第三单元“洞察世道沧桑”）

这种组合方式的不同体现了四种版本教材在《雷雨》这篇课文教学意图上的差异。人教版的教学意图是让学生学会从矛盾冲突、人物语言等方面掌握欣赏戏剧的方法；苏教版以“一滴眼泪中的人性世界”为主题，意在让学生从人性的角度看待世界；语文版以“人生如舞台”为主题，意在使学生在戏剧的学习与欣赏中认识和把握人生内涵；山东版的编者寄语目的是让学生通过该单元的学习来洞察世道，应对生活。而这种教学意图的不同，显然也规定了教学内容的基本指向。如，人教版的教学内容显然主要在掌握戏剧欣赏的方法上，关注的是戏剧“教（学）什么”和“怎么教（学）”的问题；苏教版的教学内容似乎与戏剧无关（该单元的另一篇文章《一滴眼泪换一滴水》就是长篇小说节选），重在探讨人性世界的“真”与“假”，“美”与“丑”；语文版的教学内容则强调通过掌握戏剧欣赏的方法来认识、把握人生；山东版则把关注点放在揭示《雷雨》所反映的人文内涵上，侧重于思想道德、社会经验的理解。

同一篇文章在四种不同的教材中竟有四个完全不同的侧重点，这看似反常，其实又很正常。

王荣生先生认为："语文课程内容主要有三个方面：一是'定篇'，即构成人文素养确切所指的文学文化经典作品以及对它们的阐释。二是'语文知识'，包括事实、概念、原理、技能、策略、态度等。三是'经历'，指某一学段学生必须经历的某项语文实践活动。语文课程内容的上述三个方面，应该具有确定性。"

李海林先生则对这三个方面做了具体解读："'定篇''知识''活动'是语文教学内容的三大形态。在课程层面，定篇以'学习篇目'直接指定，知识以'课程内容'标示，活动则可能以'活动清单'表现。在教材层面，定篇以'基本课文'标示，知识则既可能直接呈现，也可能隐藏在'思考与练习'之类的辅助系统中，活动则可能体现在课文的'学习活动设计'中。在教学层面，定篇表现为老师对课文的处理方式，表现为学生对课文的一种态度，知识是学生学习活动的操作对象，活动则与教学方式合二为一。"

以上四种教材或侧重于"定篇"，或侧重于"知识"，或侧重于"活动"。

作为"定篇"，在《雷雨》的教学中，我们在课堂上可涉及《雷雨》的作者、《雷雨》创作的缘由和背景、《雷雨》全剧的情节结构、《雷雨》的人物形象、《雷雨》标题的象征意义，甚至《雷雨》人物姓名暗藏的玄机（如"周朴园"——"'仆人'满园"；"繁漪"——"频繁涟漪"；"周萍"——寄生在水面上的"浮萍"等）。

作为"知识"，在《雷雨》的教学中，我们在课堂上可涉及戏剧的起源、戏剧的定义、戏剧的分类、戏剧的冲突、戏剧的舞台说明等。《雷雨》在课堂上仅仅是作为"例文"看待，教学的目的主要在让学生懂得什么是戏剧。王荣生先生曾提醒我们："诗歌教什么？散文教什么？小说教什么？新闻教什么？这些问题的答案，要借助于相应的学科专家，要借助于靠得住的学术论著。知道在哪些学科领域有哪些专家，有哪些靠得住的论著。"如果我们要在语文课堂上以教授戏剧知识为主，那我们语文教师也应该首先研读有关戏剧方面的专著，以免说外行话。

作为"活动"，在《雷雨》的教学中，我们可以充分利用《雷雨》作为听、说、读、写训练的材料来设计语文活动，以提高学生的语文素养。在戏剧教学中，人们开展得最多的“活动”就是让学生来扮演角色。有化妆表演的，也有素装表演的，当然也有拿着课本朗读的。这种形式以其直观性和趣味性，很受学生欢迎。借助表演，同学们既加深了对人物性格的理解，又锻炼了自己的口头表达能力。另外，也有老师剪辑话剧表演的场景，配以音乐，然后让学生写解说词；还有老师以“我看《雷雨》”为引子写一句话评价《雷雨》，意在创设一种教学情境，引趣、激情、启思，让学生对话剧《雷雨》这部被称作我国现代戏剧奠基之作的作品有初步的了解，激发学生欣赏戏剧文学的浓厚兴趣。

当然，在具体教学中，这三方面的教学内容是交融在一起的，只是不同的教学目的有不同的侧重点罢了。“定篇”的教学侧重于文本的解读，“语”的成分多些；“知识”的教学侧重于戏剧知识的介绍，“戏”的成分多些；“活动”则是借“戏”来练“语”，最终达到提高语文素养的目的。

最后需要强调的是，中学戏剧教学应该在戏剧艺术与语文学科之间求得一个平衡点。中学语文教学视点下的戏剧教学，既要体现语文教育的基本要求，又要考虑戏剧艺术自身的特点。我们是否可以这样要求，戏剧教学既要有“戏”，又要姓“语”。

说明文教学的变通性

素质教育要进入课堂，这已成为不争之议。但是素质教育如何体现在课堂教学中，人们还莫衷一是。有人曾把素质教育概括为“两全”“两动”，“两全”即注重学生全面发展，面向全体学生；“两动”即让学生学得主动，让学生学得生动。笔者以为这四个方面，最根本的是“让学生学得生动”。学生不乐意学，又如何主动去学？学生不主动去学，又如何体现“全面发展”和“面向全体学生”？然而，到我们的课堂上去走一走，看一看，教法单一呆板、学生昏昏欲睡的课并不鲜见。如何让学生学得生动，其中一个关键点就在于改革教法。下面，我就以说明文教学为例，谈谈我是如何灵活变通教法，调动学生学习兴趣，提高学生素质的。

在中学语文教材中，最难引起学生阅读兴趣的，恐怕当数说明文。这除了说明文本身语言平实、情感缺乏的原因而外，教师在教法上的墨守成规、千“课”一律，也是让学生生厌的一个重要原因。

说明文，顾名思义就是说得明明白白的文章，对于这样的课文，教者如果仍停留在解决“写了什么”的教学层次上，那么学生的索然是不可避免的。因此，要调动学生学习说明文的兴趣，提高说明文教学的深度，就要在教学方法的“变通”上下功夫。

何为“变通”？《周易·系辞下》曰：“变通者，趣时者也。”“趣”即“趋”，“趋时”就是视情况和对象的不同，打破常规而灵活运用。说明文教学的变通，就是针对说明文的特点适当改变通常的教学方法。在教学实践中，我总结了四种变通法。

一、正误比照法

辩证法告诉我们，正确和错误这一对矛盾是相比较而存在的。没有正确也就没有错误，反之亦然。说明文用词的准确性是说明文教学中必须重视的问题，但有些教者往往只是提醒一下，顶多让学生在用得较准确的词的下面打上着重号。至于为什么准确，不用这个词就会有什么结果，学生常常是不甚了了。如果教师把那些用得准确的词删改掉，重新组织成文，让学生与原文进行比照，那么学生对说明文用词的准确性体会就会深得多了。在讲《死海不死》时，我就把文中第 6 小节说明死海形成的文字改为：（括号为删去的原文，加点的为改文）

死海是一个咸水湖，它的形成是自然界变化的结果，死海地处约旦和巴勒斯坦之间南北方向（走向）的大裂谷的中段，它的南北长七十五公里，东西宽有的地方五公里，有的地方十六公里，（五至十六公里）海水（平均）深度一百四十六米，最深的地方（大约）有四百米。死海的源头（主要）是约旦河，河水含有（很多的）矿物质。河水流入死海，不断蒸发，矿物质沉淀下来，经年累月，越积越多，便形成了今天（世界上最咸）的咸水湖——死海。

通过比照，学生发现这一段与原文有七处不同，删改后都影响了语言的准确表意。第一处把“南北走向”改为“南北方向”。“走向”和“方向”是有本质区别的：“方向”指的是方位，而“走向”指的是（岩层、矿层、山脉等）延伸的方向。这里用“走向”来表示“大裂谷”延伸的方向，比用“方向”准确。第二处把“东西宽五至十六公里”改成“东西宽有的地方五公里，有的地方十六公里”，“五至十六”说的是两个极限，所改的文字体现不了这种极限，只是举例而已，如果另添加“最窄”和“最宽”，文字又不及原文简洁。其他的五处分别删去了“平均”“大约”“主要”“很多的”“世界上最咸”等限制成分，均影响了原意的表达。

教《景泰蓝的制作》时，我参照练习五，又补充了一些换词练习，让学生体会到了平常词语的不平常。

另外，我们还可以运用正误比照法让学生体会模糊词语在特殊的语言环境中的准确度。如《中国石拱桥》中所说“《水经注》里提到的‘旅人桥’，大约建成于公元 282 年，可能是有记载的最早的石拱桥了”，这句话中的“大约”“可能”都属于表估计的模糊词语，看似不准确，但在现有资料不能得出明确结论之前，用表估计的模糊词语反显得更准确。

运用正误比照法，还可以让学生自改自比，或者让他们也写一段与书中所说对象一样的文字，然后再做比较。如教《统筹方法》时，我就叫学生根据文中的“箭头图”写一段说明文字，写好后再与华罗庚的解说相比照，由此看出优劣。

由此可见，作为变通法之一的正误比照法也可以“变通”，不拘于一法，学生就会不断产生新鲜感，学习的兴趣就不会衰减。

二、再现情境法

根据心理学的原理，直观教学能刺激学生的大脑皮层，较之于抽象教学所留印象要深得多。事实上，学生对物理化学课的实验是极感兴趣的，其原因就在于实验是直观的。那么，在说明文教学中能不能也采用直观教学呢?于是我想到了再现情境法。

所谓再现情境法，就是再现课文中所描写、说明的情境，使学生通过直观来加深对课文的理解。在《核舟记》的教学中我就采用了这种方法。

《核舟记》中最适宜用再现情境法教学的是说明舟头和舟尾的两个小节。这两个小节采用描写和说明相结合的方法，具体而生动地介绍了舟头和舟尾五个人的神情姿态，这就为再现情境创造了条件。

在讲完1、2小节后，我就布置五个学生分别扮演舟头的苏东坡、黄鲁直、佛印和舟尾的两个“舟子”，预先布置的目的是让扮演者思想上有所准备，同时促使他们钻研课文。

在第二节课上，我把扮演角色的五个同学请到讲台前，让他们根据自己所扮演的角色摆出不同的姿态。他们一上场，同学们都乐了。扮演苏东坡的同学头上戴了一顶高起的瓜皮帽，嘴上装了小胡子，这正应了“中峨冠而多髯者为东坡”一句，他们还带来了一张横幅画，用来表现“苏、黄共阅一手卷”，扮演佛印的同学敞开外套以此代“袒胸露乳”，手臂上还真挂了一串珠子，正与“左臂挂念珠倚之”相吻合。扮演“舟子”的两位同学找来一根竹竿作船桨，用纸折了一个水壶，手里拿了一把扇子，这些都是根据文中“舟尾横卧一楫”“居左者右手执蒲葵扇”“炉上有壶”等句子准备的。在他们各自摆好姿势后，我要求台下的同学到书中去寻找台上表演者各种情态的根据，同时还要找出不合课文内容的情态来。这下子，课堂顿时活跃起来，连那些平时不爱发言的同学也纷纷举起了手。同学们边提，表演者边改，课文的知识就在这提提改改中不知不觉地印入了学生的脑海中。课后同学们反映，这一堂课的知识学得最不费力，记得又最牢固，测验的结果也证明了同学们的反映。因为再现情境法具有直观、形象的特点，因此运用此法有助于活跃说明文教学的课堂气氛，有助于把需要有意注意来强化接受的知识变为通过无意注意而轻松地获得，使学生感受到学习的乐趣。现在不少学校多媒体已进入课堂，这就为再现情境法的运用提供了更便捷的条件。

三、读前推想法

对于小说精妙的构思，人们常常津津乐道，而对说明文的结构安排，总是不以为然。其实说明文的构思也有很多独到之处。怎样让学生体味到这平中之奇呢？我改变了通常的教学程序，在板书课题后，不允许学生看书，而是让他们先依题推想：如果我是作者，这个题目我该如何安排结构？在学生各抒己见之后，再打开课本，看自己与作者的构思是否一致。这就是读前推想法。

讲《苏州园林》时，我首先请去过苏州并游览过苏州园林的同学谈谈苏州园林的特点，但他们只能泛泛谈其美而说不出特点何在。我再让他们说说推想的构思，有同学说，可以按移步换形的顺序一个一个介绍；有同学反对说，这样写下来太拖沓了，苏州有一百多座园林，一万字也写不完；又有同学建议说，先写几个主要的有名的大园，再写几个小园。这个构思虽比前一个有进步，但又似乎不够全面。那么究竟怎样写呢？他们也说不出所以然。

这时我解除了不准翻书的戒令，同学们连忙打开书迫不及待地读了起来。捷克著名教育家夸美纽斯说："应该采用一切可能的方式去激发孩子们身上求知与求学的欲望。"这确实是至理名言，一旦学生的求知欲被激发出来了，你还担心他不爱学吗？当同学们怀着强烈的求知欲读完课文后，他们发现，作者采用的是"总——分——总"的结构，先总写苏州园林是全国各地园林的标本及其总特点，然后从七个方面分说，这七个方面又先说亭台轩榭的布局、假山池沼的配合、花草树木的映衬、近景远景的层次，再说角度的配置、门窗的设计及色彩的调配。前四个方面和后三个方面又有主次顺序，最后以"不止这些""不再多说"总束全文，这样的构思确实匠心独运，既省了笔墨，避了繁赘，又让人得其精髓，一目了然，虽然未提一园，但园园皆在其中。如果读前不先作推想，文章的精巧构思恐怕是难以体会得如此深刻的。

随着推想次数的增多，学生的构思能力也有了较大提高，有时竟能跟作者暗合。如讲《向沙漠进军》时，我要学生推想一下作者会怎样安排层次，同学们推想说，应该先说为什么要向沙漠进军，再说怎么样向沙漠进军。当同学们打开课本发现自己的推想竟与作者的思路基本一致时，其欣喜之情溢于言表，此刻进行教学，学生怎不兴趣盎然？

读前推想除了推想文章的总体构思外，还可以推想某一部分乃至于一个用字。钱梦龙老师在讲《中国石拱桥》时关于一个“肩”字的教学就是一个令人叫绝的范例。一进课堂，他就向学生出示赵州桥的挂图，让学生说明一下大拱与四个小拱的位置关系。开始大家以为这个问题很简单，于是纷纷举手，有说“大拱两边各有两个小拱”的；有说“大拱两边的顶部有四个小拱”的；有说“桥身左右两边有两个小拱”的；也有说“在大拱的两边依次向内的桥身上各有两个小拱”的。这时课堂气氛十分热烈，但教者不置可否，只是按学生所说画图，结果无一像挂图所示。就在学生“心有所思，口不能言”的情况下，钱老师让大家把书打开，看看书上是怎样说的。当他们看到那个“肩”字时豁然开朗，无不为作者用词的精确所叹服，于是这个“肩”字就牢牢地记在脑子里了。

运用读前推想法要注意的问题是，上课前要对所讲内容保密或不布置学生预习，否则，此法就失去意义了。另外，对学生的推想不要因为与课文作者不同就全盘否定，要肯定其中的合理因素，以保持其积极性。

四、以写促读法

学是为了用，在一般的教学程序上，我们总是先教学生读，然后让他们模仿着写，以写来巩固所读。在说明文教学中，能否变通一下，让学生先写，在写中碰到问题后再读呢？实践证明，有时变通后的效果更佳。

在讲《中国石拱桥》前，我先把学生带到我们当地最大的一座双曲拱桥上，要求学生观察后写一篇介绍该桥的说明文。学生普遍感到无从下笔，有的虽然写了，但层次很乱。这时，学生产生了一种强烈的求知欲，希望得到启示，得到指点。这种“心愤口悱”的精神状态正是进行教学的最佳契机。当我讲到《中国石拱桥》中介绍“赵州桥”这部分时，同学们听得特别入神。这部分先交代了赵州桥的方位、修建时间及整修情况，在说明桥的长宽之后，就分四个方面介绍了桥的特点，这四个特点按“大拱——小拱——拱圈——石栏石板”的顺序由大到小、由上到下、由整体到局部依次介绍，显得极有条理，最后以点出桥的主要设计者作结。理清了这个说明层次，学生豁然开朗，对自己那篇介绍双曲拱桥的文章该怎么写怎么改心中也有了谱。

在讲《雄伟的人民大会堂》和《故宫博物院》之前，我又变换了另外一种写作形式，就是让学生各写一篇人民大会堂和故宫的导游说明书，这既是一次应用文的训练，同时又促使学生认真钻研课文。如果学生把握不住说明对象的总体布局和内在联系，是写不出导游说明的。教师的任务主要在点拨提示，这样教师的作用看似淡化了，其实是事半功倍。

以上实践告诉我们，在说明文教学中适当变通教学方法，打破了僵化的、单一的传统课堂结构，极大限度地调动了学生学习说明文的兴趣。柏拉图说：“强迫学习的东西是不会保存在心里的。”因此洛克指出：“儿童学习任何事情的最合适的时机，是当他们兴致高、心里想做的时候。”是的，一旦学生对说明文产生了浓厚的兴趣，又何愁他们不好好学呢？

但是，我们有必要在此指出，任何教学手法的变通都不是随意的，不能变成花架子，它必须从实际出发，从有助于学生的智力开发、素质提高着眼，否则课堂再活跃也是无益的。苏霍姆林斯基这样比较说：“如果你所追求的只是那种表面的、显而易见的刺激，以引起学生对学习和上课的兴趣，那你就永远不能培养起学生对脑力劳动的真正热爱。你应该努力使学生自己去发现兴趣的源泉，让他们在这个发现过程中体验到自己的劳动和成就，这件事本身就是兴趣的最重要的源泉之一。离开了脑力劳动，就既谈不上学生的兴趣，也谈不上他们的注意力。”这段至理名言应当成为我们在说明文教学乃至各种文体教学中变通教学手法的基本原则。

语文教学中创造性思维训练的途径

现代社会要求学校培养的人才必须是创造型的，要培养创造型人才，首先就必须致力于创造性思维的训练。如何在语文教学中培养学生的创造性思维呢？笔者作了一些探索，现略述如下。

一、改革课堂程序，用新奇感引发创造性思维

心理学告诉我们，新奇感能调动学生的兴趣，引发出创造的火花。目前，语文教学最大的弊端就是课堂教学的程式化，这种程式化教学让学生处于厌倦的心理状态，积极思维都谈不上，又何来创造性思维？为此，我努力改革课堂程序，让学生感到堂堂有新意，课课有兴趣。

譬如教《机器人》，我采用了信息交流式。在疏通课文之后，我要求学生运用适当的说明方法，向他人介绍自己所了解的机器人。一时之间，教室里气氛活跃起来，大家纷纷把自己在课外阅读中获得的有关机器人的信息互相作了交流。什么“打乒乓球的机器人”“演奏钢琴的机器人”“下棋的机器人”“消防的机器人”“会话的机器人”“报警的机器人”等都从学生口中飞了出来。创造性思维，就在这样的活动中萌动着。

教《听潮》，我又采用了中间突破式。由于首先涉及主体部分，学生的大脑迅速处于紧张的思维状态，很快就进入了作者所描绘的意境之中。随后我又要求学生用中间部分所感受到的东西去体会开头第四小节的描写，同学们很快就从听觉、视觉、嗅觉、触觉等方面分析了这段海潮“序曲”的特色。这样的效果是传统的程式化教学所难以取得的。

对于那些内容并不复杂，学生通过自学基本能理解的课文，我就采用启读式。像教《第二次考试》《老杨同志》等课文时，我就适当出了一些思考题，让学生自己去钻研讨论，以不断增强他们学习的主动性和积极性，增强其学习的自信。

二、开展多种竞赛，在竞争中激发创造性思维

现代社会的竞争性很强，一个未来社会的创造型人才如果不具备竞争意识，显然是不合格的。因此，在语文教学中，我经常有意识地开展多种形式的竞赛，从而激发学生的创造性思维。

在组织竞赛时，我会注意以下三点：

1. **内容要丰富**。语文的天地是十分广阔的，因此开展竞赛的内容也应丰富多彩。我开展竞赛的主要内容有：复述、查字典、造句、写字、讲故事、背古诗、演讲等等。

2. **形式要多样**。有个人抢答式的，有小组对抗式的，有集体接力式的（古文翻译，成语背诵常用此法）等等。

3. **赛后要及时总结甚至奖励**。

苏联教育家赞科夫说：“儿童的智力也像肌肉一样，如果不给以适当的负担，加以锻炼，它就会萎缩退化。”竞争就是一种负担，一种锻炼。实践证明，一些智力并不出众的学生，一旦处于竞争状态，也会爆发出在平时难以发现的智慧火花。

三、确立主体地位，以主动性开发创造性思维

传统的教学，历来是老师讲，学生听，学生完全处于被动应付的地位。许多乐于改革的老师却认为：当学生一旦成为课堂的主人，整个语文教学就会出现新的局面。学生学得主动了，其创造性思维也就会得到最大限度的开发。怎样让学生学得主动，使他们真正成为课堂的主体呢？我的做法是：

1. 释其所难

每次新课讲授前，我总是要求学生先提问题，然后略加整理，确定重点。学生是带着问题进课堂的，而老师所讲的正是他们百思不得其解的问题，因而他们听课特别专心，思维也特别活跃，有时只要教师稍加点拨，问题便迎刃而解。

2. 要点学生抓，加深学生的印象

在课堂上，我常常这样问：如果你是老师，对这篇教材你将让你的学生掌握哪些内容？这一问，学生的主体意识增强了，他们就由被动者变成主动

者，就会动脑筋去研究一下“重点、难点是什么”，这样，他们接受知识的主动意识会大大增强。

3. 试题学生出，消除考试的神秘感

最近，我积极鼓励学生自出测试题，试题分量由少到多，试题形式逐渐灵活多样。学生试题出好后，再做出标准答案，然后由教师或课代表比较选择，综合成一张较理想的卷子，并将拟题者的姓名附于题后。学生对此很感兴趣，试题越出越好，有时老师看了，也不禁为学生所表现出来的创造力而赞叹。

四、鼓励学生质疑，在求异中爆发创造性思维

古人说，学贵有疑，小疑则小进，大疑则大进。要培养创造型人才，就要鼓励学生独立思考，敢于质疑。

如我在讲《杨修之死》一文时有同学提问：《杨修之死》的主人公是杨修，还是曹操？我未作结论，而是让学生讨论。同学们有的说是杨修，有的说是曹操，于是，我就把他们分成“杨修派”和“曹操派”，叫他们各摆理由。“杨修派”的同学说，从题目看，主人公应该是杨修，从内容看，全文着墨最多的也是杨修。“曹操派”的同学说，题目是《杨修之死》这并不能说明主人公就是杨修，这个题目给读者埋下了一个悬念，杨修为何而死？为谁所杀？另外，文中写杨修的地方固然不少，但作者写杨修实际上是为了写曹操。随着杨修恃才放旷的加剧，曹操便由忌到恶，又由恶到怒，最后由怒到杀，全文主要表现的是曹操伪善和奸诈的性格。尽管曹操在文中着墨不多，但并不能因此而否定他在本课中的主人公地位。“曹操派”的同学还以初一时所学的《驿路梨花》为例指出：《驿路梨花》的主人公是梨花，可梨花竟未出场，作者采用的是侧面描写的手法，我们能因为梨花未出场而否认她是主人公吗？“曹操派”的同学还建议课文编者在“思考和练习”中也要问一问曹操是个怎样的人。后来，大多数同学同意了“曹操派”同学的意见。这样的质疑，开拓了学生的思路，使创造性思维得到了训练。

在语文教学中，培养学生创造性的思维，是一个新课题，也是一个大课题。以上所谈，只是笔者学步的几点体会，很不成熟，但我有决心在这个领域继续探索下去，直至到达理想的“胜境”。

说明顺序教学的四点依据

关于说明顺序的分析，在说明文的阅读教学中，是个不可忽视的问题。因为它关系到学生对所说明的事物的全面认识，更关系到学生思维条理性的训练，因此，新旧大纲都强调了这个问题。怎样进行说明顺序的教学呢？教学实践告诉我们，作为教者，不能仅仅满足于让学生知道这篇说明文运用了什么说明顺序，重要的是要让学生懂得这样安排顺序的依据是什么。只有知其然，而又知其所以然，才能使学生的思维得到真正的训练。说明顺序的依据有哪些呢？概括起来说，主要有下面四点：

一、以事物本身的条理为依据

说明文是介绍事物的，而不少事物本身就具有一定的条理，因此，说明的顺序可以依据事物本身的条理。如《活板》，在介绍活板时，就顺着活板制作的工艺过程，按造字、备板、制板几道工序依次写来。再如《春蚕到死丝方尽》，就是按蚕的生长和发育过程来说明的。由这两例，我们可以看到，介绍某一工艺的制作说明或某一事物的发生、发展的说明文，都可依据事物本身的条理来安排说明的顺序，这有利于读者清晰地理解所说明的事物。

二、以人们认识事物的规律为依据

人们对事物的认识是有一定规律的，一般总是由近到远、由浅入深、由表及里、由个别到一般、由局部到整体、由现在到未来的。课本中不少说明文都是依据人们对事物的认识过程来组织材料安排顺序的。如《食物从何处来》，先从“一粒种子能长成参天大树，一颗鱼卵能变成千斤的大鱼”这些人们熟知的现象，引出“有机物质从哪里来？能量从哪里来？”的问题，然后由介绍食物的内涵及其作用，提出“如何获得食物”的问题，接着介绍食物产生的两种不同途径和方法——自养和异养，最后归结到食物的最终来源——绿色植物的光合作用。整篇文章是按照从现象到本质、由特殊到一般的顺序来组织安排材料的，这与人们对食物来源的探讨过程是一致的。再如《宇宙里有些什么》，先从人们肉眼能看到的恒星写起，兼及行星和星云，接着再说明恒星群、恒星系，由近及远地把人们的目光引向无穷无尽的宇宙。文章从已知到未知、从现象到本质、由现在到将来，完全符合人们对宇宙的认识规律。

三、以文章内在的逻辑联系为依据

说明文不像议论文那样要求严格的逻辑论证，但有时为了把事物发生、发展的原因、条件与过程解说清楚，文章各个说明部分之间，也要注意体现内在的逻辑联系。如《向沙漠进军》，文章开始指出沙漠的危害是讲述为什么要征服沙漠，接着介绍改造沙漠的一系列办法是解说怎么样征服沙漠，最后展示在社会主义制度下治沙的初步成绩和前景是说明征服沙漠这一远大理想有实现的可能。文章的一、二两部分是因果关系，第三部分从社会主义制度谈到征服沙漠的可能，这就和第二部分有着内在的条件和结果的逻辑联系，不仅解说清楚了征服沙漠这一问题，而且充分显示出了文章结构内在的严密性。

四、以说明的目的为依据

每篇说明文都有其特定的说明目的，由于说明的目的不同，即使是同一类事物，说明的顺序也会有别。

《故宫博物院》的说明目的是为了向读者详细介绍故宫这座古代宫殿建筑群的具体布局，作者运用了移步换形的顺序进行说明，文章以南进午门为起点，然后依次介绍了三大殿、后三宫、养心殿、御花园等主要建筑，最后以北出神武门至景山作结。这样说，既符合建筑群的整体结构特点，又符合参观的实际路线，使读者有身临其境、顺序观赏之感。

但是，同是说明建筑物，叶圣陶的《苏州园林》却采用了与《故宫博物院》完全不同的顺序。《苏州园林》的说明目的是向读者介绍苏州园林的整体艺术特征，倘若采用空间顺序将苏州的几十个园林一一道来，那必然琐碎。作者采用了一种巧妙的说明顺序，即由总到分，先总说苏州园林的特征，然后分别从各个侧面来说明这个总特点。文中虽然没有提到一个园林的名字，却把苏州所有的园林都写到了，作者的说明目的也达到了。

为了让学生掌握说明顺序确定的依据，教师在教学中可采用逆问法，即问一问学生不这样安排顺序行不行，如钱梦龙老师在讲《食物从何处来》时就问学生："先说'异养'再说'自养'行不行?"学生经过讨论，认为不行，因为"异养"的生物是靠"自养"获得食物的，所以这个顺序不能倒过来。我们相信，通过这样的训练，学生对说明的顺序就一定能知其然，而又能知其所以然了。

第三篇

教学设计

现代教育论最重要的特征之一，就是强调把知识转化为能力。教学不是单纯传授知识的过程，而是一个以认识为基础的全面发展的过程。在这个过程中，学生不仅要掌握知识与技能，而且要发展智力与能力。因而，在教学设计中，教师必须要寻找知识和能力的结合点，使课堂教学达到最优化。

努力探寻知识和能力的结合点

——兼谈《大铁椎传》的教学设计

现代教育论最重要的特征之一，就是强调把知识转化为能力。现代教育论认为：教学不是纯传授知识的过程，而是一个以认识为基础的全面发展的过程。在这个过程中，学生不仅要掌握知识与技能，而且要发展智力与能力，要实现知识到能力的转化。这个观点现在已被大多数人所接受。但如何实现知识到能力的转化，如何把传授知识与培养能力结合起来，并不是每一位执教者都能准确把握的。

知识和能力是有其特定内涵的两个完全不同的概念。知识是前人对客观世界的认识及实践经验的积累和总结；能力则是人作为个体的一种本领，是顺利完成某种活动的必要条件的心理特征的总和。知识和能力又是不可分割的。诸葛亮曾说："才须学也，非学无以广才。"由此可见，知识是培养能力的基础，无知必然无能，从另一方面说，能力的提高又必然促进知识的接受，因此，知识和能力是相辅相成的。前苏联现代教育家赞科夫说："我们切不要把发展过程（即能力的提高——引者注）和掌握知识看成一个平稳的、均衡的过程。这里面有迂回曲折，有加速和减速，有许多复杂的逐步积累的地下活动的过程。"这就是说，知识的接受和能力的提高是互相作用的，是潜移默化的。这也完全体现在我们的课堂教学中，我们绝不可把知识的传授和能力的培养截然分开。因而赞科夫强调指出："教学要同时完成两种任务：既在掌握知识和技巧方面达到高质量，又在学生的发展上取得重大进步。"这就给我们的课堂教学提出了一个高要求：要在传授知识的同时培养能力。根据这个要求，作为教学主导的教师在进行教学设计时，就必须努力探寻知识和能力的结合点。用巴班斯基的最优化教学理论看，这个结合点就是课堂教学设计的最优化，因为它可以在同一教学过程里"同时"完成两个任务，达到课堂教学的最佳境界。下面仅以笔者执教的《大铁椎传》的教学设计为例，来探寻一下知识传授和能力培养相结合的问题。

选择《大铁椎传》是因为这是一篇文言文。在中学阶段，特别是在初中，“文言文只要落实字词就行了”的教学观点是很流行的。其实落实字词并不错，问题在于如何落实。在中学文言文的教学中，文言文的字词落实大都是一字一字解释，一句一句串讲，结果文言文教学课成了纯粹的翻译课。尽管教师讲得口干舌燥，学生却听得索然寡味，那些拥有文言白话对译资料的同学（中学生几乎人手一册这样的资料）更觉得这样的课可有可无。因此，把文言文教学作为知识和能力结合的例子更具典型意义。

对于《大铁椎传》的教学，我安排了三个课时，采用了三种不同的课型。

第一课时是自读型。学生通过自读主要完成以下任务：①体会课文的拟题艺术；②读注释了解课文出处及作者；③注音解词；④概括每节大意；⑤试释全文；⑥质疑。

这六个任务有难有易，但都要学生自己动脑动手方可解决。学生动脑动手的过程就是既获取知识又提高能力的过程。如“体会课文的拟题艺术”，除了要知道课题用了借代手法，还要能体会到作者何以要用“大铁椎”而不用别的东西，这只有在深入研究课文的前提下才能答出。再如“概括每节大意”，我要求学生用四个字概括每节大意。由于有了这个限制，学生的概括能力就得到了一次强化训练。有位学生将全文五个小节的意思依次概括为：相遇宋家，座上印象，同寝奇观，辞行赴战，椎打众贼。至于“试释全文”，其意在于让学生熟悉课文，发现疑点，为第二课时的导读做准备。

第二课时是导读型。有了自读课的基础，导读课就可跳出“串讲式”的框子，从传授知识与培养能力相结合的角度上去设计。在设计中，我确定了“三个一”的原则，即抓住一个重点，扣住一条线索，突破一个口子。从课文实际出发，我把“大铁椎”形象的刻画作为本课的教学重点，把“大铁椎”的行踪作为线索，把课文第五小节作为突破口。选择第五小节作为突破口，因为第五小节是全文最精彩的段落，作者不仅从正面刻画“大铁椎”的勇武，而且借宋将军的“股栗欲堕”从侧面烘托了“大铁椎”的勇猛过人。另外，第五小节在文中还是“牵一发而动全身”之段。关于这一段，我设计了三组提问，使全文的内容大都囊括其中。

第一组是关于宋将军的。所提的问题依次是：①宋将军看到“大铁椎”与众贼决斗时是什么神情；②作者为什么要写“宋将军”观战，把“宋将军”换成“宋秀才”可否；③受惊怕的人往往是“大叫”，宋将军为何“屏息”；④宋将军与“大铁椎”是怎么认识的，他为什么不去相助；⑤宋将军来观战是“大铁椎”为了炫耀自己而请来的吗；⑥从宋将军的观战之意与“大铁椎”的嘱咐之语，可看出两人性格上的什么区别。

第二组是关于贼人的。所提的问题依次是：①与“大铁椎”决斗的贼人是什么人；②“大铁椎”为什么会跟这些人结怨；③“大铁椎”夺了响马贼的什么东西，文中有暗示吗；④这次决斗是偶然相遇吗；⑤一般的决斗是一比一，响马贼与“大铁椎”的决斗也是这样的吗；⑥写响马贼人之多对刻画“大铁椎”的形象起何作用。

第三组是关于大铁椎的。所提的问题依次是：①“大铁椎”的勇猛表现在哪儿；②这位勇猛过人的侠士是什么地方的人；（对于这个问题，学生大多以“大铁椎，不知何许人”一句作答。教者不可就此打住，还要深究一下：大概是什么地方人？这就引出了“语类楚声”一句。再问，别人为什么不向他询问一下？这又引出“与人罕言语”“扣其乡及姓字，皆不答”几句）③侠士总富有一些传奇色彩，“大铁椎”的奇异之处表现在哪里呢；（这个问题引出第二、三两个小节，学生可从“啖”“貌”“椎”“语”“行”等方面加以分析）④作者对“大铁椎”的这些描写能否去掉呢，这些描写与第五小节“与贼决斗”有什么关系呢；（层层铺垫）⑤通观全文，“大铁椎”是怎样的一个人呢。

学生在回答以上问题时，教师必须严格要求他们紧扣原文，然后对用来回答问题的文句进行解释和翻译。教师则在学生解释和翻译的基础上，引导学生归纳整理一些古汉语知识，如“一字多义”（如“貌甚寝”和“既同寝”之“寝”）、“一字多音”（如“省兄河南”和“七省好事者皆来学”之“省”）、“古今异义”（如“扣其乡及姓字”之“扣”）、“词类活用”（如“不冠不袜”之“冠”“袜”，“不吾快意”之“快”）等。这样，学生不仅学得“活”，也学得“实”了。一旦我们的教学设计达到了既活且实的境地，那我们就找到了知识和能力的结合点。

第三课时是练习型。这一课主要是加深导读课的印象，巩固导读课所学的知识，同时也通过练习把导读课未涉及的次要方面弥补一下。练习大体分三步进行：第一步是齐读课文；第二步是以每句为一单位，按座位顺序进行课文接力翻译；第三步是自拟测试题，然后互考互查。这堂练习课，教者仍没有忘记在让学生接受知识的同时，培养学生的能力。比如第二步，由于采用了“接力翻译”的形式，学生情绪高涨，课堂气氛热烈，每一位发言者都产生了紧迫感和竞争意识，这也是一种潜在的能力培养。当他们适应了这样的竞争，并顺利完成了任务，能力也就得到相应的提高。再如第三步的自拟测试题，也是一种能力的强化训练，与由教者出题相比，学生的得益会更多。

特级教师钱梦龙在谈到知识与能力结合的问题时曾这样说：“智力的发展必以知识为基础，但有了知识不等于发展了智力。因此，以传授知识为目的的教学不一定包含发展智力的因素，而真正的以发展智力为目的的教学则不可避免地要以落实知识为条件。”这是钱梦龙老师的经验之谈。他启示我们，教学目的的不同，其效果是大相径庭的，只有以发展智力为目的来设计教学，才能达到知识和能力的结合。以上关于《大铁椎传》的教学设计，无论是总体安排，还是每一个教学步骤，乃至每一个提问，都是以发展智力为目的，学生始终处于课堂的主体地位，有关课文的所有知识，都不是由教师直接灌注的，而是由学生自己思而得之的，教师仅仅当了一个组织者和引导者。

实践告诉我们，知识和能力的结合点存在于以发展智力为目的的教学设计中，只要坚持以课文知识为支点，以发展能力为出发点，我们的课堂教学就一定能“同时完成”传授知识和培养能力的任务。

以问题统领课文讲解

——《陋室铭》教学设计

《陋室铭》是一篇传诵千古的短制精作，也是中学语文课本中的传统课文。历来人们对《陋室铭》的写作技巧和思想意蕴探寻颇多，对如何教学该文却谈者寥寥。本文拟就此谈谈我的实践及意图，并企望以此为发端，引出更有特色的教学设计来。

上课伊始，我设计了这样一段导语：

前天，我去一位学生家进行家访，一进门就被住房的狭小和陈设的简陋惊呆了。这位同学一家四口，住房面积仅八平方米，两张床成丁字形摆放，床前是一张小方桌，供吃饭做作业之用，整个家当仅此而已。这样的居室，我们可以称它为什么呢？（学生回答：陋室；板书：陋室）像这样的“陋室”，在现实生活特别在城市人的生活中不止一家两家。对于如此简陋的生活环境，人们难免要发点牢骚，吐点怨言，这都是可以理解的。然而有人身居陋室，却从不嫌弃，也毫无怨言，反而写了一篇文章来称颂自己的“陋室”。这个人就是唐代诗人刘禹锡（板书：刘禹锡　唐　诗人），他的那篇文章就是传诵千古的名篇《陋室铭》（板书：铭）。今天我们就来欣赏这篇仅有八十一字的佳作。

设计这个导语，主要是试图达到这样几个目的：①出其不意，别开生面；（从“家访”谈起，听者开始茫然，既而渐听渐悟）②古今对比，引发思考；（同是“陋室”，一怨一赞，为何）③揭示课题，点出作者。

导语之后，我请一位学生读“题注”并概括“题注”（出处，作者，题意），这主要是培养学生的概括能力，同时在概括中加深印象。接着由学生（先一人再全体）朗读全文（读时注意正音）。

以上三步可算是“序曲”，下面就进入课文导读的主体阶段。大多数教师分析课文采用的都是先总后分的程序，但阅读心理学研究的结果表明，对阅读材料的总体把握将直接影响对内容的理解。因此，分析课文时，我问的第一个问题是：你们粗读课文后，对这间陋室总的印象如何？学生马上回答：陋室不陋。（板书：不陋）于是，我就以这样一个总印象作为全文分析的切入口。

文言文的分析，一般采用串讲法，读一句讲一句，这种教法看似面面俱到、滴水不漏，但学生的思维和能力都未得到训练和培养，课堂气氛沉闷，教学效果较差。为了避免这种现象，我在本文教学中采用了以启发性的提问带出课文的方法，使学生在回答问题的同时既训练了思维，又强化了能力。

我首先承上一个问题问学生："陋室"为什么"不陋"？文中哪一句能回答这个问题？开始有学生以为是"何陋之有"，既而又否定了，因为此句与"陋室不陋"同义。后来，学生将答案统一为"斯是陋室，唯吾德馨"。我又问：这八个字中哪两个字最为关键？学生很快找出"德馨"二字。于是，我在黑板中心位置用红粉笔板书"德馨"，这两个字是全文之魂，后面的分析就是抓住这两个字展开的。

为了讲析开头两句，我问：作者为什么不把"斯是陋室，惟吾德馨"置于文首？开头两句与这一句是什么关系？类似的关系以前接触过吗？通过讨论，学生明确了第一、二句与第三句是比兴关系，《回延安》中学到过类似的关系（如"树梢树枝树根根，亲山亲水有亲人"），作者用"山""水"比"室"，用"仙""龙"自比。开头两句中的"仙""龙"都是神话传说中的美好事物，开头两句对第三句起烘托作用。

接着，我以"作者的'德馨'表现在何处"为总问引出以下五句，每一句又以若干小问题深化，句与句之间再用过渡问相连。以下五句提问设计是：

"苔痕上阶绿，草色入帘青。"——①"陋室的环境是一片萧条，还是充满生机？从哪儿可看出？（绿、青）②有人说这两句有两个动词用得很好，是哪两个动词？好在哪里？（上，入，以动写静，突出环境的生机勃勃）③这两句写景的顺序是如何安排的？（由室外到室内）④到这里来的客人多吗？从哪一句可看出？（这一句是曲问，又是过渡问。答案：不多，从"苔痕上阶绿"可看出，因为"苔痕"都爬到"台阶"上去了，来的人还多吗？）

"谈笑有鸿儒，往来无白丁。"——①到陋室来的客人不多，那来的到底是些什么人呢？（鸿儒。教师补充：刘禹锡长于诗文，和白居易唱和甚多，世称"刘白"，又因和柳宗元交谊很深，人称"刘柳"）②作者主要是表明自己的“德馨”，为什么要写朋友是些什么人呢？（人以群分，物以类聚，写朋友是博学之人、高雅之士，实际是表明自己也是博学之人、高雅之士。这是从交友的角度写陋室不陋，显现自己的“德馨”）③“白丁”原意指什么人？这里指什么人？为什么？（前两问见课文注释，第三问需要教师补充：唐朝服色，以黄色为最高贵，红紫为上，蓝绿较次，黑褐最低，白色无地位）

“可以调素琴，阅金经。无丝竹之乱耳，无案牍之劳形。”——①作者在客人走了以后做些什么呢？（调素琴，阅金经）②从“抚琴”“读经”，我们可以看出室主人的志趣如何呢？（高雅脱俗）③对“素琴”，课本是如何注释的？有人认为“素琴”是“无弦之琴”，你同意这个观点吗？（关于“素琴”是“无弦之琴”一说，教师补充以下材料：晋陶渊明有一把“无弦之琴”，即称素琴。《宋书·陶潜传》云：“潜性不解音声，而畜素琴一张，无弦。”另外，从李白的“素琴本无弦”、白居易的“素琴欲弄半无弦”等诗句也可看出“素琴”是“无弦之琴”。再从作者所追求生活的情趣看，世人皆弹有弦之琴，我却抚无弦之琴，不是更显雅趣）④如果把“素琴”理解为“有弦之琴”，与文中的哪一句会产生矛盾呢？（学生很快找出“无丝竹之乱耳”一句，并解决“丝竹”的借代之意；前面讨论“素琴”的异解目的也在于引出这一句）⑤跟“无丝竹之乱耳”相对的句子是哪一句？作者为什么不说“无讲学之劳形”呢？（这里由“案牍”引出作者的身份和遭际，这样设计意在打破背景介绍的老样式，使背景介绍与内容分析紧紧联系在一起）⑥这里的“案牍”仅仅指“公文”吗？（借代官场生活）⑦认为“案牍劳形”，说明作者怀有怎样的心情？（厌恶官场生活）

至此，对以上内容作简短小结：以上是全文第二层次，作者分别从环境（板书：景）、社交（板书：友）、情趣（板书：趣）三个方面来表现陋室主人的高雅（板书：高雅），突出了他的“德馨”。读到这里，我们似乎触摸到他那青春的朝气，倾听到他那博雅的谈笑，感受到他那脱俗的情趣。这几句虽无一“德”字，却处处有“德”。

小结之后，分别由学生翻译背诵第二层次的五个句子。（翻译时，注意突出几个重要字词的含义，使教学做到既活且实）

课讲到第三层时，我用了这样一个过渡问：文章至此，似乎应该收尾了，可作者意犹未了地加了一句“南阳诸葛庐，西蜀子云亭”，这一句是“蛇足”，还是别有他意？

接着围绕此句，我设计了如下提问：①作者明明是在颂自己的“陋室”，为什么又把“诸葛庐”和“子云亭”给扯进来了；（作者是以“庐”“亭”比“陋室”，以“诸葛”“子云”自比；板书：室、庐）②诸葛亮和杨雄各自在哪些方面卓有成就；（诸葛亮辅佐刘备在政治上功勋卓著，杨雄才华横溢，在文学上成就斐然）③刘禹锡自比“诸葛”“子云”的目的何在；（表明刘禹锡想在政治上和文学上都干出一番事业）④从这里可以看出，刘禹锡是怎样的一个人呢；（有远大抱负的人，板书：抱负）⑤由此看来，这一句在表意上是“蛇足”还是更进一层呢。（更进一层，是“德馨”的深化）

“孔子云：何陋之有？”是全文的结句。我设计了这样三个问题：①这一句是什么句式，作者意在强调什么；（倒装句，强调宾语“何陋”）②这一句的原文前有“君子居之”四字，作者为什么要删去；（以上所作所为非君子莫属，不点“君子”，表意更含蓄）③这一句与上文哪一句照应呢。（“惟吾德馨”）

完成了以上分析之后，我要求学生看板书将全文背诵两遍。由于学生是在思考探究中理解课文的，当堂背诵就显得轻而易举了。关于本文的骈句与押韵知识的讲析就在两遍背诵之间简略带过，意在让学生体会本文语言的节奏美和音韵美，使第二遍背诵更富韵味。

在此基础上，我引导学生总结全文并体会全文所表达的生活情操，然后板书：保持节操，安贫乐道。

至此，黑板上完整地出现了如下板书：

陋室铭

刘禹锡　唐　诗人

不　陋

景——　　　——室

高雅　友——德　馨——庐　抱负

趣——　　　——亭

何陋之有

保持节操　安贫乐道

上课犹如作文，结尾万不可忽视。好的课尾，既要掀起高潮，又要留有余味。在本课的结尾，我设计了两个小练习：一是“我的座右铭”交流，由刘禹锡的铭联想到自己的“座右铭”，意在引导学生追求高尚情操。把文和道自然结合在一起，课堂气氛十分热烈。二是仿铭新作欣赏。近几年报刊上发表了大量的仿铭之作来针砭时弊，风格独特，意味深长，足见《陋室铭》形式之美，影响之大。于是，我就把辑录的仿铭新作印发给学生（见“附录”）以供欣赏，学生兴致很高。通过仿铭新作的欣赏，学生既加深了对课文的理解，又开阔了思维视角。

课就在这古今铭文的融会之中结束了。

［附录］

仿铭新作十则

华室铭

官不在高，有威则名。职不在大，有权则灵。斯是别墅，唯我独尊。茅台千盏绿，龙井一杯青。谈笑有高官，往来无下层。可以卧高枕，醉太平。无国法之逆耳，无群众之呼声。东阁暖气管，西厢电视屏。嘻嘻乎，何罪之有？

考试铭

学不在精，作弊就行。功不在深，能抄则灵。斯是考场，惟吾机动。前排伸头看，后排踢脚跟。左座对答案，右座抄方程。可以搞夹带，翻书本。有丝竹之悦耳，无案牍之劳形。六十分万岁，理想在文凭。小子云：何愧之有？

评论铭

评不在准，有批则名。文不在深，有骂则灵。斯是墨客，唯我独尊。新词乱装点，新法吓众人。评论无边际，稿费最关心。可以抄古书，拉洋人。无根据之挑剔，没来由之比兴。啤酒里找茶，佛头上装粪。识者曰：白费精神。

陋官铭

官不在高，有威则名。学不在深，有权则灵。骄娇儿室，唯其得馨。前厅“碧螺”绿，后门“竹叶青”。捧场有庸儒，差使皆壮丁。张口乱弹琴，假正经。爱甜言以悦耳，喜车轿之随形。出入“醉归庐”，往来“赏心亭”。神仙曰：吾乐何有？

科室铭

才不在高，应付就行。学不在深，奉承则灵。斯是科室，唯吾聪明。庸俗当有趣，流言作新闻。谈笑无边际，往来有后门。可以打毛线，练气功。

无书声之乱耳，无国事之劳形。调资不落后，级别一样升。古人云：乐在其中。

检查铭

事不在大，有差则成。路不怕远，有吃就行。背手扬脸，架子哄哄。走路腆小肚，愣装一本正。遇人斜眼看，逢问鼻子哼。闻香流口水，举杯论英雄。八两白干下肚，吹、许、封。汇报皆未入耳，看啥全没记清。拎足土特产，摆手就回城。众人云：官僚典型。

教室铭

分不在高，及格就行。学不在深，作弊则灵。斯是教室，唯吾闲情。小说传得快，杂志翻得勤。琢磨下象棋，寻思看电影。可以打瞌睡，写家信。无书声之乱耳，无复习之苦心。虽非跳舞场，堪比游乐厅。心里云：混张文凭。

会场铭

会不在听，到场则行。思不在会，坐完则行。斯是会场，尔吾闲情。谈谈处世经，话话山海经。可以拉家常，眯眼睛。无群言之乱耳，无公务之劳形。虽非麻将场，堪比跳舞厅。心里云：吾乐就行。

诀窍铭

位不在高，头尖则灵。官不在大，手长则行。斯是诀窍，唯吾钻营。对上捧粗腿，对下用私人。吹牛行红运，拍马不碰钉。可以开后门，讲交情。无正义之细胞，无原则之准绳。烟酒来开路，有钱能通神。孔方曰：何鄙之有？

关系铭

想人重用，拍马就行。欲已晋升，礼拜要勤。斯是诀窍，唯吾高明。胡话贵乎多，献媚在于精。掼于拉帮派，惯于巧钻营。可以讨喜欢，拿奖金。无办公之辛苦，无出差之劳形。绒线细细结，清茶慢慢品。人赞云：绝顶聪明！

［评析］

这个教例的学术价值在于它提供了一个颇有个性特点的提问设计的典型。

很多研究提问艺术的文章都只是用列举的形式组合一些提问的样式、类型、技巧和方法，我们无法窥见某一个提问在全篇课文教学过程的真切面貌。分析某一个教例提问的文章平时十分罕见。

现在我们可以试析一下此教例的提问艺术。

一是四组提问在布局上的艺术。第一组提问意在“切入”，开讲便触及课文主旨；第二组提问意在“顺承”；第三组提问意在“深化”；第四组提问意在“引申”。四组提问似“起承转合”，有一气呵成之美。

二是问题的连接艺术。这就是“连环问”“顶针问”的设计艺术，问题就像“成语接龙”似的一个接着一个，形成一种形式美妙的“追问”，把全篇课文的讲析内容全部带了出来。

三是个体提问的设计艺术。有的提问起铺垫作用，有的提问起过渡作用，有的提问起引思作用，有的提问起活跃气氛作用。此中最具有艺术的，是不少的“曲问”或“逆问”，例如第五、六、七问，带着学生深深地进入课文。它们一反文言文教学中的串讲，让学生在每一句课文的理解中都绽放出思维的火花。

激趣·启智·寻法之教学案例（一）

——《我的一位国文老师》教学设计

一、教学目标

1. 学习本文欲扬先抑的结构特色和幽默风趣的语言风格。

2. 学习本文通过具有特征性的细节描写来突出人物个性的写法。

二、课时安排（一课时）

三、教学过程

（一）导入新课（3分钟）

上课前，老师要求大家充分预习梁实秋先生的散文《我的一位国文老师》，不知大家预习得怎么样了。现在，我提几个常识性的问题来考考大家。（回答时不得翻看课本）

1. 我们现在将“国文老师”称为什么老师？（语文老师）

（这里教者可顺便引导学生比较一下“国文”与“语文”的区别：“国文”顾名思义是祖国的文字和文章；而“语文”的涵盖面要广得多，“语”是“语言”“口语”，“文”是“文字”“文章”，因前面无“国”限制，中外的语言文字作品都可囊括其中）

2. 题中的“国文老师”姓甚名谁？（徐锦澄）

3. 作者写作本文时大概是多大岁数了？（“19＋50”，应该是接近70岁）

（开始设计这样几个简单的问题，其目的一是检查预习情况，二是活跃课堂气氛，三是引出下一环节）

（二）整体感知（10分钟）

一个年近70岁的老人竟然还记得自己十八九岁时候的老师，可见这位老师给他留下的印象之深。你们预习了这篇课文后，对这位国文老师印象如何呢？请同学们用简洁的语言概括一下对这位国文老师的印象。可以就一点说，也可以综合起来说。

教师在学生发言的同时逐步形成以下板书（破折号前的内容）：

脾气暴躁——绰号是“徐老虎”、凶、老是开口就骂人

相貌古怪——脑袋有棱有角，头尖、秃、亮，脸形方方的、扁扁的，鼻尖红

习惯有趣——戴一副墨镜、两肩高耸、鼻涕吸溜、长袍油渍斑斓、仰头迈八字步、狞笑、爱骂人

敬业——对不认真听讲的学生不满、自己选编教材、讲课亲切投入

爱生——敢于批评学生、耐心指导学生

请同学们在题目的“国文老师”前加一个修饰语，来概括你对这位国文老师的总体印象。

示例：我的一位脾气暴躁、相貌古怪、习惯有趣但敬业、爱生的国文老师。

（这个环节意在引导学生从整体上把握课文，同时训练学生归纳、分析、概括的能力，一举两得）

（三）词语理解（5 分钟）

在现代散文的阅读中，有些词语有着特殊的含义，必须放到它所在的语言环境中才能真正理解它的意义。请说出下面几个句子中加点词在文中的含义。

1. 他们授课不过是奉行故事，乐得敷敷衍衍。(C)

A. 旧事，以往的事情

B. 旧业，原来的职业

C. 先例、成法

D. 典故

（“先例”“成法”的用法在苏洵的《六国论》中有例句：“苟以天下之大，而从六国破灭之故事，是又在六国之下矣）

2. 他在讲台上来回地踱着，吸溜一下鼻涕，骂我一句，足足骂了我一个钟头，其中警句甚多。(D)

A. 警告他人的语句

B. 警示他人的语句

C. 简练而含义深刻动人的语句

D. 好玩而印象深刻的语句

3. 说理说至难解难分处，来一个譬喻，则一切纠缠不清的论难都迎刃而

解了，何等经济，何等手腕！(D)

A. 经济学上指社会物质生产和再生产的活动

B. 国民经济的总称

C. 用较少的人力、物力、时间获得较大的成果

D. 用较少的笔墨表达较丰富的内容

(设计这个环节意在让学生学会体会词语在一定的语言环境中的特殊含义，这也是现代文阅读的重要考点之一；以选择题的形式出现，主要是考虑到课堂教学时间的紧张，如时间允许，可让学生先讨论，再出示选择题)

(四) 亮点赏析 (10分钟)

每篇优秀的文章总有一些亮点，那么什么是“亮点”呢？亮点就是让读者眼睛为之一亮的地方，或结构，或语言，或立意，或描写……我们要写出亮点，首先要认识亮点，今天就让我们来找一找本文中的一些亮点，并作适当的赏析。

亮点之一：欲扬先抑，似贬实褒

从文章的开头，我们不难看出作者是要赞扬自己的国文老师。可从文章的第2小节开始，作者不惜笔墨，连用4个小节，写老师可怕的绰号、怪异的相貌、狰狞的凶笑、不良的习惯……但这些看似贬损的描写并无恶意，作者实际上是通过这些富有个性特征的描写来突出国文老师的有趣和可爱，同时也与下文写老师的认真、敬业、爱生形成了表和里的反向衬托，外在的丑正衬托了内在的美（此处可适当联系一下雨果《巴黎圣母院》中的敲钟人卡西莫多，他就是一个外表丑陋而内心极其善良的人）。先贬一下，先抑一下，后面的褒扬就更引人注目了。

亮点之二：善抓特征，描画细腻

作者不愧为散文大家，在他的笔下，人物栩栩如生。究其原因，是作者善抓特征所致。那有棱有角的脑袋轮廓，那秃秃亮亮的尖头，那方方扁扁的脸形，那总是耸得高高的肩头，那常吸溜鼻涕的酒糟鼻子，那油渍斑斑的长袍，都是我们在古今人物画廊中从未见到过的。也许作者本身就是漫画高手，寥寥几笔，人物就形神兼备了。

亮点之三：语言幽默，谐趣横生

诙谐幽默本就是梁实秋散文的语言风格，本文依然体现了这种风格。本来回忆自己恩师的文章应该严肃庄重些，但作者偏偏不肯。你看他写老师的

鼻子，一会儿说他“鼻尖有一些红，像酒糟的”，一会儿说他“鼻孔里常常藏着两筒清水鼻涕，不时的吸溜着，说一两句话就要用力的吸溜一声，有板有眼有节奏”，一会儿又说他“也有时忘了吸溜，走了板眼，上唇上便亮晶晶的吊出两根玉箸，他用手背一抹”，真是竭尽调侃之能事，文中这样风趣幽默的描写比比皆是，但毫无做作之感，真正达到了炉火纯青、出神入化的境界。

幽默风趣的语言在我们的作文中如果运用恰当，也会让我们的作文增色不少。在今年的高考优秀作文中，就出现了两篇幽默感很强的佳作（如果有时间可让学生欣赏课堂所发的高考优秀作文的片段，如没有时间，就让学生课后去阅读）。

（五）认识作者（3 分钟）

本文写得这样好，大家想不想认识这位作者呢?

梁实秋是卓有成就的文学研究家、翻译家，同时也是被尊为散文一代宗师的小品散文大家。他的散文小品，广泛涉及人生世态，或回忆往事、记述个人经历，或叙写家庭生活、读书生涯，或忆记故乡、发家国之思，或描写社会面貌、文化习俗……

梁实秋的散文，怀人则凄清细腻、缠绵动人，思乡则深沉浓郁、感人至深，写景则错落有致、别具一格，叙事则娓娓道来、不流于俗……总之，梁实秋的散文幽默典雅，雍容大度，舒徐自在，韵味浓郁，读来让你爱不释手。

梁实秋先生与我们大家所熟悉的鲁迅先生还曾经有过一段论战，论战的原因和细节因时间关系在这里就不细说了。鲁迅一直慨叹在当时的文坛上碰不上一个像样的对手，并由此而感到孤寂无聊。当遇到梁实秋之后，凭借直感，他明白终于碰上了一个理想的“敌手”，情绪立即亢奋起来，一个能让鲁迅先生感兴趣的对手一定不是等闲之辈。只是当年的梁实秋还是一个年仅 25 岁的毛头小伙，写作本文时已是年近 70 岁的老人了，他的文笔当然是到了炉火纯青的地步了。

（作者介绍一般是放在上课伊始的，但我感觉开始不介绍作者并不妨碍学生理解课文，放在亮点赏析之后再来介绍作者，可让学生对作者加深印象，也更佩服作者了）

（六）单元延伸（5分钟）

本单元所选的文章都是以写人为主的散文，单元的标题就是“活生生的这一个”。写人就要把人写活了，写人就要写出人的个性。通过本文的学习，请你总结一下，怎样写才能写出一个活生生的人来呢？

教师在学生讨论过程中作如下概括：

把人写活的方法：

1. 善抓富有个性化的特征
2. 善抓富有个性化的细节
3. 善抓富有个性化的语言

（七）复述迁移（7分钟）

在你的学习生涯中，你碰到过富有个性的老师吗？请你用简要的语言向我们描述一下，好吗？

（设计这个环节，一是学以致用，让学生把课堂上学到的方法运用到语言实践之中；二是借此训练学生的口头表达能力，同时也想让课堂出现一点小小的高潮）

（八）课堂小结（2分钟）

通过本课的学习，我们懂得了欲扬先抑的结构艺术，欣赏了风趣幽默的语言艺术，还学会了写一个活生生的人物的具体方法。老师希望大家能把今天课堂上所学到的技巧运用到今后的写作实践中去，也希望大家把今天学习散文的一些方法运用到今后的散文阅读之中去。

[自我解析]

梁实秋先生是一位散文大家，他的散文幽默典雅，雍容大度，舒徐自在，韵味浓郁。他曾说：“散文的文调应该是活泼的，而不是堆砌的——应该是像一泓流水那样地活泼流动。要免除堆砌的毛病，相当的自然是必须保持的。用字用典要求其美，但是要忌其僻。文字若能保持相当的自然，同时也必须显示作者个人的心情，散文要写得亲切，即是要写得自然。”《我的一位国文老师》应该说是他的散文代表作。教者所确定的三个教学目标——欲扬先抑的结构特色、幽默风趣的语言风格、具有特征性的细节描写，基本抓住了梁实秋的散文的精髓。

整个教学过程的设计也完全体现了教者所追求的“激趣・启智・寻法”的教学模式。

关于“激趣”，整堂课有若干个激趣点。

第一个激趣点是开场有关“国文”和“语文”内涵的论争，一下子就把学生的情绪调动起来了。这个开场既紧扣文题，又让学生明白了语文学科的性质特点，同时也活跃了课堂气氛。

第二个激趣点是关于三个特殊词语的比较辨析。因为这不是一个简单的词语教学环节，这个环节意在让学生学会体会词语在一定的语言环境中的特殊含义，用选择题的方式呈现，既借助多媒体课件增加其趣味性，又加大了课堂的容量。

第三个激趣点是对作者的介绍。一般作者介绍总是放在课堂教学的起始阶段，教者却放在课文的亮点赏析之后。这样的安排目的是引发大家了解文章作者的兴趣。在介绍作者时，教者也没有面面俱到，而是有所选择的，教者没有纠缠于鲁迅与梁实秋论争的具体内容，而是着重强调了鲁迅对梁实秋的看重。这个细节的处理也告诉人们，课堂上的拓展一定要有度，要适可而止。

关于“启智”，这堂课也有若干个启智点。

第一个启智点就是“整体感知”这个环节。教者要求学生用简洁的语言概括对这位国文老师的印象，可以就一点说，也可以综合起来说。这个要求既严格又宽松，“用简洁的语言概括”意在培养学生的概括能力，要求较严格；“可以就一点说，也可以综合起来说”又相对宽松了，无论什么层次的学生都应该有话可说。

第二个启智点是“亮点赏析”这个环节。这个环节意在引导学生进行深层次的阅读，学生的智慧和能力在这个环节中得到了充分的体现。

第三个启智点是“复述迁移”这个环节。教者要求学生回忆学习生涯当中富有个性的老师，一是学以致用，让学生把课堂上学到的方法运用到语言实践之中；二是借此训练学生的口头表达能力，同时也想让课堂出现一点小小的高潮。这个环节起到了启智和激趣的双重作用。

关于“寻法”，主要体现在“单元延伸”这个环节。教者从单元的标题出发提出问题，要求学生从本堂课的学习中总结出怎样写活人物的方法，这就使得课堂教学由“一个”转向了“一类”，同时又把“读”与“写”有机地结合起来了。

激趣·启智·寻法之教学案例（二）

——《胡同文化》教学设计

一、教学目的

1. 理解北京胡同文化的内涵，体会作者对北京胡同文化所流露的复杂感情，借此培养学生的分析能力和概括能力。

2. 学习本文雅俗相间、内涵丰富的语言，从而提高学生的艺术鉴赏力。

二、课时安排（一课时）

三、教学过程

（一）导入新课

（课前5分钟，在教室播放歌曲《前门情思大碗茶》）

同学们，课前大家听到了一首流行歌曲，你能说出这首歌反映的是哪个地域的生活吗？（北京）

人们把这种带有北京味又间有京剧腔调的歌叫做什么？（京歌）

歌坛有“京味歌曲”，文坛也有“京味文学”。我国现当代文学史上最著名的“京味文学家”是谁呢？（老舍）

我们曾读过他的哪些作品？（小说《在烈日和暴雨下》、散文《小麻雀》、话剧《茶馆》等）

老舍是地地道道的北京人，他写“京味文学”似乎是顺理成章的事，如果一个并不是在北京出生的人而被人冠之以“京味作家”那就令人称奇了，有没有这个人呢？有。那就是生于江苏高邮的著名作家汪曾祺先生。

（出示幻灯片之一）

汪曾祺像

（出示幻灯片之二）

汪曾祺简介

汪曾祺（1920～1997），江苏高邮人。1939年考入西南联合大学中国文学系，师从沈从文。毕业后曾在昆明、上海等地做中学教师，1948年到北京工作一直到逝世。曾在北京历史博物馆、北京文联、中国民间文艺研究会、北京京剧团工作，先后担任《北京文艺》《说说唱唱》《民间文学》编辑。代表作有《受戒》《大淖记事》等小说、《蒲桥集》等散文集和《沙家浜》等京剧剧本。

从以上介绍中，我们知道，汪曾祺先生从 1948 年到 1997 年逝世，整整 50 年一直生活在北京，那么，在他的作品中带有京味也就不足为奇了。

今天，我们就一起来欣赏汪曾祺先生的一篇“京味散文”——《胡同文化》。

（板书或出示幻灯片之三）

胡同文化　汪曾祺

（二）检查自读预习

1. 查生字读音

（出示幻灯片之四）

请为下列加点字选择正确的读音：

（1）胡同

A. tóng　　**B. tòng**　　C. tōng　　D. tong

（2）约二斤鸡蛋

A. yuē　　B. yuè　　**C. yāo**　　D. yào

（3）房檩

A. lǐn　　B. lìn　　C. lǐng　　D. lìng

（4）低徊

A. huái　　B. huāi　　C. huì　　D. huí

（题中黑体为正确选项）

2. 查自读后对课文内容的熟悉程度

（1）北京的胡同在建筑方位上有什么特点？

——正。（板书：方位　正）

（2）胡同方位的这种特点使北京城形成怎样的特点？

——方正。

（出示幻灯片之五：北京胡同地图）

（3）这种“方正”给北京人以什么样的影响？

——“不但影响了北京人的生活，也影响了北京人的思想。”

（4）这句话在全文起什么作用？

——“总领”或“总括”。

（5）有一个俗语是怎么说北京胡同之多的？

——“有名胡同三千六，没名胡同数不清。”（另一版本后半句为“无名胡同赛牛毛”）

（6）那些有名的胡同是依据什么而得名的呢？你能把每一种用两个字概括一下吗？

（板书：得名　计数　存物　人名　行业　象形）

（出示幻灯片之六：一组北京胡同照片）

以上我们仅仅是从建筑学的角度对北京胡同作了一些概括，但这远不是北京胡同文化的精髓。下面，我们就到课文中去寻找北京胡同文化的精义。

（三）概括胡同文化的内涵

1. 辨析“文化”

（1）“文化”这个词现在在各种媒体上频频出现，但“文化”的内涵随语境的不同而不同。下面，我们先来看看《词典》和《辞海》上对“文化”的注释，然后看看“胡同文化”中的“文化”属于何解。

（出示幻灯片之七）

“文化四解”

A. 指人类在历史实践过程中所创造的物质财富和精神财富的总和，如政治文化中心

B. 指社会的意识形态或一种人文现象，如酒文化、市井文化

C. 考古学用语，指同一个历史时期的不依分布地点为转移的遗迹、遗物的综合体，如仰韶文化、龙山文化

D. 指运用文字的能力及一般知识，如文化知识、文化水平

（2）请将下面有“文化”的词句根据其含义归类。

（出示幻灯片之八）

①大白菜文化　②政治文化中心

③仰韶文化　④学习文化

⑤市井文化　⑥文化水平

⑦人类的文化　⑧龙山文化

⑨酒文化　⑩校园文化

（答案：②⑦——解A　①⑤⑨⑩——解B　③⑧——解C　④⑥——解D）

（3）“胡同文化”属于哪一类呢？

——同①⑤⑨⑩

（4）坦率地讲，“文化”四解的第二个解释也并不是“胡同文化”这类“文化”的最恰当的解释。这里的“文化”是一个很宽泛的概念，从课文中可以看出，人们的生存状态、思想性格、人际关系、处世哲学、风俗习惯等都属于“文化”的范畴。根据这一类“文化”的特点，我们可否对其下这样的定义。

（出示幻灯片之九）

“文化”别解

在某一地域或某一领域经长期积淀而形成的一种独特的人文现象。如“胡同文化”“酒文化”等。

——其实有关“文化”定义，至今没有定论。有人统计从1871年到1951年的80年间关于文化的定义就有164种之多，现在更是众说纷纭，这个问题有待人们进一步探讨。

2. 确定具体写胡同文化的章节

——第5～12节。（第5节总写胡同文化在北京文化中的地位，第6～12节具体写胡同文化的各种表现形态）

3. 朗读并概括

请5位同学分别朗读第6、7、8、9、10、11、12节，并要求用精要的词语概括所读的内容。

（学生朗读过程中，教师将教材中已注释的“国子监”及“五味”再强调一下，另补充解释“祭酒”和“策源地”）

（出示幻灯片之十）

祭酒——①古代飨宴时酹酒祭神的长者。后亦以泛称年长或位尊者。

②学官名。主管国子监，相当于今天的大学校长。

策源地——战争、社会运动等策动、起源的地方。

4. 讨论并概括北京胡同文化的内涵

（在讨论概括过程中，有可能出现两种倾向，一是带有贬义倾向的，一是带有中性倾向的。教者可准备两套概括样板：带贬义倾向的——安于现状，疏于交往，易于满足，漠于世事，甘于忍耐；带中性倾向的——安土重

迁，独处闲逸，知足常乐，不管闲事，逆来顺受。板书时可选择带中性倾向的一套）

5. 概括“胡同文化”

谁能从课文中找出一个词对“胡同文化”作一个高度概括。

——封闭。（板书：封闭）

——对！可以说，北京的胡同文化是一种封闭的文化、一种旧时代文化。作者是清醒的，他在本文中对“胡同文化”的批判多于欣赏。

6. 北京市民的文化心态

北京的市民为什么会有这样的一些文化心态呢？

——中国历史上曾有多个朝代在北京建都，北京市民长期生活在天子脚下，皇城根旁，封建社会的高压统治逼迫他们人人自危、安分守己、逆来顺受，这就是形成“胡同文化”的特殊的社会历史背景。

（四）体会作者对北京“胡同文化”流露的感情

1. 学生齐读文章最后三小节。

2. 作者是通过哪些细节写北京胡同衰败、没落的？

——“宅门”挺着、房屋残破、地基柱下沉、拴马柱已失原形、井眼打不上水来（枯竭）、石头棋盘磨圆了棱角。

——西风残照、衰草离披、满目荒凉、毫无生气。

3. 作者对北京胡同这些印象是从哪里来的？

——是从一本摄影艺术集《胡同之没》中得来的，当然也有他平时的观察。

4. 这本摄影集的点睛之词是哪一个？

——没（mò）

（出示幻灯片之十一：一组衰败没落的胡同照片）

5. 这篇文章与这本摄影艺术集有什么关系？文中何处点到这本摄影艺术集？

——本文是作者为摄影艺术集《胡同之没》写的序，文中点到这本摄影艺术集的仅有一句话，即“看了这些胡同的照片”。

6. 作为“序”，本应介绍作者及创作原由，并评价作品，但本文对这本摄影艺术却只字未评，是否是一篇不合格的序呢？

——作者补充了摄影画面的不足，摄影画面展示的是胡同之形，而本文则是挖掘了胡同之神，类似于中国画的题词，这是一篇别具一格的、更高层次的“序”。

7. 作者对“胡同文化”怀有怎样的一种感情呢？（此处可组织讨论，甚至争论，然后教者作结）

——作者对“胡同文化”的感情是复杂而微妙的，有些是只可意会而不可言传的。他怜悯北京市民的封闭、忍耐，同时对他们的缺乏进取心和反抗精神也不满意。作者是尊重北京市民的，长期安土重迁的市民，一旦拆迁，自然不免怀以留恋，甚至有些伤感。这都是可以理解的。

（板书：怀旧、伤感、留恋）

（完成这个问题时，补充解释“怅望”和“低回”。怅望——若有所失地瞻望；低回——留恋。另外出示幻灯片，介绍“蛤蟆陵”和“乌衣巷”的出处）

（出示幻灯片之十二）

蛤蟆（xiā má）陵——自言本是京城女，家在蛤蟆陵下住。（唐·白居易《琵琶行》）

乌衣巷——朱雀桥边野草花，乌衣巷口夕阳斜。旧时王谢堂前燕，飞入寻常百姓家。（唐·刘禹锡《乌衣巷》）

（五）语言欣赏

讨论：读了这篇散文，你喜欢文中的哪些语句？你为什么喜欢这些句子？你觉得这些句子有什么特点？

概括：（板书：雅俗相间、内涵丰富）

（讲“俗”时要着重强调其“口语化”和俗语的大量使用，这就使文章带有了浓郁的“胡同味”，这是内容决定了形式。说“内涵丰富”时可让学生补充“虾米皮熬的菜，嘿”和“眯着，北京人，真有你的”等句省略的内容。前者可补“那简直可待皇上了”之类，后者可补“你可真能忍啊”之类，另外，还可让学生改成书面语比较）

（至于教材中的“阅读提示”和“练习”都提到的语言的“雅致”问题，教学中点到即止。原因有三：一是，文中称得上“雅致”的语言，仅“西风残照，衰草离披，满目荒凉，毫无生气”十六个字，形成不了特色。二是用“雅致”的标准来衡量这十六个字，我们发现，它们除了都是四字句外，在内部结构上则显得很混乱，“西风残照”是并列结构；“衰草离披”又成了主谓结构；“满目荒凉”是省略了“所见”的主谓短语；“毫无生气”又成了承前省主语的动宾短语，且“毫无生气”的“毫”与前三个短语的语言风格也不一致，改“毫”为“了”恐怕会更好些。三是，全篇均为朴实的口语，仅在一处突然插入一段带有文言味道的书面语，反显得不够协调。如果课堂有时间，教师也可就此组织学生进行讨论）

（六）电视散文《巷韵》欣赏

北京的“胡同”在我们这里称之为“小巷”，我们如皋是一座有两千多年历史的古城，城内小巷密如蛛网。有人为此写了一篇优美的散文，题为《巷韵》，这篇散文最初发表在《光明日报》，后被人民教育出版社编入初中语文课外自读课本。这篇散文的作者就是我们学校退休老教师、江苏省作协会员陈根生先生。他的这篇散文被如皋电视台拍成了电视散文，现在我们来欣赏这部电视散文，共同来体味一下我们如皋的“胡同文化”。

（播放电视散文《巷韵》）

（七）布置作业

（出示幻灯片之十三）

课后作业：

1. 比较《胡同文化》和《巷韵》的异同。

2. 同为京味文学，试比较老舍《在烈日和暴雨下》和汪曾祺《胡同文化》的异同。

3. 介绍一种文化现象，如中国酒文化、中国茶文化、宿舍文化、教室文化、如皋风筝文化等等。

以上三题任选一题完成。

（板书设计）

正——方位
计数
存物
人物 得名
行业
像形

胡同文化
汪曾祺

安土重迁
独处闲逸
知足常乐 封闭 怀旧 伤感 留恋
不管闲事
逆来顺受

雅俗相间　内涵丰富

［自我解析］

本设计也是“激趣·启智·寻法”教学模式的典型范例。

先说激趣，课文的导入就是个“激趣点”。这个开场有歌曲渲染，有问题引导，有幻灯展示，学生一下子就被深深吸引，自然就对课文的学习产生了浓厚的兴趣。课文的结束部分也是个“激趣点”，教者巧妙地运用本地资源，将本校老师所写的散文《巷韵》与课文进行比较，并配以生动的电视画面，学生怎会不兴趣盎然？教学中多次展示的北京胡同的照片也是个“激趣点”，学生借助那些照片感受老北京的风味，进而体味文中所饱含的京味是再好不过了。

再说启智，本课的启智点可以说比比皆是。首先是讨论并概括北京胡同文化的内涵的那一段。学生一定是众说纷纭，教者事先就准备了两套方案，一是带有贬义倾向的，一是带有中性倾向的，这样，教者就不至于在学生讨论时无所适从。这个细节也体现了预设与生成的辩证关系。其次是关于“北京的市民为什么会有这样的一些文化心态”的讨论。在学生充分讨论的基础上，教者形成了这样结论：中国历史上曾有多个朝代在北京建都，北京市民长期生活在天子脚下、皇城根旁，封建社会的高压统治逼迫他们人人自危、安分守己、逆来顺受，这就是形成“胡同文化”的特殊的社会历史背景。这个结论涉及政治、历史、地理、心理等多个领域，在课堂上开展这样的讨论是对学生智慧的考验。再次是关于“雅致”问题的讨论。教者先引导学生到课文去寻找可以称得上“雅致”的文字，接着又引导学生用“雅致”的标准来衡量这些文字，然后再从其内部结构的混乱上对“雅致”的评价予以否定。这种不避贤者讳的批判精神对学生的启智是有着极大影响的。

本课虽没有特别的教学环节来体现“寻法”，但在整个教学过程中还是渗透了“寻法”精神的。譬如在开课不久，教者在组织学生讨论“文化”的含义时就用了比较法和语境法。另外在谈“序”的问题时，教者问道，“序”本应介绍作者及创作原由，并评价作品，本文对这本摄影艺术只字未评，是否是一篇不合格的序呢？这个问题既告诉了学生“序”的一般写法，同时又研究了这篇序的特殊性。可以说，这是“寻法点”和“启智点”的交融。

引导学生体悟课文，揣摩语言

——《荷塘月色》教学设计

一、教学目的

1. 整体感知课文，理解作者淡淡的忧愁与淡淡的喜悦夹杂在一起的思想感情。

2. 仔细揣摩语言，欣赏动词和叠字运用的精妙，体味通感、比喻、拟人等修辞手法运用的艺术效果。

二、课时安排（二课时）

第一课时

（一）教学要点

1. 整体感知课文，理清文章思路。

2. 介绍作者及写作背景，分析作者在作品中透露的思想感情。

（二）教学过程

1. 导入新课

今天，老师在正式上课前先请大家听三篇文章的片段，然后请大家说说它们的篇名和作者。

A段：桃树、杏树、梨树，你不让我，我不让你，都开满了花赶趟儿。红的像火，粉的像霞，白的像雪。

B段：我看见他戴着黑布小帽，穿着黑布大马褂，深青布棉袍，蹒跚地走到铁道边，慢慢探身下去，尚不大难。可是他穿过铁道，要爬上那边月台，就不容易了。他用两手攀着上面，两脚再向上缩；他肥胖的身子向左微倾，显出努力的样子。

C段：洗手的时候，日子从水盆里过去；吃饭的时候，日子从饭碗里过去；默默时，便从凝然的双眼前过去。

（提示：A段《春》，B段《背影》，C段《匆匆》，作者均为朱自清）

这三篇文章都是散文，但并不是同一类散文，《春》以写景为主，《背影》以叙事为主，《匆匆》则以说理为主。朱自清的散文感情真挚，情景交融，语言秀丽朴素，比喻形象生动。著名作家郁达夫曾这样评价他的散文："（朱自清的散文）贮满着那一种诗意，文学研究会的散文作家中，除了冰心外，文章之美，要算他了。"（文学研究会——我国现代文学史上第一个文学社团，1921年1月成立于北京，发起人有茅盾、朱自清、叶绍钧、冰心、郑振铎、许地山等。他们提出了"为人生而艺术"的现实主义创作原则，阵地为《小说月报》。另一个有影响的文学社团是创造社，1921年7月成立于日本东京，发起人有郭沫若、郁达夫、成仿吾等，他们提出了"为艺术而艺术"的浪漫主义创作主张，阵地为《创造》季刊）

今天，我们再来学习一篇朱自清先生充满诗意的散文《荷塘月色》。（板书课题）

2. 整体感知文章的思想感情

（1）欣赏《荷塘月色》配乐朗诵。听读时请完成以下任务：①在每一小节前标注自然段序号。②用横线画出不认识或不理解的生字词。③用浪线画出你欣赏的精美句子或用着重号标出你感觉用得好的字词。④划分全文的结构层次。⑤体味作者贯穿于全文的思想感情。

（2）说说你听读后的第一感受（可从任何一个角度谈）。

（3）你觉得从字里行间透露出来的作者的思想感情是喜悦还是忧愁，或是喜悦中夹杂着忧愁？

（4）作者的忧愁体现在哪儿呢？

——"这几天心里颇不宁静"。

（开头第一句就给全文笼罩了一层低调的情绪，一个"颇"字说明了"不宁静"的程度之深。由此追问：在第一小节中体现"颇"的细节有哪些？）

——"月亮渐渐地升高了"，"孩子们的欢笑，已经听不见了"，妻拍着闰儿"迷迷糊糊地哼着眠歌"，这说明夜已很深了，而作者却无法入睡，足见不平静之甚。

——"这是一条幽僻的路；白天也少人走，夜晚更加寂寞"。

——"月光是隔了树照过来的，高处丛生的灌木，落下参差的斑驳的黑影，峭楞楞如鬼一般"。

——"树色一例是阴阴的，乍看像一团烟雾"。

（以上都是从景物描写中透露出作者的忧愁）

——“但热闹是它们的，我什么也没有”。

——“这真是有趣的事，可惜我们现在早已无福消受了”。

（以上都是在叙述热闹有趣的事之后，突然一转，情绪又不禁消沉下来）

（5）作者的喜悦又体现在哪儿呢？

——“忽然想起日日走过的荷塘，在这满月的光里，总该另有一番样子吧”。（向往美景）

——“这一片天地好像是我的；我也像超出了平常的自己，到了另一世界里”。（暂得解脱）

——“一个人在这苍茫的月下，什么都可以想，什么都可以不想，便觉是个自由的人。白天里一定要做的事，一定要说的话，现在都可不理”。（暂得自由）

——美妙的荷塘月色之景。（清幽、雅静、朦胧、柔和）

——“忽然想起采莲的事情来了”。（热闹、风流）［在此解释一下“风流”的多层含义］

——“于是又记起《西洲曲》里的句子”。（莲美，人也美）

（6）作者的喜悦中有没有忧愁呢？（有。第四问的第五、第六例，第五问的第二、第三例均为喜中夹忧的例子）

（7）作者的忧（即“不平静”）从何而来？

——有两个源头：一是1927年蒋介石在上海发动的“四·一二”反革命叛变；二是来自他选择的困惑——他当时既不满现实，又不能如另外一些激进的知识分子那样参加“以暴易暴”的武装斗争。因为如参加革命，“党所要求于个人的是牺牲，是无条件的牺牲。一个人得按照党的方式而生活，想出自心裁，是不行的。”而朱自清先生当时不能参加革命，他的夫人陈竹隐女士在《忆佩弦》一文中这样叙述道：“他先前曾说过：‘我只是在行动上主张一种日常生活中的中和主义。’……‘又顾虑着妻子儿女一大家子，都指望我生活。’”朱自清当时已有二子三女，他要肩负起为夫和为父的责任，他不能置妻子儿女不顾而投身于革命，甚至为革命而牺牲，而他内心里又对自己所处的社会十分不满。不满于现实，又不能改变现实，作为一个有着社会责任感的知识分子，他的心能宁静吗？难怪作者说他心里是“一团乱麻，一团火”。他想借荷塘月色暂且摆脱心中的烦恼，虽然荷塘月色很美，虽然荷塘边的蝉声、蛙声十分热闹，虽然采莲的盛况令人向往，但这一切都是过眼烟云，稍纵即逝，作者“猛一抬头”，又回到了带给他无限烦恼的现实。尽管作者在文中所写的喜悦是淡淡的，所写的忧愁也是淡淡的（写喜也是为了写忧），但我们透过字里行间仍然能感受到作者那一颗忧国忧民之心。正是这一颗忧国忧民之心，使他后来成为著名的爱国知识分子和民主战士。毛泽东在《别了，司徒雷登》一文中对朱自清“一身重病，宁可饿死，不领美国的救济粮”的行为给予了高度评价，他认为我们“应该写朱自清颂”，因为他“表现了我们民族的英雄气概”。

（板书）

淡淡的喜悦　不满于现实，一团乱麻

夹杂着　而又

淡淡的忧愁　不能参与改变现实，一团火

3. 整体感知文章的行文思路

《荷塘月色》的结构是圆形的。

外结构：出门——经小径——到荷塘——复又归来

内结构：不静——求静——得静——出静

如要具体些，可概括为：

（板书）

第1段（1）　夜出赏荷

第2段（2～3）　小径独处

第3段（4～6）　塘边凝望：月下荷塘——塘上月色——荷塘四面

第4段（7～9）　塘边遐想：《采莲赋》——《西洲曲》

第5段（10）　又回家门

4. 布置作业

（1）整理文中需要注音和解释的词，下一堂课将检测。

（2）熟读第4、5、6小节。

（3）体味作品的语言特色，为下一课分析作准备。

第二课时

（一）教学要点

1. 揣摩语言，体味动词运用的准确和叠词运用的精妙，学习通感、比喻、拟人等修辞手法的运用。

2. 讨论联想《采莲赋》《西洲曲》的意义和作用。

3. 总结全文。

（二）教学过程

1. 检查作业（可用小组竞赛的方式进行）

（1）给下列加点的字注音

幽僻（pì）弥望（mí）袅娜（nuó）蓊蓊郁郁（wěng）

羞涩（sè）倩影（qiàn）梵婀铃（ē）妖童媛女（yuàn）

敛裾（jū）鷁首徐回（yì）

（2）解释下面的词语

蓊蓊郁郁　田田　袅娜　风致　风姿　倩影　一例

2. 揣摩语言（回顾第一课时在书中所画的语句，然后分类欣赏）

（1）动词欣赏

——“月光如流水一般，静静地泻在这一片叶子和花上”。（“泻”使月光产生了一种动感，写出了月辉照耀、一泻无余的景象）

——“薄薄的青雾浮起在荷塘里”。（“浮”写出了雾的轻飘状态，把水汽和月色交织在一起，雾的轻柔、自下而上逐渐扩散的特点准确地表达出来，产生了一种轻柔之美）

——“叶子和花仿佛在牛乳中洗过一样；又像笼着轻纱的梦”。（“洗”写出了月色的皎洁和清纯；“笼”既写出了月光覆盖之广，又给人以朦胧之美）

——“（黑影和倩影）像是画在荷叶上”。（“画”写出了投在荷叶上的月影之真之美）

（2）叠字欣赏

朱自清的散文爱用叠字，这个特点我们在他的散文《春》中已有所感觉，在本文中叠字用得更多了。请同学们把有叠字的句子找出来读一读，体会体会叠字的运用有什么好处。

——既传神地描摹出眼前的景象，又加强了语意，使文气舒展，读起来节奏明朗，韵律协调，有一种音乐的美感。

（3）通感欣赏

“通感”是“一种感觉超越了本身的局限而领会到属于另一种感觉的印象”（钱钟书语）。简单说，就是感觉的转移。但感觉的转移要有相似点，通感实际上就是另一种类型的比喻。请找出本文运用通感的句子和两种感觉之间的相似点，并体会其作用。

——“微风过处，送来缕缕清香，仿佛远处高楼上渺茫的歌声似的”。(嗅觉转为听觉。“缕缕清香”和“渺茫的歌声”的相似点有：时断时续，若有若无，轻淡缥缈，沁人心脾。感觉的转移有伴随着想象的跳跃，“清香”和“歌声”同属于美好的事物，把“清香”比喻成远处的“歌声”，烘托出几分优雅和宁静来)

——“塘中月色并不均匀；但光与影有着和谐的旋律。如梵婀铃上奏出的名曲”。(视觉转为听觉。月光与树影的和谐融合，与小提琴演奏的名曲的和谐优美有相似点，由此烘托出一种温馨、优雅的气氛，给读者以联想和想象，乃至带入一种幻境)

(通感练习：每个同学当场写一个运用通感的句子。课后，每个同学再从课外读物中找三个运用通感的例子)

(4) 比喻句、拟人句的欣赏

——“叶子出水很高，像亭亭的舞女的裙”。(“裙”与“荷叶”形状相似，“亭亭”是高颀的样子，与“出水很高”相配，这个比喻写出了荷叶的动态之美)

——“层层的叶子中间，零星地点缀着些白花，有袅娜地开着的，有羞涩地打着朵儿的”。(“袅娜”写荷花饱满盛开状，“羞涩”写荷花含苞待放状。用描写女子娇美姿态、神情的词语来写荷花，写出了荷花的神韵，赋予物以生命的活力和感情)

——“月光如流水一般，静静地泻在这一片叶子和花上。薄薄的青雾浮起在荷塘里。叶子和花仿佛在牛乳中洗过一样；又像笼着轻纱似的梦”。(“牛乳”给人一种洁白而鲜艳欲滴的感觉，“梦”表现了月光下荷叶、荷花轻飘柔美的姿容。这里通过写叶和花的安谧、恬静，衬托出月色的朦胧柔和)

——“虽然是满月，天上却有一层淡淡的云，所以不能朗照；但我以为这恰是到了好处——酣眠固不可少，小睡也别有风味的”。(以“酣眠”喻月光朗照，以“小睡”喻月光淡照。此比喻十分精妙，其好有三：一是当时正值月夜人静，大多数人已入睡，以睡眠作喻，好在切合环境；二是上文言及“梦”，下文言及“渴睡人的眼”“妻子已熟睡”，以睡眠作喻，好在切合整个语境；三是“朗照”的深透与“酣眠”的深沉在意韵上相似，月光透过云层照下来时朦朦胧胧的，“小睡”时的人是似睡非睡、迷迷糊糊的，以睡眠作

喻，好在切合事理）

（齐读第 4～6 小节，再次体会作者用词的精妙）

3. 分析文章联想《采莲赋》和《西洲曲》的作用（分析前先疏通文句）

——作用有三：一是追求散文的舒展，拓开一笔，产生形散而神不散之效；二是表现了作者对自由美好生活的向往；三是反衬作者淡淡的忧愁。

4. 总结全文

《荷塘月色》是一篇以写景为主的抒情散文，作者运用通感、比喻、拟人等修辞手法细致描绘了月夜荷塘的美景，既表现了作者对美好生活的向往，也表现了作者对现实的不满，既有淡淡的忧愁，又有淡淡的喜悦。

5. 布置作业

（1）课外选读朱自清先生的其他散文。

（2）背诵课文第 4、5、6 小节。

（3）用现代文翻译《采莲赋》。

（4）以《秋天的色彩》为题，运用通感、比喻、拟人等修辞手法向一位先天性失明的成年男人介绍秋天大自然丰富的色彩。要求：写色彩要结合具体的自然景物，不可抽象地介绍颜色；不得少于三种色彩；300～400 字左右。

讲析课文，培养学生热爱家乡的感情

——《想北平》教学设计

一、教学目标

1. 培养学生热爱家乡的感情。

2. 学习本文在对比中突出北平特点的手法。

3. 学习本文语言的通俗纯净而又简洁亲切的特色。

二、课时安排（一课时）

三、教学过程和步骤

1. 导入

模仿《幸运52》，让学生在以下的叙述中推测今天要学的课文的作者：

1953年，他被授予“人民艺术家”的称号，得到这个称号的直接原因是他创作了话剧《龙须沟》。他的另一部话剧《茶馆》成了他的话剧代表作，也成了中国当代话剧的经典。他是以写小说为主的，最著名的长篇小说是《骆驼祥子》。他的作品大都取材于市民生活、世态人情、习俗时尚，运用的是群众口语，都呈现出浓郁的“京味”。他就是老舍，今天我们一起来学习他的散文《想北平》。

（顺便介绍一下老舍的原名、字、笔名——絜青、鸿来、非我等）

2. 题解

围绕文题可设计如下问题：

（1）从这个题目，你推测老舍的这篇文章至少是在哪一年之前写的？为什么？（1949年以前写的，因为北京在1928～1949年间称为北平）

（2）这篇文章老舍是在北平写的吗？为什么？（不在，如在北平就无需用“想”了）

（3）那么这篇文章到底是哪一年在什么地方写的呢？（1936年写的。老舍于1924年去英国伦敦大学东方学院任中文讲师，于1930年回国后任济南齐鲁大学、青岛山东大学的教授，抗日战争爆发后才南下。由此推断，老舍

是在山东写的这篇文章。这时距他离开家乡北平已有12年了，怎能不想家乡呢）

（4）有人认为题目中的“想”字似乎太朴素了，你能重换一个字或词吗？（在换词比较中体会老舍用词的通俗而亲切真诚的特点）

3. 朗读全文

（可按学号顺序朗读，朗读时完成以下任务：①将容易读错的字注音；②给文章分段，并概括出段意，同时看看作者笔下的北平到底好在哪里；③在文中划出你最感兴趣的句子）

4. 给课文分段，并概括段意

（要求每段的段意用四个字概括，四个字中还要用三个相同的字，那就是“北平”“真”）

（板书）

第1段（1～3）　真爱北平

第2段（4～7）　北平真好

第3段（8）　真想北平

5. 讲析第1段——真爱北平

提问：

（1）文章第1小节老是强调自己知道的北平太少，这与想北平有关系吗？（反衬下文对北平的感情的深）

（2）第1小节中最令人感动的短语是什么？（“我的北平”）

（3）作者是怎样表达他对北平的真爱的？（多处说自己爱北平而无法用语言说出来；将爱北平与爱母亲相提并论；写北平赐予“我”知识、性格、脾气）

（4）文章第3小节说“真愿成为诗人，把一切好听好看的字都浸在自己的心血里，像杜鹃似的啼出北平的俊伟”，这句话中的“杜鹃”能不能换成“喜鹊”？为什么？（不能。杜鹃，又名杜宇、子规、蜀鸟。在古代神话中，蜀王杜宇（即望帝）因被迫让位给他的臣子，自己隐居山林，死后灵魂化为杜鹃。于是，古诗中的杜鹃也就成为凄凉、哀伤的象征了。李白《闻王昌龄左迁龙标遥有此寄》：“杨花落尽子规啼，闻道龙标过五溪。我寄愁心与明月，随风直到夜郎西。”子规鸟即杜鹃鸟。起句写即目之景，在萧瑟悲凉的自然景物中寄寓离别感伤之情。三、四句以寄情明月的丰富想象，表达对友人的无限怀念与深切同情。宋人贺铸《忆秦娥》："三更月，中庭恰照梨花雪；梨花雪，不胜凄断，杜鹃啼血。"三更月光照在庭院里雪白的梨花上，杜鹃鸟在凄厉地鸣叫着，使人禁不住倍加思念亲人，伤心欲绝。词人通过描写凄清的景物，寄托了幽深的乡思。其他又如"可堪孤馆闭春寒，杜鹃声里斜阳暮"（唐人秦观《踏莎行》）、"子规夜半犹啼血，不信东风唤不回"（宋人王令《送春》）等，都以杜鹃鸟的哀鸣，来表达哀怨、凄凉或思归的情思。因为杜鹃的叫声被老百姓摹拟为"不如归去"，诗人常常用以表达思亲、归家之念。这里要表达的正是作者对家乡的思念，用"杜鹃"甚为恰当。喜鹊是报喜的，用在此处不妥）

6. 讲析第 2 段——北平真好

提问：

(1) 北平到底好在哪儿？

(2) 作者是用什么手法来写北平的好的？（对比）

(3) 作者是从哪些角度来写北平的好的？

（板书）

一好：杂而有边，动中有静（巴黎：旷而太闹）——气氛

二好：匀调自然，不挤不僻（巴黎：好于伦敦、罗马，差于北平）——布局（对比）

三好：物产丰富，接近自然（伦敦：成天冒烟的工厂）——物产

7. 讲析第 3 段——真想北平

提问：这个结尾仅一行文字，却很打动人，你认为这个结尾好在哪里？

——照应第 2 小节的"我要落泪"；直抒胸臆，将感情推向高潮。

8. 语言欣赏

前面读课文时要求大家边看边划出你所欣赏的语句，现在我们一起来交流，把你划的句子读一读，并说说你欣赏它的理由。

（总结老舍本课语言的特点：通俗纯净而简洁亲切）

9. 优秀作文欣赏

2006 年北京高考优秀作文《北京的符号》欣赏。

10. 口头作文

《我的南通真好》

抓住细节，品味语言，感悟父爱

——《父亲》教学设计

一、教学目标

1. 学习本文叙事点面结合、细节生动传神、语言内涵丰厚等刻画人物的手法。

2. 体味苦涩、温馨而无私的父爱。

二、教学课时（一课时）

三、教学过程

（一）新课导入

有人说，母爱如水，父爱如山；又有人说，母爱如小溪，曲折而悠长，父爱如大海，深沉而宽广。也许是父爱过于深沉，从小到大，我们的笔下写的最多的恐怕是母爱，即使在我们的教材里，写母爱的也多于写父爱的。至今，我们印象最深的写父爱的文章恐怕就是朱自清先生的《背影》吧！有人把朱自清先生的《背影》称之为写父爱的“绝唱”，有这样一个“高标”，谁还敢再写父爱呢？有！他是谁呢？他就是我们当代著名的作家刘鸿伏。下面我们就一起走进刘鸿伏的父亲的世界，去感受那来自大山深处的父爱。

（二）印象父亲

课前，同学们都预习了《父亲》全文，父亲也给大家留下了深刻的印象，大家能不能从不同的侧面来概括一下你对作者父亲的印象，说说作者的父亲到底是个怎样的父亲。既要用简洁的词语概括，又要从文中找到相应的依据。

（提示：贫穷的、勤劳的、勇武的、乐观的、豁达的、严厉的、爱子的、崇拜土地的、崇拜文化的、有些自卑的……）

（三）感受父爱

1. 感受一：读过了课文，同学们一定会被文中的一个个细节所打动，下面请大家说说你被父爱打动的细节。

（提示：田头接“书”——表现的是父亲对“我”未来的担忧；旅店落泪——表现的是父亲对“我”因为年龄小、家里穷而有可能受人欺侮的担心；校园嘱咐——表现的是父亲对“我”的期望；临别给钱——表现的是父亲对“我”校园生活的关心）

在完成这个教学环节时可穿插讨论以下两个问题：

问题一：父亲见“我”拿到录取通知书，为什么不欣喜若狂，反而“黑着脸，没有一句表示高兴或者祝福的话”？

（提示：父亲刚刚才数落“我”“不文不武”，录取通知书的突然降临无疑证明父亲的担忧是多余的，父亲感到很尴尬，但又碍于情面不肯承认自己错了，于是只能“依然黑着脸”，以保持做父亲的尊严，其实父亲的“数落”也是对“我”前途的担忧）

问题二：文中两次写到父亲流泪，请说说父亲对谁流泪，又为什么流泪？

（提示：第一次流泪是在旅店，是对服务员，因为父亲担心“我”年龄小，又是乡下人，家里又穷，怕被人欺侮，于是落泪了；第二次是对“我”，父子就要分别了，第一次离家的16岁的“我”就要独自一人在外生活了，父亲是为“我”担心而流泪的）

2. 感受二：比较一下，刘鸿伏笔下的父亲和朱自清笔下的父亲，你更为哪一个父亲而感动？

（提示：应该更感动于刘鸿伏笔下的父亲，因为朱自清的父亲毕竟是个财主，尽管当时家道中落，但比起刘鸿伏父亲的境况不知要好多少倍，刘鸿伏的父亲在经济十分窘迫的情况下依然从家中仅存的50元中抽出30元给儿子，这是怎样沉重而又深情的爱啊）

总结：作者笔下的父爱是怎样的父爱？

（提示：苦涩的、温馨的、无私的）

（四）品味语言

有人说，文学就是语言的艺术，刘鸿伏的散文的语言极富深情，极富内涵，也极富画面感。现在如果让你从文中选择2～3段语句作为佳句摘抄，你准备选择哪些句子呢？请说说你选择的理由，并告诉大家这些句子的内涵。

学生选择的佳句可能有：

★一双赤脚在山地的大雪里跋涉，那是父亲；一把斧头舞出清寒的月色，在猫头鹰的啼叫里荷薪而归，那是父亲；一枝青蒿逼开一条莽阔大江，那是父亲；一犁风雨阵阵野谣披蓑戴笠的，那是父亲；一盏红薯酒就可以解脱一切愁苦的，那是父亲。

（提示：这一段出现在文章的“序曲”部分，是总写父亲的。作者没有抽象地概括父亲，而是把父亲放在大山、月色、大江、田野这样的背景中，既表现了父亲的贫穷、勤劳、勇武、乐观、豁达，又赋予了劳动美的内涵，让人觉得凄惨、心酸，整个画面给人以“凄美”之感。讨论这个片段时可指出前三句的缺憾——每一句的前半句的句末都应加一“的”字，这样读起来顺畅，也与后面两句一致）

★人生的偶然就是命运，而命运绝不仅仅是偶然，崇拜泥土或者崇拜书本，在某种意义上是一样的，但泥土与书本所涵括的内容却往往若我与父亲命运的内容迥然不同又有许多相同，这也是偶然吗？

（提示：这段议论出现在叙述“我”和父亲犟嘴时突然接到大学录取通知单的故事之后，颇有深意。“人生的偶然就是命运，而命运绝不仅仅是偶然”，是说人生的命运是由一个个偶然构成的，但偶然中又蕴涵着必然。“崇拜泥土或者崇拜书本，在某种意义上是一样的”，是从崇拜心理的角度而言的，父亲崇拜泥土是因为泥土滋养了人的身体，父亲崇拜书本是书本滋养了人的精神，从图腾崇拜的意义看，二者在本质上是一致的。“泥土与书本所涵括的内容却往往若我与父亲命运的内容，迥然不同又有许多相同”，“泥土”是父亲活着的依靠，而“书本”也是“我”活着的依靠；“泥土”能让父亲活着，而“书本”能让“我”更好地活着；“泥土”决定了父亲的命运，而“书本”改变了“我”的命运，由此可见，“泥土与书本所涵括的内容”确实“若我与父亲命运的内容，迥然不同又有许多相同”）

★其实，我那些拙劣的文字，在面对土地一样宽厚淳朴的你的一生时，它们又算得了什么呢？你因为它们而感到欣慰，我却如此深刻地感到一种悲哀。

（提示：因为作为以文字为生的“我”所写的文章是“拙劣”的，是“寡味”的，至今还未写出惊世骇俗的作品来，所以“我”感到“悲哀”）

★别了，我的曾经患难与共的亲人和伙伴；别了，我的贫瘠却慷慨的黑土地以及土地上那些金黄的麦穗和草垛，我只是你永远的莽苍里最孤独也是最野性的那一株，我只是你浑厚博大的血管里最炽热也最痛苦的那一滴。别了，那些忠厚的牛群，那些河岸上的风车和美丽苍凉的木屋；别了，我的多梦多歌的童年和少年时代呵。

（提示：这里运用排比句表现了“我”对家乡的感激和留念之情）

★为父亲，为自己，也为那养育过我的故土，我把所有翻开的日历都当作奋进的风帆。

（提示：这是全文的结尾，也是作者对自己提出的要求，作者运用比喻的手法，希望自己为了父亲，为了自己，为了故土，珍惜并充分利用生命中的每一天，生命不息，奋进不止）

（五）归纳方法

同学们平时写写人的作文，往往人物形象很单薄，语言也很干瘪，怎样把人物写得丰满，写得生动，写得深刻呢？请同学们想一想，这篇文章有哪些值得我们学习的方法呢？

概括总结写人的方法：

1. 手法之一：叙事点面结合

一般写人的文章总要通过两三件事来表现一个人物，而本文只重点写了一件事，那就是围绕我上大学，从接录取通知书到送“我”上学。如果全文只写这一件事，父亲的形象未免就有些单薄，作者就在文章的开头部分写了父亲对文字的崇拜，并用一组排比句囊括了父亲的其他方面的特征，这样有点有面，父亲的形象就更加丰满了。

2. 手法之二：细节生动传神

文章的生动其实就依赖于细节的生动。本文父亲的形象就是借助若干个细节丰满起来，那一会儿“黑着”的脸，一会儿带着“愧色”的脸，那“红红”的流着泪的两眼，那拿钱的“颤抖”的手，还有那一句句的嘱咐，都是那么真实生动。即使是概写父亲的一组排比，作者也是通过一个个具体形象的画面来展示的，父亲的形象就更立体化了。

3. 手法之三：语言内涵丰厚

文学就是语言的艺术，语言也是思想的物质外壳，没有好的语言，再好的构思，再好的立意也是不能打动人的。好的语言就是有味道的语言，也就是有内涵的语言，尽管作者很谦虚地说自己的文字很“拙劣”，其实他的语言还是很美的，运用多种修辞手法，既形象，又生动，还富有哲理，内涵很丰厚，前面我们在“品味语言”那个环节已经充分感受到了。

（六）亲情作文

这是一篇表现亲情的佳作。其实，我们绝大多数同学每天都浸泡在亲情的甜水里，但当我们提笔写作的时候往往忘掉了亲情的存在，屈原、陶渊明、苏东坡等一个个从历史的尘埃中走来，走进了我们的作文，于是，我们的作文成了令阅卷老师讨嫌的“套话作文”。在写作时，我们应该学会打“亲情牌”，这方面不乏成功的范例。

2007 年江苏高考作文题为《怀想天空》，其中有一篇写父亲在烈日下割麦的作文，请看这个片段：

当我到地里时，父亲已割了七八垄了。他脸上很多汗珠，衣服湿透了。他说：“你来，吃过了吗？我割光这一垄，再吃……”

大概四五分钟吧，他割光了。他从篮子里拿出饭盒、馒头，边吃边说：“孩子，你爸没本事，明天到县城后好好休息！后天好好考，别紧张……”

这是一篇被“打捞”出来的高考优秀作文。一评老师给了 36 分（总分 60 分），二评老师判给 42 分，第三位老师判为 39 分。复查阶段，江苏省高考语文阅卷组组长何永康教授发现了这篇综合判定为 37 分的《怀想天空》。他反复读了 3 遍，终于下决心给了 54 分。何教授评价说，此文不事张扬，不玩深沉，只是极为朴实地记叙了父亲割麦、自己割麦的情景，然而，它真实、本色、真情、纯净，一板一眼地道来，汹涌的内心波涛潜伏其间。

再看 2009 年湖南高考的一篇优秀作文《踮起脚尖》的片段：

门外的楼梯隐约传来了一丝丝响动，那么轻、那么微弱、缓慢，那声音慢慢地靠近，到了门口，颓然停下。

过了好一会儿，才慢慢地听到一丝轻微的金属碰撞声，一个物体慢慢地插入锁孔，又是一声轻轻的转动声。门，悄然打开了，“轻点，孩子睡着了”，这是母亲的声音。

我能感受到她正踮着脚尖向我走来。

没有声音，我却能感受得到，那个轻轻的脚步，正一步步地温暖我的心。

……

朱自清有父亲的背影，史铁生有母亲推着轮椅的身躯，傅聪有傅雷先生殷切的家书，而我，我有什么？我有父母踮起的脚尖！

2008年福建的一位考生以《给父亲的情书》为题所写的高考作文更是誉满大江南北。

这些高考优秀作文成功的秘诀就是以情动人，而这情就是我们无时不在的亲情!

（七）说说父爱

读了刘鸿伏的《父亲》，看了这些高考优秀作文的片段，同学们一定会想到自己的父亲，想到父亲赋予你的深沉而伟大的爱。朱自清有父亲的背影，史铁生有母亲推着轮椅的身躯，傅聪有傅雷先生殷切的家书，那位考生有父母踮起的脚尖，刘鸿伏有父亲留下的深情的泪，那你的父亲给你留下印象最深的又是什么呢？下面就请同学们在歌手刘和刚深情演唱的《父亲》中走进时间隧道，回首往事，然后说说你的父亲爱你的感人的故事。

课件出歌词：

想想您的背影/我感受了坚韧/抚摸您的双手/我摸到了艰辛/不知不觉您鬓角露了白发/不声不响您眼角上添了皱纹/我的老父亲/我最疼爱的人/人间的甘甜有十分/您只尝了三分/这辈子做你的儿女/我没有做够/央求您呀下辈子/还做我的父亲

听听您的叮嘱/我接过了自信/凝望您的目光/我看到了爱心/有老有小您手里捧着笑声/再苦再累您脸上挂着温馨/我的老父亲/我最疼爱的人/生活的苦涩有三分/您却持了十分这辈子做你的儿女/我没有做够/央求您呀下辈子/还做我的父亲

（八）布置作业

父亲的爱是深沉的爱，父亲的爱是伟大的爱，让我们学会用心去感受父爱，也学会用笔来表现父爱吧！课后，也请同学们以“父亲”为题，用你深情的笔去记录父爱，去感受父爱，让父爱成为你一生奋进的风帆!

赏析课文，理解词人辛弃疾

——《把栏杆拍遍》导学活动单

第一课时

【学习目标】

1. 了解辛弃疾其人其事其特点，理解辛弃疾的忧国忧民之心。

2. 欣赏课文引用的辛弃疾词作及作者的点评艺术。

【活动方案】

导语：

在中国文学史上，有一位“以武起事，而最终以文为业”的诗人，他从一个赳赳武夫，最后成为一个千古词人，在中国古代文学的长河里散发出独特而耀眼的光辉，他就是宋代著名词人辛弃疾。今天，就让我们带着仰慕之情，走进梁衡的作品《把栏杆拍遍》，走进辛弃疾的心灵世界。

1. 活动一

请大家根据课前的“自主研读”，说说辛弃疾到底是怎样的一个人，他具有怎样的独特性。

明确：

(1) 武人——词人——政人

(2) 因为在中国历史上由行伍出身，以武起事，而最终以文为业，成为大诗词作家的只有辛弃疾一人，这就注定了他的词及他这个人在文人中的唯一性和在历史上的独特性。

(板书)

武人——词人——政人

唯一性　独特性

追问1：说他是“词人”大家都是公认的，为什么说他是“武人”呢？他是先做“武人”，还是先做“词人”的？

追问2：为什么又说他是“政人”呢？

追问3：这三种称呼中的哪一种是作者梁衡的独创呢？（政人）

追问4：在常人看来，辛弃疾的哪一种身份是最为重要的？（词人）而在作者看来，辛弃疾的哪一种身份是最为重要的？（政人）为什么呢？

追问5：辛弃疾南归后为什么不为朝廷重用呢？

明确：

其一，辛弃疾太爱国家，爱百姓，爱朝廷了，于是朝廷怕他，烦他，忌用他。

其二，辛弃疾工作特别认真，简直是个工作狂，于是招来许多诽谤，甚至说他独裁、犯上，皇上也就对他时用时弃。

其三，辛弃疾爱提意见，45年间，他不停地上书，不停地唠叨，不停地要求痛杀贼寇，收复失地，这怎能不让主和苟安的朝廷心烦？辛弃疾的这些特点在今天看来都是优点，是大大的优点，但在当时的朝廷看来都成了令他们心烦的缺点，是不能容忍的缺点。于是，他就只能痛拍栏杆，吟诗寄恨了。

追问6：因为辛弃疾首先是个“政人”，所以他的词具有怎样的特点？

明确：

（1）辛弃疾的词不是用笔写成，而是用刀和剑刻成的。他以一个沙场英雄和爱国将军的形象留存在历史上和自己的诗词中。

（2）他的词不是用墨来写，而是蘸着血和泪涂抹而成的。我们今天读其词，总是清清楚楚地听到一个爱国臣子，一遍遍地哭诉，一次次地表白；总忘不了他那在夕阳中扶栏远眺、望眼欲穿的形象。

追问7：我们能不能用最简洁的语言来概括辛词的主题？

明确：忧民情、复国志（板书）

2. 活动二

文题赏析。

问题1：作者说“要是为辛弃疾造像，最贴切的题目就是‘把栏杆拍遍’”，你同意他的这个观点吗？

问题2：辛弃疾在拍栏杆时会想些什么呢？

问题3：假如你现在就是辛弃疾，假如你面前的学桌就是栏杆，你能不能学学辛弃疾，边拍桌子边说说他心里想说的话？

问题4：从这个文题，我们能看出作者是要突出辛弃疾的哪一种身份呢？

（政人）

3. 活动三

辛弃疾是个大词人，评说辛弃疾不可能不涉及他的词。作者在文中共引用了八首词，其中很多是名篇。课前我们下发了有关这些词的赏析资料，请大家根据这些赏析资料，再加上自己的理解，说说你最喜欢的一首词或一句诗。同时也欣赏一下作者在引用时的点评艺术。

明确：作者在介绍辛弃疾的人生遭际时穿插引用了辛弃疾的八首词，这些词几乎都是辛弃疾的代表作。作者在引用这些词作时既没有一引了之，也没有详加赏析，而是结合人物的命运进行了精当的点评。作者首先总评辛弃疾由行伍经历到弃戎从笔的无奈："南归之后，他手里立即失去了钢刀利剑，就只剩下一枝羊毫软笔，他也再没有机会奔走沙场，血溅战袍，而只能笔走龙蛇，泪洒纸笺，为历史留下一声声悲壮的呼喊、遗憾的叹息和无奈的自嘲。"这里有"钢刀利剑"与"羊毫软笔"的对比，这里有"奔走沙场"与"笔走龙蛇"的对比，我们还透过"只剩下""泪洒"等词语真切感受到作者对诗人的同情和惋惜。

作者主要是从词作的内容和读者感受的角度来评说的，引《破阵子》时，作者说"感到一种凛然杀气和磅礴之势"；引《水龙吟》时，作者说"辛弃疾在这里发出的却是一声声悲怆的呼喊"；引《菩萨蛮》时，作者解说道"他只有一块心病：金瓯缺，月未圆，山河碎，心不安"；引《永遇乐》时，作者提醒读者辛弃疾在"自嘲自己的姓名"；引《摸鱼儿》时，作者感慨道"今天我们读时，每一个字都让人一惊，直让你觉得就是一滴血，或者是一行泪"；引《水调歌头》时，又告诉我们辛弃疾在"咀嚼自己的寂寞"；引两首《丑奴儿》时，看似在谈词的风格，仍然揭示了辛词"于淡淡的艺术美感中，却含有深沉的政治与生活哲理"的特点。寥寥数言，一语中的。

【检测反馈】

1. 给下列加点的字注音。

（1）蹂躏（　　）（2）肘腋（　　）（3）挑灯（　　）

（4）麾下（　　）（5）整饬（　　）（6）遒劲（　　）

2. 下列词语字形有误的一项是（　　）。

A. 霹雳　浅斟低唱　变生肘腋　了无痕迹

B. 赋闲　五内俱焚　望眼欲穿　可见一般

C. 诽谤 马革裹尸 回肠荡气 浅尝辄止

D. 婉约 笔走龙蛇 忧心如焚 千锤百炼

（答案：B“般”应为“斑”）

3. 课文第一自然段在文中起什么作用?

答：________________________________

（提示：文章第一段是全文的总起。它告诉读者，全文要探索的是辛弃疾怎么从一个爱国志士成为爱国词人的，以及这个过程是如何决定了他的词、他本人在文学史上的唯一性和独特地位的）

4. “把栏杆拍遍”出自辛弃疾词《水龙吟》的最后一句，它传神地表现了词人登高远眺时的动作。作者在这里把它用作本文的题目有什么好处？谈谈你的看法。

答：________________________________

（提示：通过“把栏杆拍遍”这一动作，作品传神地描述了词人扶栏远眺、望眼欲穿的英雄形象，并传达了他如今被迫脱离政治，只许旁观，不得插手，更不得插嘴，空有一身力，空有一腔志，空有一颗爱国心，而无处可使的悲愤之心）

第二课时

【学习目标】

1. 学习本文运用对比评析人物的方法。

2. 学习本文情理并重、以评带传的写法。

【活动方案】

1. 活动一

对比手法是作家们常用的艺术手法之一，梁衡也不例外。请从文中找找作者把辛弃疾与哪些人作了比较，比较之后是为了说明什么。

明确：

作者在本文中多处运用了对比，使人物形象更为鲜明突出。

第一处运用对比是在引用了《破阵子》之后，作者先将它与岳飞的《满江红》比较，认为只有《满江红》可以与之媲美，然后又用杜甫的“射人先射马，擒贼先擒王”、卢纶的“欲将轻骑逐，大雪满弓刀”与之对比，认为“这些都是旁观式的想象、抒发和描述”，从而突出了辛词的“凛然杀气和磅礴之势”。

第二处对比是将他与陶渊明、白居易的从政经历对比，他认为辛弃疾“对待政治”，“不像陶渊明那样浅尝辄止，便再不染政；也不像白居易那样长期在任，亦政亦文”。因为“对国家民族他有一颗放不下、关不住、比天大、比火热的心；他有一身早练就、憋不住、使不完的劲”，他“不计较‘五斗米折腰’，也不怕谗言倾盆”，所以“随时局起伏，他就大忙大闲，大起大落，大进大退”。

第三处对比是将辛弃疾的豪放与苏东坡的豪放作比较。苏辛都是豪放派的代表人物，因此文学史上是将“苏辛”连称的，梁衡却在同中见出异来，他认为“苏的豪放仅止于‘大江东去’，山水之阔”。因为“苏正当北宋太平盛世，还没有民族仇、复国志来炼其词魂，也没有胡尘飞、金戈鸣来壮其词威”。而“真正的诗人只有被政治大事（包括社会、民族、军事等矛盾）所挤压、扭曲、拧绞、烧炼、捶打时才可能得到合乎历史潮流的感悟，才可能成为正义的化身。诗歌，也只有在政治之风的鼓荡下，才可能飞翔，才能燃烧，才能炸响，才能振聋发聩”，而辛弃疾的诗正是这样的诗。

第四处对比是将辛弃疾的婉约词与柳永、李清照的婉约词作比较，他认为“柳、李的多情多愁仅止于‘执手相看泪眼’‘梧桐更兼细雨’，而辛词中的婉约言愁之笔，于淡淡的艺术美感中，却含有深沉的政治与生活哲理”。这些都是很有见地的精辟之语。

以上这些比较，有作品内容的比较，有人物遭际的比较，有作品风格的比较。这些比较的对象，看似大同，实有小异。能看出同中之异的才是真正的高手。

2. 活动二

梁衡的人物散文，写的大多是人杰鬼雄，其中大多是名垂宇宙、家喻户晓的伟人，还有文惊当世、传之百代的文人。这些跨越千年、百年的人物从作者的笔端一一鲜活起来，而能产生这种效果得益于情理并重、以评带传的写作风格。他写的人物在千百年中已有的定论上又重新给出评价，而这种评价又是不落窠臼的。请你从文中找找作者在介绍人物时作了哪些富有独创性的评价。

明确：

人们都承认辛弃疾是个大词人，但能从他的出身到成业的发展史上判定辛弃疾的词及人“在文人中的唯一性和在历史上的独特地位”的，梁衡是第一人。

作者还在文中借郭沫若评说陈毅的“将军本色是诗人”来评说辛弃疾这个人，“词人本色是武人，武人本色是政人”。说辛弃疾是“词人”和“武人”是一般人的判断，而说辛弃疾是“政人”恐怕就是梁衡的独见了。梁衡说：“他的词是在政治的大磨盘间磨出来的豆浆汁液。他由武而文，又由文而政，始终在出世与入世间矛盾，在被用或被弃中受煎熬。”

作者还将辛弃疾的为政与陶渊明、白居易的为政作了比较，表明了辛弃疾为政的投入与积极。他能从人性的深层重新来诠释一位人物。在文章最后一段，作者在分析辛弃疾走上诗词创作道路的必然性时就作了这样生动的评说：“他被九蒸九晒，水煮油炸，千锤百炼。历史的风云，民族的仇恨，正与邪的搏击，爱与恨的纠缠，知识的积累，感情的浇铸，艺术的升华，文字的捶打，这一切都在他的胸中、他的脑海翻腾、激荡，如地壳内岩浆的滚动鼓胀，冲击积聚。既然这股能量一不能化作刀枪之力，二不能化作施政之策，便只有一股脑地注入诗词，化作诗词。他并不想当词人，但武途政路不通，历史歪打正着地把他逼向了词人之道。终于他被修炼得连叹一口气，也是一首好词了。”著名作家梁晓声在谈梁衡的一本散文集时说：“我确信，作为一个勤于思想的人，梁衡对历史的反思，肯定比他写出来的以上篇章要更深邃更全面些。而他后来发表的《最后一位戴罪的功臣》《觅渡，觅渡，渡何处》《把栏杆拍遍》，证明了这一点。他的思想一游到更远的历史中去，一与那些历史时期中的人物敞开心扉地对话，则就变得火花四溅了。文字也时而激昂；时而惋叹；时而叩问；时而调侃，恣意张扬起来了……”

3. 活动三

欣赏作者语言的美感。请你从文中找出具有美感的文字来。并说说这些文字美在哪里。

明确：一般来说，与政治密切相关的事件、人物，写其“思想”容易，写出“美感”来难。常见的通病是严肃有余、活泼不足。梁衡在这方面有很大的突破，使“思想和美感”达到了和谐统一。他像一位烹饪大师，非弄出个“色、香、味、形”俱佳才心满意足。他的那些评说文字完全不是抽象的概括和干瘪的教条，而是形象生动又充满美感的，像“南归之后，他手里立即失去了钢刀利剑，就只剩下一枝羊毫软笔，他也再没有机会奔走沙场，血溅战袍，而只能笔走龙蛇，泪洒纸笺”；像“辛弃疾的词不是用笔写成，而是用刀和剑刻成的。他永以一个沙场英雄和爱国将军的形象留存在历史上和自己的诗词中”；还有“像屈原那样仰问苍天，像共工那样怒撞不周，他临江水，望长安，登危楼，拍栏杆，只能热泪横流”。这些文字多美呀，读起来令人回肠荡气。

【检测反馈】

问题1：是哪些因素促使辛弃疾成为一代爱国词人的？在文中划出关键语句并归纳概括。

答：____

关键语句举例：“南归之后，他手里立即失去了钢刀利剑，就只剩下一支羊毫软笔，他也再没有机会奔走沙场，血溅战袍……”“他本来是以身许国，准备血洒大漠，马革裹尸的，但是南渡后他被迫脱离战场，再无用武之地。像屈原那样仰问苍天，像共工那样怒撞不周，他临江水，望长安，登危楼，拍栏杆，只能热泪横流。”“他只有一块心病，金瓯缺，月未圆，山河碎，心不安。”“真正的诗人只有被政治大事（包括社会、民族、军事等矛盾）所挤压、扭曲、拧绞、烧炼、锤打时才可能得到合乎历史潮流的感悟，才可能成为正义的化身。诗歌，也只有在政治之风的鼓荡下，才能飞翔、才能燃烧、才能炸响、才能振聋发聩。”“他并不想当词人，但武途政路不通，历史歪打正着地把他逼向了词人之道。”“说到底，才能和思想是一个人的立身之本。”总括起来看，辛词“是在政治的大磨盘间磨出来的豆浆汁液”，这是由特定的历史背景和他本人的追求所决定的，也是他的词不同于他人作品的独特之处。宋朝特定的历史背景和个人特殊的人生历程，再加上才能和思想，成就了一个千古爱国词人——辛弃疾。

问题2：在散文创作中，梁衡提倡“写大事、大情、大理”。“大事”多指关乎国计民生的社会性事物；“大情”一般指忧国忧民的情感；“大理”则多与民族气节、伦理道德等相关。本文正是实践这一精神的代表作。结合课文，谈谈本文所表现的“大事、大情、大理”是什么？作者又是如何来表现这些“大事、大情、大理”的？

答：____

在文中，“大事”指南宋期间，光复故土的伟业；“大情”则指词人一腔忧国忧民、精忠报国的民族气节；“大理”则指词人一腔爱国正气和不屈不挠为民请命的精神。结合全文，我们可以发现在叙述辛弃疾如何浴血沙场，为国战斗的字里行间带出了作者所说的大事。而辛弃疾被朝廷废弃不用，一腔忧愤在身的描写，可谓淋漓尽致地展现了词人的大情大理。

问题3：本文是一篇以历史人物为题材的散文，作者以酣畅的笔墨为词人辛弃疾传形写神，将其豪迈绝伦的个性抒写得淋漓尽致。但是作者并没有按照传统人物传记的写作手法，通过生平事件与时间顺序一一写来。仔细阅读全文，思考作者这样构思有什么特点？作品从哪几个方面来突出人物最光彩的特点。

答：________________________________

本文中，作者并没有按照时间的先后将词人一一道来，而是抓住词人最为动人心魄的闪光点进行勾勒，并始终将词人的诗词创作的特色、形成过程与其生平交融起来叙写。作品分别从爱国、忧民、郁郁不得志以及在历史激荡、个体遭遇间所形成的词风等诸方面来突出词人的个性风采。

问题4：文章最后说“他由武而文，又由文而政，始终在出世与人世间矛盾，在被用或被弃中受煎熬”，辛弃疾的这种人生经历对你有怎样的启发？

答：________________________________

示例：(1) 坚持人生目标，始终如一地追求；(2) 正确对待人生磨难，做到不退缩不畏惧，知难而进；(3) 具备高尚的情操，为了国家和民族甘于奉献，奋斗终身。

第四篇

教材研读

教阅读离不开对教材的研读，但不同的人对同一篇课文见仁见智，甚至会出现截然相反的看法。要做到对文章有一个恰当的把握，就不仅需要认真研读课文内容，还需要尽可能多地了解作者及文章的写作背景，更重要的是要有严谨治学的精神。如此，便能产生多家争鸣、多种观点共存的良好局面。

《岳阳楼记》研究述评

《岳阳楼记》这篇脍炙人口的散文，自问世以来，久传不衰。随着时间的推移，人们对《岳阳楼记》的研究更加深入，在对文章词语的理解、对作者写作意图的探索等方面都出现了一些不同的见解。本文试就近年来有关《岳阳楼记》的评析作一简单的综述，并略陈己见。

一、作者的写作意图是什么

关于这个问题，到目前为止有三种观点：

1. 规劝滕子京谨言远祸。这是范公偁《过庭录》中的观点。文中说："滕子京负大才，为众忌嫉。自庆阳帅谪巴陵，愤郁颇见辞色。文正与之同年，友善，爱其才，恐后贻祸。然滕豪迈自负，罕受人言。正患无隙以规之。子京忽以书抵文正，求《岳阳楼记》，故记中云：'不以物喜，不以己悲。''先天下之忧而忧，后天下之乐而乐。'其意盖有在矣。"这种观点影响较大，至今多数人仍持此论。

2. 借为岳阳楼作记的机会，晓喻天下，正告政敌。这是王宽林、刘景林二人的观点。他们认为，范仲淹借《岳阳楼记》，正告他们的政敌，他们实行政治改革的主张是正确的，他们遭受贬谪是错误的。即使身遭贬谪，也绝不屈服，必将把他们正确的政治主张、崇高的政治品格、宏伟的政治理想，矢志不渝地坚持下去。

3. 既语重心长地劝勉了滕子京，又倾吐了自己的抱负。这是俞祖平的观点。

我认为，这三种观点，第三种分析较为全面，且切合作品实际。作者不过是借题发挥，劝勉滕子京是一个方面，但更主要的是抒发自己胸怀天下的豪情。第一种观点失之偏颇。第二种观点则有些牵强，简直把《岳阳楼记》当成了一篇给政敌的公开信，而这正违背了作者本意。如此一来，作者所否定的迁客骚人的览物之情，不就有“忧谗畏讥”之感吗？他怎么会既反对别人考虑个人得失，而自己又不忘个人得失呢？

二、范仲淹有没有到过岳阳

以前，人们一直认为范仲淹并没有到过岳阳。他写作《岳阳楼记》凭借的是他对家乡太湖的印象以及滕子京寄给他的《洞庭秋晚图》，然后进行想象发挥而就的。但俞祖平对此作了考证，并进而推出范仲淹到过岳阳。他的根据是明隆庆《岳州府志》上孙斯仁咏范仲淹的一首诗，诗云：“小范书堂古渡前，石炉朝暮袅寒烟。映阶枫叶红于火，绕岸芦花白似锦。图史湘源偕母日，干戈辽夏报君年。宗臣面貌丹青在，怅望威容一怆然。”俞祖平由此推论说：“这首诗是对范仲淹忠心耿耿一生的真实写照，也是范仲淹曾在湖南安乡读过书的有力印证，因此，可以说，湖南是范仲淹的第二故乡，他所作的《岳阳楼记》并非凭空想象，依样画葫芦，而是出于实际，发自胸臆。”这儿的所谓“实际”，就是范仲淹到过岳阳，并登过岳阳楼。我认为，作者的推论是不合逻辑的，从那首诗中我们仅知道范仲淹到过湖南，并不能由此而推出他到过岳阳，更不能推出他登过岳阳楼。我们能说凡是江苏人都到过南京，凡是浙江人都游过西湖吗？如果范仲淹对岳阳很熟悉，滕子京又何必送一张《洞庭秋晚图》给他呢？

三、岳阳楼建于何时

课文注：“建于唐初。”季中行却认为：“应该说，岳阳楼建于唐朝开元初年，或是建于唐朝中期。”这是因为岳阳楼是唐代张说（字道济）谪守岳州时所建，据《旧唐书》与《历代名人年谱》记载，张说谪守岳州的时间是在开元元年（公元713年）到开元七年（公元719年）之间。另据有关资料记载，张说是开元四年因事被贬谪到岳州任刺史的。

季中行进一步指出：“唐朝建国于公元618年，灭亡于公元907年，到开元元年，已近百年。在唐帝国290来年的寿命中，已经过去三分之一。因此把岳阳楼建筑的年代——开元元年到开元七年，说成是‘唐朝初年’是不妥的。”

四、关于几个词语的理解

1. “越明年”

关于“越明年”，目前有两种解释：一为“到了第二年”，二为“过了第二年”。

课文的注释属第一种，胡竹安为此作了具体解释，他认为，“越明年”显然是范仲淹模仿了《尚书》中“越翼日癸巳”“越翼日戊午”的“越翼日”（翼日即翌日，也即明日）。而王引之《经传释词》中也说“越，犹及也”。举的例子也差不多是这些。因此，胡竹安确认“越明年”就是“到了第二年”。

俞祖平从“越”字本义和历史事实两个方面对第一种解释作了否定。他认为，“越”的本义是“过了”“超过”。在史实方面，俞祖平以《岳阳县志》中滕子京的《求记书》为证：“去秋，以罪得兹郡。”这说明滕子京写此“书”当在庆历五年。《书》中又说：“又明年春，鸠材僝工，稍增其旧制。”（其，即代“岳阳楼”）这显然说明了“重修岳阳楼”是在庆历六年春。对于这个问题，宋来峰的另一个分析也是值得重视的，他认为：“滕子京虽然颇有政治才干，但要使一郡之地很快能政通人和、百废俱兴，谈何容易？如果是第二年就做出了这番成就，那也才是一年左右的时间，这简直不可以想象，如果是在第三年，也就是过了两年左右的时间，这比前者较为合情合理。”

我认为，第二种解释是较合理的，特别是滕子京的《求记书》，它是一个有力的证据。但前面所说的双方对“越”的理解却是各执一端，其实，“越”既可作“及”解，也可作“过了”解，一字多义是汉字的一个特点，确切地解释字义，离不开具体的语言环境，这一点对于古文的理解尤为重要。

2. “览物之情，得无异乎”

课文注为：“看了自然景物而触发的感情，怎能不有所不同呢？”陶嘉伟对此作了完全相反的解释，他将这句话翻译成：（迁客骚人）看了自然景物而触发的感情，该不会两样吧？

这两种观点，一种把览物之情看作不同的，一种把览物之情看作相同的，那么哪一种观点正确呢？我们先看这两种观点是怎样理解“景”和

"情"的关系的。认为览物之情不同的，意在不同的景生不同的情，如见"霪雨霏霏"之景即生"悲"情，见"春和景明"之景即生"喜"情，景不同则情不同；认为览物之情相同的，意在相同的景生相同的情，正如陶嘉伟所说："不管是迁客，还是骚人，不管是迁客中的哪一位，还是骚人中的哪一位，他们的览物之情都相同，即遇'霪雨霏霏'的天气，总要生悲，遇'春和景明'的天气，总要生喜，无一例外，无一相反。"由于两者看问题的着眼点不同，自然就得出了迥异的结论，如果仅就这一点来断是非，是很难公允的。

我们再看这两种观点是怎样理解"得无"这个词的。第一种观点将"得无"解为反问语气"怎能不"，第二种观点将"得无"解为揣测语气"该不会"。"得无"的这两种解释在古文中都可以找到例证，前者如："今天下得无有至德之人放在民间?"后者如："日食饮得无衰乎?"大家都持之有据，我们也不能轻率论定。

最后我们只有从这句话与作品主旨的关系来分析。范仲淹对迁客骚人的"览物之情"是持否定态度的，因为他们的悲喜之情都是因景而生，而他所探求的"古仁人之心"是"不以物喜，不以己悲"，景和情是相异的。一"同"一"异"构成对比，作者以"异"否定"同"，从而提出了"先天下之忧而忧，后天下之乐而乐"的主张。这样看来，"得无异乎"理解成"该不会不同吧"，似乎更合作者的本意。

3. "虎啸猿啼"

这四个字课文未注。《教学参考书》译为"老虎长声吼叫，猿猴悲啼"。陈光伟认为，文章并不是在写真实的"虎啸猿啼"，而是借虎啸猿啼的声音来打比方。他的理由是：岳阳楼一面濒临洞庭湖，一面紧靠巴陵城，以洞庭湖面积之宽广以及岳阳楼与湖对岸山岳距离之遥远，即使那远山的老虎、猿猴嗓门再大，也是不可能传入"迁客骚人"的耳鼓的。因此，陈光伟将这四个字连同前面的"薄暮冥冥"作了这样的翻译：一到傍晚，洞庭湖上一片昏暗，只听到那汹涌澎湃的浪涛声。那声音时而像老虎在狂吼，骇人听闻；时而像猿猴在哀鸣，催人泪下。我认为这样的理解有一定的道理，不失为一说。

4. "郁郁青青"

这四个字课文未注，《教学参考书》将此翻译成"香气浓郁，颜色青绿”。“青青”在这里被释为“颜色青绿”，读为“qīng”。杨本祥认为这里的“青青”应读作“jīng”，同“菁菁”，释为“茂盛”。他列举以下例子为证：《诗经·卫风·淇奥》：“瞻彼淇奥，绿竹青青。”朱熹《诗集传》云：“青，子丁反，青青，坚刚茂盛之貌。”屈原《九歌·少司命》云：“秋兰兮青青，绿叶兮紫茎。”洪兴祖《楚辞补注》曰：“青青，茂盛也，音菁。”杨本祥的这个看法是可取的，中国唱片公司灌制的教学唱片，“青青”的读音与杨本祥的观点是一致的，课本有必要对此一注。

5.“长烟一空”

课文注为：“大片烟霞完全消散。一，全。”

对于这个注，沈啸寰早在1957年就提出异议。他认为，“长烟一空”描写的是薄暮的景色，意为“湖边万缕炊烟，长长地布满了天空”，下文的“皓月千里”是描写入晚的景色。他还从对仗关系来分析了这个句子，在他看来，这两个句子“长烟”对“皓月”，“一空”对“千里”，“千里”是数词加名词，“一空”也是数词加名词，要是照课本注释的说法，“千里”是数词加名词，“一空”却是数词加动词，这样，这两个句子就对不起来了。这个观点与彭妙艳的理解基本是相通的，但又有些微的差别。彭认为，这句应注释为“一丝丝的烟云（布）满天空”，“长烟”是一个偏正式名词，“烟”是烟云、烟霭的意思，“长”在这里虽是形容词，但不取与短相反的意义，而是“一丝丝”的意思，用以从形状方面修饰“烟”。我认为沈、彭二人的意见是可取的。但是，他们仅仅是从对仗关系来进行分析的，还欠说服力。如果我们把“长烟一空，皓月千里，浮光跃金，静影沉璧”四句联系在一起理解，就不难看出上两句写的是天空中的两种不同景致：一是有烟时，一是无烟时；下两句写的是湖面上的两种不同景致：一是有风（微风）时，一是无风时。这样，两两相对，不但字对，而且意对。

《出师表》研究中几个有争议的问题

一、关于主题的争鸣

关于《出师表》的主题，目前主要有四种观点：

1. 恢弘士气，兴复汉室。这是甘国玺的观点。他对清人唐介轩的《古文翼》和吴楚材、吴调侯的《古文观止》中提出的“亲贤远佞”之论持否定态度。他认为：“他们没有看清三分天下中弱蜀北伐的重大意义，没有抓住诸葛亮上表的关键所在，把所上的表当作一般规劝国君的表，因而把主题理解偏了。”甘国玺认为《出师表》第一段分析形势，提出任务，着眼于“恢弘士气”以“兴国”，下面的全部论述都是本此意生发开去，因此《出师表》的主题应是“恢弘士气，兴复汉室”。王济凡对甘国玺的观点表示赞同，并进一步指出，亲贤远佞是“目”，恢弘士气是“纲”，没有北伐志气，怎能兴复汉室?

2. 亲贤远佞，兴复汉室。杨德成撰文从诸葛亮上表关键的分析上对甘国玺的观点作了否定。他认为诸葛亮上表的关键是“亲贤远佞”以排除后顾之忧，其依据是：东汉以来，暗弱之主为宦官佞臣乱政之事，屡见不鲜。特别是汉桓帝刘志、灵帝刘宏，由宦官专权，谮杀贤良重臣，闹得汉室名存实亡。这样的历史教训，诸葛亮并非不知。刘禅后期宠信宦人黄皓就说明诸葛亮的忧虑不是没有道理的，很可能此时刘禅亲信宦官已露端倪。为此，表的第一段就突出“亲贤”要旨，带起全篇。3～4 段，照应首段“不懈于内”句，具体陈述如何“亲贤”；第 5、7、8 段中，又不厌其烦地重复叮咛；6 段和 7 段，照应首段“忘身于外”句，陈述自己得先帝殊遇，受命以来忠于职守以及出师中原、兴复汉室的决心、目的等内容，旨在表达忠贞，希望取得后主对出师的信托；第 8 段为全文内容的总结，每一句都结在“亲贤”之意上。至于“远佞”在文中未作正面多谏之因，杨德成指出，这一方面，可能因其时后主尚无明显“亲佞”之事；另一方面，正面多谏“远佞”，也有碍于君臣之礼，所以表中关于“远佞”的劝谏就隐约而委婉了。

3. 君臣同心协力，完成先帝未竟大业。这个观点是由谢纯昌提出来的。他认为甘、杨二人的观点都有一定的道理，但又都失之偏颇。谢纯昌在文章中阐述自己的观点时列了一张表，这张表分形势和任务两大块，再把任务分成君和臣两部分。君的任务主要有四：（1）开张圣听，恢弘士气（听谏）；（2）陟罚臧否，以昭平明（用权）；（3）亲贤臣，远小人（用人）；（4）咨取善道，察纳雅言（纳谏）。臣的任务有五：（1）奖率三军，北定中原（诸葛亮）；（2）忘身于外（忠志之士）；（3）斟酌损益，进尽忠言（攸之等）；（4）行阵和睦，优劣得所（向宠）；（5）不懈于内（侍卫之臣）。谢纯昌最后总结：为了完成“兴复汉室”的大业，君的任务是“光先帝遗德”，臣的任务是“报先帝，忠陛下”，君臣同心协力，才能“兴复汉主”，完成先帝未竟之业。他还根据自己对文章的理解，给《出师表》拟了一个“现代化”的标题——《目前形势和任务》。

4. 排除后顾之忧，共图兴汉大业。这个观点是李子聪在分析《出师表》结构的基础上得出的。他把《出师表》分成四个层次，第一层（第 2 小节）论为君之道，为下文荐举贤臣作好铺垫。第二层（3～5 小节）论群臣之选，这是承上层而来。第三层（第 6 小节）是自我心迹的表白。李子聪认为这三层组成一个部分，是诸葛亮希望开拓一种“君明臣忠，君信臣良”的政治局面，实为解除出师讨贼的后顾之忧。第四层（7～8 小节）一气贯穿而下，诸葛亮当仁不让，大任自担，这一层首先陈说自己的职分，继之又交代郭攸之、费祎、董允等的责任，最后回到对后主的要求。李子聪最后把《出师表》的结构章法归纳为“后主——贤臣——自己——自己——贤臣——后主”，并由此得出“排除后顾之忧，共图兴汉大业”的主题。

以上四种观点均源于对文章内容的分析理解，皆有一定的道理，但疏漏之处也较为明显。前两种观点简要但失之偏颇，如第一种观点把“恢弘士气”作为全篇之“纲”，是有违诸葛亮写表本意的，正如谢纯昌所指出的：“‘亲贤远佞’‘恢弘士气’都是‘目’，‘兴复汉室’才是‘纲’。”李子聪对此提出的意见更值得重视，他认为：“讨论文章的主题，必须考虑到读者对象。《出师表》是写给后主刘禅看的，首要目的在于‘开张圣听’，君主的明信与否，在作者的心目中，实是关系到蜀汉政权的兴亡和出师成败的根本问题。如果把主题说成‘恢弘士气’，就不免把《出师表》看成《出师令》了。”至于“亲贤远佞”之说，实际上只概括了3～5小节的内容，而不是全部内容。

后两种观点较接近文意，但又过于笼统，有些分析还欠准确和周全。第三种观点把“忘身于外”“不懈于内”的既成事实看作任务是不妥的。另外，第三种观点给人的印象似乎是众贤臣与诸葛亮一起向刘禅表示“兴复汉室”的决心，这是与诸葛亮的荐贤有区别的。第四种观点的提出者在层次分析上疏漏更多，文章的第1小节没有着落，本作为诸葛亮自表心迹部分的第6小节竟与建议刘禅赏罚公平、亲贤远佞合为一个部分，第四层只概括了第7小节后半部分的内容，第8小节分述己、攸之等、后主三方面的职责是无论如何难以用“诸葛亮当仁不让，大任自担”之语来概括的。在这个基础之上归纳出的主题，就不免显得生硬。

那么，《出师表》的主题该怎样表述才较为恰切呢？我们认为，《出师表》的主题应包括两个方面：一是从刘禅的角度看，一是从诸葛亮的角度看。这是由文章的基本内容决定的，因为文章的基本内容就是由两个方面组成，前半部分旨在劝诫后主，后半部分旨在表明心迹，第8小节是两方面之汇。准确地从这两方面来归纳主题的是人民教育出版社的《教学参考书》。教参是这样归纳的：本文以恳切的言辞，针对当时的局势，反复劝勉刘禅要继承先主刘备的遗志，开张圣听，赏罚严明，亲贤匹佞，修明政治，以完成“兴复汉室”的大业，表明了诸葛亮“北定中原”的坚强意志和对蜀汉忠贞不二的品格。这段文字与上述四种观点相比，是略显繁琐些，但既然诸葛亮那样絮絮叨叨、不厌其烦、力求其详，我们又怎能为求其简而失其准呢？

二、关于“三顾茅庐”的真实性

刘备三顾茅庐请出诸葛亮一事，民间有传说，史书有记载，小说有描写，诸葛亮有自述，这似乎用不着怀疑，但最近有人对此事的真实性提出质疑。

第一，他们认为《出师表》的记述并不可信。质疑者说，诸葛亮是位“志存靖乱”、胸有宏图之士。他躬耕南阳，隐居隆中，绝不是为了苟全性命于乱世，而是精谋深算、等待时机。刘备邀他出山，当然正合诸葛亮的心意。但一请、二请，他却大摆架子、隐而不发，岂不与其政治意愿大相径庭？如果没有这第三请，他就失去了大展宏图的极好机遇，诸葛亮是不会蠢到这种程度的。当时诸葛亮不过是个26岁的青年人，并没有干过什么了不起的大事，也没有多大的影响，身为汉室同族的刘备，仅凭徐庶等人对他的几句赞誉之辞，就不顾路遥车疲，对一个无名小辈低三下四，岂不唐突？

第二，他们认为《隆中对策》也不可靠，他们的理由是：刘备与诸葛亮初次会面时，正面临着曹操十几万大军南征的巨大威胁，处于岌岌可危的险境之中，令人费解的是，《隆中对策》对燃眉之急的现实问题只字不提，相反却夸夸其谈，坐而论道，大言“荆州之军，以向宛、洛”“益州之众，出于秦川”，仿佛曹操正在坐等挨打。蜀汉历来没有修史的习惯，更不用说到刘备初见诸葛亮时不会安排现场记录，所谓《隆中对策》很可能是后人为了附会《出师表》中的“三顾茅庐”之说，加工杜撰而成。

第三，他们认为《魏略》应重视。《魏略》中有这样的记载：“刘备屯于樊城，是时曹公方定河北，亮知荆州次当受敌，而刘表性缓，不晓军事。亮乃北行见备，备与亮非旧，又以其年少，以诸生意待之。”《魏略》的作者是三国时魏人鱼豢，该书成书于《三国志》之前，系当代人实录当代史，颇为可信。从请葛亮终身积极进取、奋斗不息的性格看，《魏略》中认为他“登门自见”应属可信。

对“三顾茅庐”的真实性提出质疑是引人注目的，但以上三点理由还不能让人信服。这是因为：

第一，如果认为《出师表》所记的“三顾臣于草庐之中”不可信，那首先就必须有充足理由否认《出师表》是出自诸葛亮之手（迄今为止，只有人怀疑《后出师表》系诸葛亮所写，而对《前出师表》并无异议），或者有理由说明诸葛亮何以要假托此事。事实上，诸葛亮是不可能无中生有的，刘禅虽是庸才，但非呆非傻，岂能容诸葛亮随便杜撰？

第二，以当时没有修史习惯、不会安排现场记录而否定《隆中对策》的真实性也不足为据。如果以这个标准来衡量史书，那就不仅仅《隆中对策》不可信，整个《三国志》也不可信，《史记》的不少篇幅也值得怀疑，就说“鸿门宴”吧，当时有谁在现场记录？

第三，从诸葛亮的为人和抱负看，他是绝不会厚着脸皮登门“自见”的。当时的诸葛亮并非无名之辈，他与当时的名流交往甚密。据《魏略》记载："亮在荆州，以建安初，与颍川石广无、徐元直、汝南孟公威俱游学。"裴注《三国志》时引晋郭仲产《襄阳记》说："刘备访世事于司马德操，德操曰：'儒生俗士岂知时务？识时务者在乎俊杰。此间自有伏龙、凤雏。'备问为谁，曰：'诸葛孔明，庞士元也'。"可见向刘备推荐诸葛亮的并非徐庶一人。这些都说明诸葛亮在当时的影响，诸葛亮虽有抱负，但他一生"谨慎"，他是绝不会轻易事主的。

第四，刘备三顾茅庐是有其特定历史背景的。当时他虽是汉皇同族，但还立足未稳、势单力薄，这时他迫切需要贤能的辅助。因此，当得知有条"卧龙"正待机而出，他怎肯不罗致而来？只要能请到诸葛亮，不要说"三顾"，就是"六顾"，刘备也是可能的（须知，曹操当时也正在搜罗人才，抓徐庶之母，逼徐庶归曹即是一例）。刘备三顾并不是什么低三下四的事，而是一种思贤若渴的表现。诸葛亮也正是吃透了刘备当时的心理，才有意让刘备"三顾"而测其诚否的。

第五，既然《魏略》成书于《三国志》之前，那为什么陈寿不以《魏略》为据呢？我们认为陈寿对《魏略》的记载肯定是了解的，但他不以《魏略》为据，是因为诸葛亮的《出师表》否定了《魏略》之说。尽管《魏略》的作者是当代人，但诸葛亮毕竟是当事人。局外的当代人哪有当事人可靠呢？

综上所述，我们认为否定"三顾茅庐"的真实性还为时过早。

三、关于"不毛"的异议

对《出师表》中"故五月渡泸，深入不毛"之"不毛"的理解，近年来争论颇多，有代表性的观点主要有四：

1. 草木说。这个观点的主要代表是1983年前的全国试用语文课本和郭锡良等编的《古代汉语》（大学教材），这两本教材都明确注"毛"为"草木"。

2. 假借说。许嘉璐不同意"草木说"，他指出："以毛为草木，既不符合事实，于情理上也难讲得通。诸葛亮南征之地，非但不是不生草木，反而是荆棘满山，榛莽遍野。"他认为此处的"毛"字是"苗"的假借，他立论的依据是：（1）段玉裁在《说文》中"虦"字下注："毛苗古同音，苗亦毛，如'不毛之地'是。"（2）毛苗互通的例子，如《说苑·修文》引《春秋传》："苗者，毛也。"《尚书·舜典》有"三苗"，而《山海经》则谓"三苗国……一曰三毛国。"于是，他指出，毛应指庄稼。黄岳洲还从语音的角度分析"毛""苗"假借的可能性，他说："'毛'今读开口呼，'苗'今读齐齿呼，部分齐齿呼的字来自开口呼，古音中随处可见。"

3. 直释说。在通假说几成定论之时，杨本祥提出异议，他认为：(1) 假借的证据不足。"苗""毛"古同音，有假借的可能，但汉语里双声叠韵的字极多，焉知是否偶合？另外，说"苗""毛"假借，实际上只有"苗"假借为"毛"的例子，而无"毛"通"苗"的例子。(2) 不合假借常规。假借有一定的常规，洪诚的《训诂学讲义》中有一段话："甲乙两个字在某些场合通用，但在另一仲场合却绝不通用。"遍查《三国志》《三国演义》及古今有关选本，"不毛"无一例写作"不苗"。(3) 未达假借之旨。假借的最终目的是为了释疑，而"毛""苗"假借后并没有达到释疑的目的。黄岳洲的译文是："深入连桑树和麻的幼苗也不可能生长的地方。"这种翻译只不过是将"草木"具体到"桑树和麻的幼苗"。因此，杨本祥说，"毛""苗"无需假借，"不毛"本身可直接解释为"不长五谷"之意。他还举例说："《公羊传·宣公十二年》：'群如矜此表人，锡（赐）之不毛之地。'何休《公羊解诂》曰：'墝埆不生五谷曰不毛。'另外《辞源》上释'不毛'也有'不生长五谷'的义项，所引恰恰有'故五月渡泸，深入不毛'一例。"

4. 地名说。把"不毛"作为地名，这在《出师表》的研究中是个令人耳目一新的观点。其依据是：(1) 从诸葛亮南征之地的地理环境看，南中并不是不长草木五谷的地方。(2) 缅甸人始终自称为"不毛"，而靠近我国云南傣族、景颇族自治州的缅甸城市"八莫"(Bhamo) 与"不毛"的发音很相近，可能当年诸葛亮"五月渡泸，深入不毛"就是到了八莫 (Bhamo)，大而言之就是到达 Burma (缅甸)。这两处音译都是"不毛"。(3) 从段意和上下文气看，诸葛亮的"五月渡泸，深入不毛"，是为了完成先帝刘备"临崩"托付的"大事"，他亲自率军从成都出发，深入永昌郡。永昌郡在东汉就包括缅甸东北一大部分。为了追"西南夷"中的叛乱蛮王孟获，他们在译音为"不毛"的地方打了最大也是最后一仗迫使孟获就范。有人认为诸葛亮南征只到滇池，这是值得考虑的，因为滇池是蜀郡的正南方，是个小南方，而诸葛亮的目标则是巴蜀根据地以南的大南方。如果把"深入不毛"当作"深入不毛之地"看，不但把诸葛亮南征的丰功伟绩埋没了一大半，而且使读者没法把上下文气贯通地读下去。(4)从全文主旨和“出师”条件看，如果说只“深入滇池”而不“深入不毛”，那么，南方未定，兵甲不足，这是无法出师北伐的。

以上四种观点，“草木说”显然不合情理，“通假说”与“直释说”并没有实质性的区别。杨本祥所引的黄岳洲的译文并不代表“假借说”的观点。因为黄岳洲是把“苗”也解释为“草木”的，而绝大多数“假借说”者是把“苗”解释为“庄稼”的。当然，不把“毛”看作“苗”的通假，也是说得通的。可能也正因为此，现行统编教材在注释时，只注“毛，苗”，而不注“毛，同苗”。

至于“地名说”，王志昆和张斯忠两人都认为不能成立。王志昆对四条理由逐一作了辨析。他认为，第一条理由基本正确；第二条理由仅凭“发音相似”而没有任何史料证明，结论是不可靠的；第三条理由把“滇池地区”看作“小南方”不合史实，因为“安上以南，滇池以北地区几乎占蜀州之二分之一”，将此地称为“小南方”，“似乎过于主观”；第四条理由更不通，定与未定，从来不以大军占领与否为标志，而主要以民心（当然指上层统治者）服与未服为标志。“终亮之世，南方不敢复反”（《南中志》），即说明南方已定。张斯忠则以大量例证说明“不毛”确指“不长五谷的地方”，泛指荒凉的地方。关于这个问题的是非曲直，还有待进一步考证。

《醉翁亭记》研究述评

《醉翁亭记》自问世起，就产生了巨大的影响。据《滁州志》记载：“欧阳公记成，远近争传，疲于摹打。山僧云：寺库有毡，打碑用尽，至取僧室卧毡给用。凡商贾来，亦多求其本，所遇关征，以赠监官，可以免税。”滁州人还于元佑六年（公元1091年），请书法家、大词人苏轼用真、草、行三种字体书写后刻成石碑，滁州琅琊山上的醉翁亭从此闻名天下。《醉翁亭记》自选进中学语文课本后，更引起了广大论者的关注。对该文的研究，近年来有了新的进展。本文拟就其中有争议的几个问题作一综合评述。

一、关于作品主旨的探讨

对《醉翁亭记》主旨的探讨，实际上就是对“太守之乐”的探讨。对这个问题，主要有三种观点：

一是消极说。持这种观点的人认为：“欧阳修的‘乐’，格调低沉，如催眠曲一般，听着这支曲子，只能使正在逆境中奋发者变为棉条，不能给人以力量，是消极的。”这种消极说，在具体阐述上，因侧重点不同又有所分歧。有人认为作者是“寄情山水，有意避免伤感的情调”，“是要以山水之乐排遣他政治上失意的苦闷”。有人又认为作者“仅仅寄情山水还不足以忘怀，还必须借酒浇愁来麻醉自己，从中才能求得一时的解脱”。

二是积极说。吴小如针对“消极说”指出：“这篇文章并不是着意摹绘景物的山水记，它的思想倾向更不消极。如果只看到欧阳修寄情山水，‘得之心而寓之酒’，以为是一篇消闲遣闷之作，那就未免失之浅率，反而把作者真正的创作意图漏过去了。”这种“积极说”，在具体阐述时，也因分析的深浅不同而有别。有人认为作者“以能与民同乐而乐”，廖三端却认为“与民同乐”只是《醉翁亭记》的部分思想内容，而不是全文的主旨。他认为，“山林之乐，乐民之乐，与民同乐，是可以明言的”，而“摆脱保守派监视作梗之乐，看到自己政绩之乐，以自己的政绩取得对迫害者的胜利感、嘲弄感之乐，是不可以明言的”。吴小如还将《醉翁亭记》与《岳阳楼记》作了对比，他指出，范仲淹为好友（也是“同志”）滕子京作《岳阳楼记》，可以站在客观的朋友立场歌颂滕“政通人和，百废俱兴”，从而启示读者滕之贬谪是不应该的，欧阳修“不能自己夸耀治绩，只能换个角度来说”。吴小如特别要读者注意文中这样的几句话：“至于负者歌于途，行者休于树，前者呼，后者应，伛偻提携，往来而不绝者，滁人游也。”他接着分析说：“由于精神上没有官府的威压，经济上不感到负担的沉重，竟也能在繁忙生活中尝到一种乐趣。”治理一个地方而得到这样的结果，这不正是自己的政绩么？这不正好说明自己政治才能的突出和行政措施的合理么？因此，“以之与《岳阳楼记》相比，尽管表现手法有所不同，主题思想却是一致的”。

三是复杂说。此说又有两种观点：一种是把上面的消极说、积极说合二为一。课文编写者在该文的“思考和练习”中就这样说：“课文围绕着‘醉翁亭’描写景物，所抒发的感情是比较复杂的，表现了作者在谪居生活中寄情山水、与民同乐、排遣抑郁的心情。”教参编写者也持此论。“复杂说”的另一种观点是：“作者又把这种滁民之乐归结为北宋王朝‘休养生息，涵煦百年’（《丰乐亭记》）的功德，加以颂扬，不能不说是作者思想上局限性的表现。”因此，持此论者认为：“《醉翁亭记》中抒发的感情是比较复杂的，恐怕也不宜过高评价。”

以上各种观点中究竟哪一种更切合作者本意呢？笔者认为“积极说”的第二种观点较为恰切，这是因为：

首先，“寄情山水，排遣抑郁，借酒浇愁，以求解脱”的消极说与作者的一贯主张是相违的。欧阳修一生仕途坎坷，他因与范仲淹一起主张改革而遭一贬再贬，但他并不因受贬而消沉悲观。他曾说过：“进不为喜，退不为惧。”他还批评有些人“及到贬所，则戚戚怨嗟，有不堪之穷愁形于文字，其心之欢戚无异庸人”，他特别告诫友人“慎勿作戚戚之文”。他甚至在一首诗中批评屈原“可笑灵均楚泽畔，离骚憔悴愁独醒”。他认为“视富贵而不动，处卑困而浩然其心者，真勇也”。一个“处卑困而浩然其心”的人，一个劝别人“慎勿作戚戚之文”的人，又怎会在自己的文章里去“排遣抑郁”，去“借酒浇愁”呢？

其次，“与民同乐”之情为人所共知，人们不会“不知太守之乐其乐”。

侍问樵对这个问题阐述得比较清楚，他先考出“与民同乐”出自《孟子·梁惠王下》篇中的“此无他，与民同乐也”之句，接着又引用唐人张祜的一首《千秋乐》：“八月平时花萼楼，万方同乐奏千秋。倾城人看长竿出，一伎初成妙解愁。”这首诗写的是张祜追记唐玄宗天宝年间皇帝与万民同乐的情景。于是，侍问樵说：“所谓‘与民同乐’这一口头禅在过去早就应是家喻户晓了。当时欧阳修身为滁州太守，他的幕僚自不乏聪明才智之士，如果说他来滁州之后所醉心的‘山水之乐’的确是寄寓着‘与民同乐’的乐趣的话，那为什么这一常识性的问题，在随行的幕僚之中，竟会没有一个人能理解出来呢?”

既然以上的两种观点不合情理，那么，“复杂说”的第一种观点自然就不能成立。而“复杂说”的第二种观点是把《丰乐亭记》中对封建王朝的歌功颂德硬说成是《醉翁亭记》的主题，更不足为据。

“积极说”的第二种观点，透过“与民同乐”的外在情绪，看到了欧阳修的政治之乐。民能乐，是因为治有方。还有什么比用自己的实际政绩来表明自己政见的正确更有力的呢？这无疑是对保守派无言而有力的嘲弄和反击，这种嘲弄和反击之乐恐怕就不是随从的“宾客”们所能理解的了。

二、关于“环滁皆山也”的研究

《醉翁亭记》的首句“环滁皆山也”，历来为论者所重视。关于此句的研究，目前主要有三种观点。

一是简洁说。这个观点最早是由朱熹提出来的。朱熹在《朱子语类大全》中说：“欧公文亦多是修改到妙处。顷有人买他《醉翁亭记》原稿，初说滁州四面有山，凡数十字。末后改定，只曰‘环滁皆山也’五字而已。”朱熹在这里只道其改，而未解其妙。最近，于海洲对此从三个方面作了详细分析：“首先，从全篇的比重看……改定后的首段亦已超过全篇的四分之一，占一百三十五字。倘按初稿首句内容下笔便‘凡数十字’，则必然失之繁冗，头重脚轻。其次，从首段的内容看，首段的重点在于点出‘亭’字，以引起下文对‘乐’的描述……‘山’者，引发下文‘亭’字、‘乐’字者也，不宜详述，点出即可。再次，从改定的五字看……虽然文字少了，但表达作用不减，意思未尝不尽。”

二是失实说。这个问题，早就有人提出，清人何绍基就曾发问："如何陵安多迁变，今日环滁竟少山。"最近有人又到实地进行了考实，也发现"环滁"并非"皆山"，考实者糜华菱是一名滁州居民，他在琅琊山下、醉翁亭畔寓居了二十余年，他"站在滁城高处一看，除西南方向有群山起伏，西北方向有山峦隐现之外，其余方向皆看不到山，所谓'环'只是半环而已"。糜华菱还专门走访了绘制过《滁县地区地图》的工程师王福林，从王福林所提供的该县地图也可看出这一点。

三是夸张说。对此处的失实，有人解释说："此为作者夸饰之词。这夸饰是为后面用一'尤'字说明不仅西南诸峰美，而是环滁皆美也。这就表明了他自己虽处穷荒，却无'弃恶地，处穷险'的感觉，反而有点得其所哉了。"

以上三说，在分析研究时都有所欠缺。"简洁说"只是就文论文，而未求其实；"失实说"仅考其实，而未究作者意；"夸张说"对为何夸张解释不力。要对"环滁皆山也"作出准确的评价，必须弄清欧阳修到底懂不懂环滁并非皆山。如果懂，那他为什么要明知故"写"?

我认为，欧阳修一定是知道环滁并非皆山的。据南宋胡柯《庐陵欧阳文忠公年谱》，欧阳修于宋仁宗庆历五年（1045 年）八月被贬至滁州，十月至郡。庆历六年（1046 年）"公年四十，自号醉翁"。到庆历八年（1048）正月，"徙知扬州"。那么，《醉翁亭记》的写作年代，只能是庆历六年他自号醉翁之后到庆历八年年初离开滁州之前，作为一州之主，《醉翁亭记》又非初来乍到写成，因此，欧阳修是不可能不知道"环滁"并非"皆山"的，他将原稿中的说"滁州四面有山"的"数十字"用"环滁皆山也"一言以蔽之，是以偏概全、避实就虚。那么，历来反对"巧其词以为华，张其言以为大"的欧阳修为什么要写此不实之词呢？这就涉及对《醉翁亭记》第一段的理解。《醉翁亭记》开头采用层层递进的手法，从环滁皆山写到西南诸峰，从西南诸峰写到琅琊山，从琅琊山写到酿泉，再从酿泉写到醉翁亭。这一段写景由大到小，由远而近，层层逼近，最后点题。试想，如果没有"环滁皆山"的大背景，怎么能突出西南诸峰？西南诸峰引不出，那么琅琊山、酿泉、醉翁亭自然也无法层层推出。为了用最经济的笔墨和最集中的镜头，把地理形势准确清晰地勾勒出来，向读者指出自己所要描写的对象居于大背景、大环境中什么位置，使所要突出的重点尽收于读者眼底，欧阳修只得为了不损意境，而留下了失实的一笔。

三、关于几个词语的考实和理解

1. “让泉”并非“酿泉”

《醉翁亭记》中的“泉”，课本上为“酿泉”，而山西人民出版社所出的《古典散文名作赏析》一书则为“让泉”。糜华菱实地考证的结果表明：是“让泉”而非“酿泉”。其证据有二：一是竖立于泉边的石碑上题为“让泉”，二是苏东坡所书的《醉翁亭记》，碑刻上也写作“让泉”（糜华菱同时附近照两张以佐证）。另外，糜华菱还作了辨析：“一是此泉的出现必先于醉翁亭的建立。‘廉泉让水’之说早已有之，在醉翁亭建立之前，人们已将此泉取名‘让泉’倒是很可能的。二是醉翁亭里的碑刻《醉翁亭记》，是苏轼在宋哲元佑六年应当时的滁州知州王君诏之请而书写的。苏轼不仅与欧阳修是同时代人，而且是欧阳修的门生，当不至于将老师原文里的‘酿泉’误写成‘让泉’。”糜华菱给出理由是充足的。为此，建议课本再版时对此作一修正。

2. “云归”

“云归而岩穴暝”中的“云归”，课文注为“烟云聚拢”。龚识对把“归”释为“聚拢”提出异议。他认为，“云归”的“归”应为“回归”。他的理由是：一是古人以为云生于山石，如《礼记》：“天降时雨，山川出云。”又如《尚书·大传》：“五岳皆触石而出云。”二是古代诗文中常常把山石称之为“云根”，如“过桥分野色，移石动云根”（贾岛《题李凝幽居》），“孤驿在重阻，云根掩柴扉”（杜牧《宿层峰驿》），等等。于是，龚识推论说：“既然山是云之根，那么，云飘到山上自然可以称为‘归’了，所以，‘云归’的‘归’仍是回归的意思。”龚识的观点和课文注释者的观点看似有分歧，实质上并不矛盾。龚识侧重于“归”的人格化，而课文注释者侧重于“归”的形态，着眼点不同，结论自然有别。

3. “射”

“射者中”，课文注：“射的射中了靶子。这里指宴饮时的一种游戏，射中的照规定的杯数喝酒。”“射”是一种什么游戏呢？《古文观止》注为“投壶”。教参也是据此翻译的。对此，史良朴发表了不同看法。他认为，“射”不是“投壶”，而是“射覆”。“投壶”即投矢于壶中，出现在春秋时期，盛行于战国，但宋代以后，就逐渐绝迹，代之而起的是“射覆”。“射”是猜测的意思，“覆”是遮盖下的东西。“射覆”就是猜测器物覆盖之物，唐宋以后射覆的形式改为“用相连的字句隐物为谜而使人猜度”（《辞海》语）。猜中了谜底的叫作“射中”，射中的为胜，射不中的为负，并要被罚喝酒。这种猜谜语的游戏不需要像“投壶”那样要有特定的条件，容易决出胜负。因此，史良朴分析说：“《醉翁亭记》这部分又是写作者与众宾客在山野‘宴酣’，此时此地，显然不具备投壶的条件，而且，投壶用语是‘投’，绝不是‘射’。因此，释‘射者中”为‘投壶的投中了’是不够妥帖的。课本注‘射中的照规定的杯数喝酒’更是不合常理，哪里有胜方还被罚喝酒的呢?”史良朴的这一分析，合情合理，不失为一说。

4.“泉香而酒洌”

关于这一句有两种解释：一解为“泉水香甜，酿的酒清洌”，一解为“泉洌酒香甜”的颠倒。

持第一解者认为，关于“泉香”之说古已有之，如《礼记·月令》中有“仲冬之月……水泉必香”，范成大的《四时田园杂兴》中也有“黄尘行客汗如浆，少住侬家漱井香”句。“酒洌”当指好酒，古时一般的酒不清，称“浊醪”，清者难得，为美酒。

持第二解者认为，这种颠倒是为了避免语言呆板单调，故意把可能有的整齐形式加以变化，写成参差不齐的形式，以显出语言的活泼自然来，这是一种“错综”修辞。

陈曙光认为，上面两说，若按“文从字顺”的原则当以第二说为简捷，只是这种任意分割、随便组合的现象，在古汉语中也不多见，严格地说不能算作一种积极的修辞手段。这显然是肯定第一解的，但第一解也有一个至今未能解决的问题，即：泉是不是有香味？恐怕正因为此，第二解才为一些人所接受。究竟哪一解更为合理，还有待于进一步研究。

《一件小事》研究述评

鲁迅的《一件小事》问世不久，就有人否定它，认为《一件小事》是“不能说是小说的，并且即称为随笔都很拙劣”。在20世纪30年代，又有人把《一件小事》列为鲁迅小说中“写得特别坏，坏到不可原谅的地步”的作品。然而，历史是文艺作品最公正的评判者。《一件小事》发表至今已快70年了，时间的流逝并没有磨灭它的思想和艺术的光辉，反而越来越吸引着人们对它的关注和探讨，本文拟就其中几个主要问题的研究作一评述。

一、关于作品的主人公

关于《一件小事》中谁是主人公的问题，早在1954年就开始有了分歧。有人认为是车夫，有人认为是“我”，两种观点至今仍相持不下。

张传宗从作品主题的分析入手指出：“要确定谁是主要人物，主要看是否通过哪个人物来表现主题的主要方面和故事的主要矛盾。在《一件小事》里，主要写车夫，通过车夫的形象来歌颂劳动人民的高贵品质，并且批判了小资产阶级的思想意识。”李何林则进一步明确指出：“这篇小说的主题首先是歌颂劳动人民伟大崇高的精神，其次才是写一个小资产阶级知识分子在车夫的崇高无私的精神感召下，进行了自我解剖，表现出十月革命以后马克思主义对一般进步知识分子的影响。”因此，他也认为主人公应是车夫。陈根生则从情节分析入手，对这个观点作了具体的阐述，他说：“是人力车工人的车把子带倒了老女人才发生了这件事，是人力车工人坚决拒绝‘我’的劝阻充分展开了这件事，是人力车工人毅然主动去承担责任完成了这件事。一句话，人力车工人处于这件事的支配地位，老女人、‘我’、巡警等三人都围绕着他出现而活动。‘我’的思想感情的转变并不是什么‘作品情节主干’，而恰恰正是人力车工人高贵品质逐渐显露、放射光辉的过程。”

认为作品主人公是“我”的人也是从主题和情节入手来分析的。姚健说："《一件小事》通过'我'的思想感情的发展变化，提出了知识分子必须向劳动人民学习的重大问题，显然，《一件小事》的主题是通过知识分子的形象来体现的。所以《一件小事》的主要人物应该是'我'而不是车夫。"沅湘则从情节分析得出结论："小说的矛盾冲突是以'我'的思想发展为线索展开的，作者的着眼点主要在'我'的身上。车夫作为'我'的思想转变的促进力量，在作品中的地位当然是很重要的，但从作品的构思来看，显然是为了描写'我'而存在。"

纵观两种观点的争论，我们发现了一个有趣的现象，同一个问题，同样的分析方法（即都从主题和情节入手），却得出了不同的结论。这就迫使我们不得不从其他角度对此进行辨析。

首先，我们回顾一下鲁迅写作《一件小事》的前后情况。

这篇小说发表在1919年12月1日出版的《晨报·周年纪念增刊》上，此时马克思主义已经在中国广泛传播，俄国工人阶级取得了十月革命的伟大胜利，这给中国人民带来了巨大的鼓舞。北京爆发了五四运动，以后中国工人阶级又作为觉悟的独立的政治力量登上了政治舞台，当时风行一时的"劳工神圣"的口号在一定程度上反映了中国知识分子对工人阶级的新认识。这个时代背景，为鲁迅在作品中塑造中国工人阶级的崇高形象提供了极为重要的现实根据。

其次，从当时的文坛看，"五四"前后出现了一股写"人力车夫热"，其中，诗有胡适与沈尹默的《人力车夫》、刘半农的《车毯》，小说有汪敬熙的《雪夜》、郁达夫的《薄奠》，短剧有陈绵的《人力车夫》，这些作品的主角都是人力车夫，但大都未能摆脱资产阶级人道主义的思想范畴，只是以一种恩赐的观点来表现对人力车夫的同情和怜悯。鲁迅《一件小事》的问世，显然是受了文坛上这股"人力车夫热"的影响，但他却开拓出新的境界。当时有一位文学青年在拜访鲁迅时，曾批评眼下车夫、乞丐络绎不绝做了小说的主角，认为应该变换题材了。鲁迅却决然说："但是还可以写。"这使青年感到诧异，当这个青年后来看到鲁迅的《一件小事》，才恍然认识到同一题材经过不同作者的手便大有高下之分。鲁迅的过人之处就在于人力车夫由被人同情和怜悯而变成受人尊敬和赞美。所以我们认为鲁迅写作时，是努力把人力车夫作为主角去塑造的。小说主题的首要之点是歌颂劳动人民的高尚品质。也正因为此，鲁迅这篇小说才在社会上引起了一些人的惊惧不安。鲁迅在

1927年的一次演讲里说："几年前有一位中国大学教授，他很奇怪，为什么有人要描写一个车夫的事情。"鲁迅还在另一篇文章里说："北京有一班文人，顶看不起描写社会的文学家，他们想，小说里面连车夫的生活都可以写进去，岂不把小说应该写才子佳人一首诗生爱情的定律都打破了吗?"如果鲁迅是以"我"这样的"才子"作为主人公，那是绝不会让有些人"奇怪"并"看不起"的。

不可否认，"我"在作品中确实是个重要人物，而且是一个全新的勇于自我解剖的知识分子的形象。但是"我"只是依附于"人力车夫"而存在，没有人力车夫的高尚之举，何来"我"的自责反省？而"我"的渺小又反衬了车夫的高尚。这样的对比，其反差确实令人震惊、令人深思：一向被视为"卑贱者"的车夫却有那么高尚的品质，而一向被视为"高贵者"的知识分子的灵魂深处竟是如此的渺小，这正是小说的振聋发聩之处。如果不以车夫为主人公，小说的思想冲击力怎会这样强烈?

综上所述，《一件小事》的主人公应是"车夫"而不是"我"。

二、关于"我"的形象

"我"是不是鲁迅？一种意见认为"我"有别于鲁迅。李何林打比方说："鲁迅和小说中'我'的关系如同曹雪芹和贾宝玉、曹雪芹的家庭历史和《红楼梦》的关系一样：一个是生活素材，一个是艺术的加工和创造。"他分析道："鲁迅当时住在宣武门外'山邑会馆'（即绍兴会馆），上班地点是教育部（在宣武门内），由南向北走，顶着大北风，过顺治门（即S门）。这些都像鲁迅，小说中'我'的自我解剖、立志自新，也很像鲁迅。但是鲁迅比'我'又高大得多，鲁迅那时彻底的革命民主主义思想和对劳动人民的关心与热爱远远超出了作品中'我'的思想境界。"

另一种观点则认为"我"等同于鲁迅，早在1955年，冯雪峰就在《语文学习》第1期亮出了这个观点。近年来，有人又进一步阐述了这个观点。张硕城分析说："首先，在这篇小说中，'我'的身份、经历以至日常生活细节，与作者竟完全一致；其次，从'我'所反映出的思想水平来看，'我'在对待老太太跌倒这件事上表现出一种冷漠自私，但并不代表'我'的主要思想方面；再者，拿《一件小事》同鲁迅其他第一人称小说比较，真实感显得特别强。”等同论者还常常引用鲁迅的学生和友人孙席珍先生的一段回忆作为有力的佐证。孙席珍先生回忆他一次听鲁迅在北京大学课堂上给学生讲短篇小说时说：“我写《一件小事》是真的遇见了那件事，当时没想到一个微不足道的洋车夫，竟有那样崇高的品德，他确实使我受了深刻的教育，才写那篇东西的。”

尽管等同论者言之凿凿，但我们还是倾向于第一种观点，这是因为：

第一，在《鲁迅日记》里我们可以看到，从 1912 年 5 月 5 日抵北京，到 1919 年写作《一件小事》这个期间，曾记载着鲁迅和人力车夫的几次接触。1912 年 8 月 7 日：“午归寓途中车仆堕地，左手右膝微伤。”1913 年 2 月 8 日：“上午赴部，车夫误辗地上所置橡皮水管，似巡警者及常眼者三数人，实来乱击之，季世人胜，都如野狗，可叹!”1915 年 5 月 21 日：“车夫衣敝，与一元。”1916 年 5 月 17 日：“下午自部归，券夹落车中，车夫以还。”

我们知道，鲁迅在日记里是很少记述生活中具体的见闻的，然而几个普通人力车夫的遭遇，却在他的日记里留下十分珍贵的几笔，可见他们给鲁迅的印象是极其深刻的。然而令人不解的是，如果《一件小事》所记确属实事，那《鲁迅日记》中为什么一字未提？当然，鲁迅并不是什么事都记入日记的，我们也不能以是否记入日记而确认是否是实事，但比较而言，那四则日记中所记之事，其意义是不及《一件小事》的，鲁迅为什么会舍其重而留其轻呢？

第二，从鲁迅当时的思想看，鲁迅与文中的“我”都有着无情解剖自己的精神，但正如李何林所指出的：“他对待《一件小事》小跌倒路旁的穷苦的老妇人，绝不会像‘我’那样漠不关心、无动于衷，甚至还出于自私的考虑而对她感到‘憎恶’。”余时曾撰文谈到这样一件事：“一天，周建人领着女儿到鲁迅家去，在离先生家门口不远，一位人力车夫正两手捧着因踩着碎玻璃碴而流血的脚，坐在地上呻吟着，鲁迅知道了，就同周建人一起拿着药品、钳子和纱布来到车夫跟前，细心地把车夫脚底的碎玻璃片用钳子夹出来，又用硼酸水把伤口洗干净，敷上了药，扎好了绷带，扶他站了起来。”这是何等的细心？鲁迅对劳动人民的关心由此可见一斑。他这样的人，怎会对跌倒的老女人那样冷漠无情呢？

第三，从小说塑造人物的方法看，鲁迅在谈小说创作时说：“所写的事迹，大抵有一点见过或听到过的缘由，但决不全用这事实，只是采取一端，加以改造或生发开去，到足以几乎完全发表我的意思为止。”“模特儿不用一个一定的人，看得多了，凑合起来。”对《一件小事》中“我”和车夫的塑造，鲁迅就是用的这种手法。实际上生活中的鲁迅没有“我”那样自私冷漠，生活中的车夫与小说中的“车夫”也有距离，鲁迅为了“足以几乎完全发表”自己的意思，就把生活中的原型向各自的思想倾向“生发”了一步，使对比更为鲜明。经过这样的艺术加工后的“我”自然就不能等同于鲁迅了。

至于孙席珍先生的那段回忆，我们不想否定，但也不能完全肯定，因为我们至今还没有看到第二个人的类似的回忆（当时听鲁迅课的人又何止孙先生一人呢），因此，孙席珍先生的回忆还只是孤证，而孤证的可信度是要打折扣的。

三、关于“我”的“坏脾气”

《一件小事》中有两处写到“我”的“坏脾气”，其一所谓国家大事，“便只是增长了我的坏脾气”；其二是一件小事“将我从坏脾气里拖开”。关于这两处的“坏脾气”，有人认为是反语，有人却认为是正话。

我们认为要正确理解“坏脾气”，其关键是弄清楚什么是“坏脾气”。小说对此明确指出，“坏脾气”“便是教我一天比一天的看不起人”，理解这句话的关键又是一个“人”字。何家槐说：“所谓看不起的人，指的是当时的统治阶级和它的爪牙，不是广大的人民，更不是劳动人民。”李何林也说：“‘我’看不起的，并非劳动人民，而是那些勾结帝国主义，专干卖国害民的坏事，把中国弄得越来越不像样子的军阀、政客、卖国贼。”我们认为这种观点是有违鲁迅原意的。

首先，从鲁迅当时的思想认识看，鲁迅还不是一个阶级论者，对于当时的黑暗政治、社会上的守旧势力和人民的落后方面的状况，他还不能采取历史唯物主义的分析。他当时的思想是很矛盾的：一方面他抱着从他青年时代以来的改造社会的意志，坚持着对人民革命和社会进步的信心和希望，一方面却又常常怀疑、失望和悲观。文中“我”的“坏脾气”实际上就是鲁迅由失望而来的对社会的怀疑及悲观看法的折射。他把一切丑恶落后的现象都笼而统之归之于“国民的劣根性”，从而增长了“看不起人”的思想，所以才是坏脾气，所以才应该改变。由此可见，这里的“人”当指社会上的一切人，当然也包括劳动人民。

其次，从上下文的关系看，产生“坏脾气”的是“所谓的国家大事”，而“将我从坏脾气里拖开”的是“一件小事”。如果把“坏脾气”看成反语，那就等于完全否定了“一件小事”的积极意义。从文中“我”对车夫的认识看，“我”的“坏脾气”也包括看不起车夫这样的人。没有过去的“看不起”，怎会有今天这“异样的感觉”?

因此，我们认为小说对“坏脾气”是完全否定的，根本不是什么反语。

四、关于“老女人”

“老女人”是《一件小事》中的次要人物，但又是一个不可缺少的人物，事情就是由她的跌倒引起的。“老女人”是怎么会倒地的，文中的“我”认为是“装腔作势”。有人于是据此认为“在当时这类事情的确常有，特别是老太婆，这样的来寻事讹钱”，不少教师在教学中也是这样分析的。我们认为文中的“我”开始把“老女人”的摔倒看作“装腔作势”是可以理解的，因为“我”的“坏脾气”决定了“我”这样看人，但是作为读者这样看“老女人”就不妥了。

第一，从老女人的跌倒原因看，她“花白头发”，可见年纪之大，这就使她难以应付突然事变；“衣服破烂”，可见生活贫困之极。她“从马路边上突然向车前横截过来”，这并非故意，而是心事紧迫，否则，一个老女人也不会那么早就出外奔忙。而她跌倒的直接原因是没有上扣的破棉背心“拖着车把”，倘若是个年青人，尚不至于倒下，可她年老、体衰，饥寒交迫，而此刻的车夫又比先前“跑得更快”，所以她“慢慢地倒了”，实在情理之中。

第二，从老女人倒下后的表现看，她并没有埋怨和责怪车夫，只是说了句“我摔坏了”，丝毫没有讹车夫之意。如果“老女人”没有摔坏，车夫是绝不会“毫不踌躇”搀着她的胳膊去巡警分驻所的。

第三，从作品的主题看，如果事实真如“我”所揣想的，那岂不证明车夫头脑简单、愚笨可欺？还有什么高尚可言？另外，假使老女人真是要要赖讹人，那“我”“看不起人”的坏脾气又有什么可指责的呢？“我”还有什么自我解剖的必要呢？

因此，对“老女人”这一次要的艺术形象的理解，直接涉及对作品主题的认识和对两个主要人物的评价，在教学中绝不能忽视或误解。

《从百草园到三味书屋》主题辨析

《从百草园到三味书屋》自从在《莽原》半月刊第19期问世以后，很快就被选作中小学“国文”教材，并且至今仍为广大中学生所喜爱。虽然该文成为中学语文教材的时间很长，但对该文主题的理解却至今未取得一致的意见。本文拟就这个问题作一辨析，以期引起进一步的争鸣。

关于该文的主题有两个具有代表性的观点：

其一，有人认为，该文通过“百草园”的无限乐趣与“三味书屋”的枯燥、死板、沉闷、无味生活的对比，有力地批判了束缚儿童志趣的封建教育。

其二，有人认为，该文通过回忆儿童时生活的乐趣，反衬当时社会现实的黑暗污浊和“全无希望”，从而把斗争锋芒指向这黑暗现实的制造者。

这两种观点至今一直相持不下。课文编写者与教参编写者都持第一种观点，广大中学语文教师大多也是据此上课的，然而第二种观点在学术界颇占上风。要对这两种观点作出评断，似乎有必要先弄清如下三个问题：

第一，文章前后两部分是对比关系还是一以贯之？

这个问题是主题分歧的关键。文章的前半部分是写在百草园中的玩耍之乐，这是大家公认的。关于后半部分三味书屋的生活，持第一种观点的人认为，三味书屋的生活是枯燥的、刻板的、沉闷的、无味的。他们举例说，学生不能提问，到后园去玩，先生便大声唤回来，还有戒尺吓人。我们认为仅以此就把三味书屋的生活说成是枯燥、沉闷的，并由此就得出文章是批判束缚儿童志趣的封建教育的结论，还欠说服力。“学生不能提问”是因为学生问的是“怪哉”“这虫是怎么一回事”的问题，这样的问题在寿老先生看来是没有什么价值的。如果学生问的是关于经书方面的问题，恐怕就不会遭此冷遇了。“到后园去玩，先生便大声唤回来”在学校是极正常的，现在的老师难道就允许学生无休止地玩耍吗？至于“戒尺吓人”，文中明明说了“他有一条戒尺，但是不常用”。相反，我们在后半部分看到的更多的还是盎然的童趣，如在三味书屋后面的园子里折腊梅花、寻蝉蜕、捉苍蝇、喂蚂蚁，在书屋里“大家放开喉咙读一阵书”，“然后静下去听先生朗读”，在先生读书入神时，用纸糊盔甲、画画，这样的生活有什么枯燥无味呢？因此，我们可以说文章前后两部分的情调是一致的。

第二，鲁迅先生对当年的读书和他的先生是何态度？

如果说鲁迅要借三味书屋的生活来批判封建教育，那么，他当年对读书一定是厌倦的，然而，事实正相反，鲁迅当年是一个非常好学的学生。有两事为证：其一是，一次鲁迅因事迟到，寿老先生批评了他，鲁迅虚心接受了批评，并当即在自己的书桌上刻了一个“早”字，从此以后，鲁迅再也没有迟到过。1956 年，许广平到绍兴参观三味书屋，在书屋的东北角还找到了那张刻有“早”字的书桌。其二是，平时背书，一些学生都想混过关，所以背书时都让下面的同学大声朗读，好让老师听不清楚，而鲁迅背书时，同学们知道他平时很用功，根本无需掩饰，所以都静静地听他流利无阻地背诵。这两个例子表明了鲁迅对三味书屋的学习生活的怀念之情。据周作人回忆，三味书屋跟其他私塾相比确实开明得多。

厌倦读书，对管教极严的老师定会产生不满。关于寿镜吾老先生，我们在文中没有看到鲁迅对他的讽贬，有的只是“和蔼”“方正”“质朴”“博学”这些赞词。鲁迅成名以后，对寿老先生仍很尊敬。鲁迅在北京工作期间，两次回乡省亲，都去看望寿老先生，寿老先生的夫人病逝，鲁迅即“以呢幛子一送洙邻（寿老先生之子）寓”。寿老先生逝世后，鲁迅仍和他的家属保持联系。可见寿老先生当年留给鲁迅的印象是不坏的，这也就决定了鲁迅不可能在文章中去讥讽挖苦自己的老师。

第三，鲁迅的写作动因是什么？

鲁迅这篇文章写于 1926 年 9 月 18 日。这年 9 月初，由于北洋军阀政府的迫害，他愤然离京，来到厦门，本来他是想与创造社合作干一番事业的，但到厦门后的现状使他大为失望。创造社的同仁大都参加北伐去了，他因此失却了战友，而“现代评论派”的势力也从北京移向了厦门，并且在那里不断膨胀。他们工于心计，讨好上司，散布流言飞语，暗中攻击鲁迅，而当局则“正与此辈气味相投”。这种周围“死海一样”的环境，使鲁迅感到孤独，更感到极大的苦闷和愤慨。生活中无乐趣可寻，那就到“记忆中去抄”吧，这样也许能稍微慰藉一下自己那颗孤寂、苦闷的心。我们认为，这才是鲁迅当时写作这篇文章的真正动因，当然，在客观上也反映了当时社会现实的黑暗。

综上所述，我们可以说，关于该文主题的第二种观点是较合实际的，但是，它回避了鲁迅以童年之乐慰藉当时之孤的创作动因，这是需要指出的。

插叙美女蛇故事作用辨

鲁迅先生在著名散文《从百草园到三味书屋》中插叙了一个“美女蛇”的故事，关于插叙这个故事的作用，历来众说纷纭。归纳一下，主要有五种观点，这五种观点又分属两类。

一、揭露说

持揭露说的有三种观点：

1. 意在揭露封建迷信教育对儿童的毒害。其理由有三：从故事的性质看，这是个属于迷信的、荒诞不经的妖怪故事；从讲述者的思想状况看，据《阿长与山海经》记载，长妈妈曾经对鲁迅讲过一些具有迷信色彩的习俗、规矩，也讲过一些教诫性的怪异故事，而美女蛇故事则是其中之一，鲁迅当时的态度是“反感”的；从听故事者的心理反应来看，是“把天真活泼的儿童吓得拘谨、胆怯”，“这个故事只可使人‘愁’，而不使人‘乐’”。①

2. 意在揭露当时学校（私塾）的封建教育。持此论者认为，鲁迅插叙长妈妈讲“美女蛇”的故事，是为了与三味书屋的读书生活作对比，从而批判封建教育。②

3. 意在揭露封建家教的“精神的虐杀”。持此论者认为，长妈妈是听从主人的嘱托，要把鲁迅培养成循规蹈矩、驯良听话的“好孩子”，而用迷信故事来进行恐吓的。③

二、影射说

持影射说者有两种观点：

---

① 汤苏民．谈谈插叙“美女蛇”故事的作用［J］．语文教学，1980，（5）．

② 周葱秀．关于“美女蛇”故事的探讨［J］．语文教学，1981，（7）．

③ 涂元济．读《从百草园到三味书屋》札记两则［J］．福建师大学报，1980，（2）．

1. 用来刺一下现代评论派。这是张毕来等人的观点，他们认为美女蛇和现代评论派都是有“人首”，都经过一番乔装打扮，用漂亮的脸型去迷惑人，都叫人的名字，都要在黑暗中吃“人的肉”。

2. 用来喻反动军阀走狗。持此论者引用了郑振铎的一段回忆：“越到后来，我的活动越困难，北大、高师都无法开会了，只好到东城根的‘汇文’去开。开的时候，老在夜间，悄悄地个别溜进去开会，散了会之后，也一个个的悄悄地溜出去。军阀的走狗们变得更狡猾了。说不定就埋伏在附近，叫一声你的名字，如果回头一答应，就会被他们捉去。他们以这样的方式，已经捉了好几个人”。有人据此推论：“对此，鲁迅不会不知道的吧。虽然我们还不能证明鲁迅写美女蛇故事就是据上述事实，但也未必就是牵强附会。”

以上五种观点，究竟哪一种观点能代表鲁迅的本意呢？我认为，“揭露说”的第一种观点把“美女蛇”这样一个神话抑或寓言说成“迷信故事”是一种误解。迷信给人以麻醉之感，神话寓言则给人以教益。“美女蛇”的故事告诫人们要谨防伪装的恶人，这怎么成了迷信故事？另外，鲁迅对这样的故事并无“反感”，童年的鲁迅是很喜欢听故事的。据《阿长与山海经》记载，鲁迅当年曾称《山海经》这部怪异的书为“最为心爱的宝书”。至于说“这个故事只可使人‘愁’，而不使人‘乐’”更有违文意，鲁迅在文中明确写到：“这故事很使我觉得做人之险。”这是鲁迅对这故事的积极意义所作的结论，我认为这也是一种“乐”，是接受教益之“乐”。

“揭露说”的第二种观点，源于把该文主题看作批判封建教育的观点。我认为这篇文章的主题并不在此。在三味书屋的读书生活虽不及在百草园里自由自在，但也不乏趣味，如在后花园里可以折腊梅花、寻蝉蜕、捉苍蝇、喂蚂蚁，在书屋里“大家放开喉咙读一阵书”，“然后静下去听先生朗读”，在先生读书入神时，用纸糊盔甲、画画，至于“到后园去玩，先生便大声唤回来”，这无可指责，即使是现在的老师也是不允许学生贪玩的。鲁迅这篇文章写于 1926 年 9 月 18 日，这年 9 月初，由于北洋军阀政府的迫害，他愤然离京，来到厦门。鲁迅写这篇散文的目的就在于以童年的乐趣来反衬当时的孤和闷，这也正是文章的主题所在。既然文章的主题不在批判封建教育，那么揭露说的第二种观点自然是站不住脚的。

“揭露说”的第三种观点，把用生动易懂的故事教育孩子看作是封建家教的“精神虐杀”，实在是令人难以接受的。

关于“影射说”的两种观点，我认为论据不足。不可否认，在《朝花夕拾》中，鲁迅是时常以锐利的笔锋捎带刺一下现代评论派的，但我们不能用这一特点代替每篇文章的具体分析。在《从百草园到三味书屋》中我们找不到任何根据和暗示，可以推论出“美女蛇”就是“现代评论派”。至于把“美女蛇”说成是“反动军阀走狗”就更牵强附会了，即使郑振铎的那段话是鲁迅所说，我们也难以作出这样大胆的推想。何况鲁迅在文中说了：“叫我名字的陌生声音自然是常有的，然而都不是美女蛇。”

我认为鲁迅在文中插叙“美女蛇”的故事，既没有揭露什么，也没有影射什么，它是散文中宕开的一笔，其作用是避免了行义的拘谨。鲁迅先生曾对看过散文集《朝花夕拾》初稿的文学青年们指导说：“要锻炼着撒开手，只要抓紧辔头，就不必怕放野马，过于拘谨，要防止走上小摆设的绝路。”美女蛇的故事正是“撒开手”写的一笔，但它又与“辔头”——“百草园”密切相关：想起这个故事是“因为相信这园里有一条很大的赤练蛇”，由蛇引出美女蛇的故事，极为自然。故事叙述结束又回应一句“走到百草园的草丛旁边时，也常常这样想”，使宕开的一笔又收了回来。文章多了这一笔，情趣就不同，它使百草园增添了一层神奇的童话色彩，表现了一种特别的童趣，这与全文的格调是一致的。

也许有人要问：既然写故事是为了避免行文拘谨，那哪个故事不行，为什么偏偏选择美女蛇的故事呢？我认为，这除了因赤练蛇而引出美女蛇的故事外，恐怕还有这样三个方面的原因：

其一，这个故事情节曲折离奇，勾起过童年鲁迅的好奇心。

其二，这个故事中“美女蛇”的形象十分怪异——人首蛇身，引起过童年鲁迅的恐惧感。

其三，这个故事能给人以教训，并使童年的鲁迅“觉得做人之险”。

这个故事经过时间的淘洗，仍留存于鲁迅脑中，足见印象之深。因而在回忆童年时，选择这个印象较深的故事插于其间，也就不足为奇了。

“三味书屋”之“三味”含义辨

《从百草园到三味书屋》是鲁迅怀念儿时生活的一篇散文。文中所谈到的“三味书屋”原为“三余书屋”，这四个字原为杭人梁同书写。考“三余”取义，《三国志》裴松之注，引董遇言：“为学当以三余，冬者岁之余，夜者日之余，阴雨者时之余。”后来，鲁迅的先生寿镜吾的祖父改“余”为“味”，于是，“三余书屋”成了“三味书屋”。关于“三味”的含义历来说法不一，概括起来主要有三种：

1. 书味、梅味、桂味。

2. 再三体味。

3. 读经味如稻粱，读史文如肴馔，读诸子百家味如醯醢（即醋酱，代指调味品）。

第一种观点是因三味书屋后园中有梅树和桂树而推出，似嫌牵强。后园中除了这两种树，就没有其他草木了吗？肯定有，那又岂止是“三味”？再说把“梅”“桂”和“书”并列在一起，也有些不伦不类。

第二种观点虽直截了当、通俗易懂，但太现代化了点。古人总讲究出典，无典之名怎显风雅？另外，从私塾的教学看，“再三体味”也并非当时所强调。

我们认为第三种观点较合乎原意，其理由有三：

1. 这个观点为寿镜吾之子寿洙邻所提出，因为他的特殊身份，使他的观点具有一定的权威性。

2. 这个观点有典可寻。唐弢在他的《鲁迅的故事》中谈到“三味”的出典，原来这个典故出在宋朝李淑的《邯郸书目》里，书中云：“诗书，味之太羹，史为折俎，子为醯醢，是谓三味。”太羹、折俎、醯醢是古代三种不同的肉食。第三种观点与此稍有差异，但基本意思相同。

3. 过去的私塾是以读经、史、子为主要内容的，那么，称这样的书屋为“三味书屋”是恰如其分的。

《小麻雀》评析综述及我见

老舍先生发表于20世纪30年代的散文《小麻雀》，自1983年被选为中学教材以后，各家语文刊物相继发表了一批分析文章。由于见仁见智，大家对课文的理解也不尽一致，有些甚至大相径庭。究竟孰是孰非，现将各家对几个主要问题的意见作一综合评述，并结合作家的生平和思想，谈谈个人的一点见解。

一、作者"怒其不争"吗

"我"对小麻雀哀其不幸，深表同情，这几乎是众口一词。但有人又更进一步分析道："作者的心情是复杂的：同情兼不满，既哀又怒。"又从"它不预备反抗了，可是并非全无勇气，因为它敢在猫的面前一动也不动呢"这句话，推断出"作者流露出的是对小麻雀的怒，怒其不争"，因为小麻雀"有勇气却不反抗"。有人对此持不同观点，认为这是"以自己的心思去揣摩作者的意图。难道一只小麻雀在猫的嘴中还能有反抗的余地吗"。我同意后一种意见，理由是：

其一，从小麻雀的表现看，它并非一任听从命运的摆布，它也曾尽力作过抗争，尽管这是"小麻雀式"的抗争。譬如，在"它的右翅也许是被养着它的或是别个孩子扯坏"之后，它敢于逃出樊笼，争取自由的生活，这不是抗争是什么呢，另外，"它敢在猫的面前一动也不动"，这不也是一种抗争的表示吗？试想，一个即将被执行的死囚，怎样在他的刽子手面前表现出他的勇气呢？充其量也只能做到"一动也不动"。那么，一只受伤的小麻雀敢在猫的面前一动也不动，就已经是够伟大的壮举了，这怎么能说它没有抗争呢？

其二，从作者当时的思想看，也绝无怒其不争的意思。鲁迅先生说过："我总以为倘要论文，最好是顾及全篇，并且顾及作者全人，以及他所处的社会状态，这才较为确凿。要不然，是很容易近乎说梦的。”分析老舍的作品也必须这样。老舍当时是什么意思呢？有人曾写信请教过老舍夫人胡絜青同志，她回信说，老舍当时也只是“见情景生出无限怜惜小生物的心境”。另外，从老舍的自述中我们可得出更明确的结论。老舍在新中国成立后回顾自己的创作道路时说：“我有小资产阶级的正义感，正因为那是小资产阶级的正义感，我可是不敢革命，于是我笔下的受压迫的人也不敢革命。我只写出我对他们的同情，而不敢也不能给他们指出出路。”一个自己都不敢革命的人，竟去责怪他人不抗争，这就太过分了。何况，小麻雀也并非没有抗争啊。

由此可见，作者对小麻雀只有哀其不幸之情，而无怒其不争之意。

二、猫是强权的象征吗

猫在本文中是个什么样的形象呢？有人把猫看作强权的代表，说：“在猫的强权统治下，那社会是多么的冷酷、多么的黑暗。”猫真是一个强权的象征吗？

请看文中关于猫的介绍描写：“那小猫出世才有四个来月，还没捉住过大老鼠，大概还不曾学会杀生。”它很胆小，当小麻雀从烟筒里忽然出来时，“猫倒像吓了一跳，往后躲了躲”，最后，它也没有扑向小鸟，“只拿它的小脚碰碰它”。这样的猫哪里有一丝“强权”的威势呢？把它当作“强权”，实在是委屈它了。

如果允许我们联想的话，“小白猫”的形象倒使我们想起鲁迅笔下的咸亨酒店里的那些取笑和嘲弄孔乙己的短衣酒客们。他们本身就是受剥削、受压迫的弱者，但是，他们还要嘲弄备受封建科举制度毒害、比他们更可怜的孔乙己。鲁迅把这看成是“一般社会对于苦人的凉薄”。可以说，小白猫也不过是个弱者，它被“我”轻轻一抓，就被赶到门外，它并不想吃小麻雀，它“只是把小鸟衔来玩玩罢了”，最后也“只拿它的小脚碰碰它”。它对小麻雀的玩弄，实际上也是弱小者对更弱小者的玩弄，类似的现象在当时的社会并不少见，这是小麻雀更值得同情之处。在某种程度上，猫的形象又加深了作品的思想内涵。

三、小麻雀死了还是活着

这个问题，众说纷纭，归纳起来，大致有四种。

一种认为，两种可能性都有。

一种认为，小麻雀已经咽了气。

一种认为，小麻雀是会活下去的。

一种认为，小麻雀后来是死是活无关紧要。

我们认为第一种模棱两可，等于没说；第二种是只抓住篇末一句话得出的结论，论据不足；第四种属有意回避；第三种较切合文意，可惜论者未能作出令人信服的论述。下面，我们试作分析：

第一，小麻雀虽然两次受伤，但都不在致命处。被人扯坏的左翅只有“一根”长翎“似乎要脱落下来”，被猫擒住后，它也“没有受了多大的伤”，只是“胸口上落了点毛”，这就在生理上存在活下去的可能。

第二，联系上文，最后一句“身子长出来一些，头挂得更低”并不是临死的征兆，而是相对于被猫擒住后“身子卷做一团，非常的矮。头低着，小嘴碰着地”而言的。“我”赶走了猫，救了它，可它还没有从对猫的恐惧中苏醒过来，眼睛“愣了半天”，当它一旦从昏迷麻木中惊醒过来后，立即警惕地“把头向左右歪一歪”，审视起环境，当确信周围不存在危险时，又“用它的黑眼睛瞟了我一眼”。这是感激和信任的一“瞟”，“我”在小麻雀的眼中，再也不是“既想亲近又不敢完全信任”的人了。到此，小麻雀惊惧紧张的心理才彻底放松了。精神的放松自然导致体形的舒展，于是，原来因紧张而“卷做一团”的身子现在“长出来一些”，“低着”的头也“更低”了一些。

第三，无论是开始揣测小麻雀那种“爱人，又不完全信任人”的“进退为难”的心理，还是后来猜想小麻雀那“求生与求死的心情”，“我”依据的都是小麻雀本身的形态和神态，特别是眼神，丝毫没有主观的随想。

那么，如果小麻雀最后死了，“我”仅凭“身子长出来一些，头挂得更低”的形态，是推断不出小麻雀“似乎明白了一点什么”的，因为客体与主体、形象与思维之间缺乏这样的推想依据。

第四，同情心和责任感也驱使作者不愿让弱小者——小麻雀就这么悲惨地死去。老舍先生曾饱含深情地说："我自己是寒苦出身，所以对苦人有很深的同情。"在本文中，作者的这种"很深的同情"已上升为一种责任感，"我"捧着受伤的小麻雀，"好像世界上一切的生命都在我掌中似的"，因此，"我"也是会想办法让它活下去的。

综上所述，我们可以较为充分地肯定：小麻雀活下去了。

四、小麻雀到底明白了什么

小麻雀到底明白了什么呢？目前有三种代表观点：

有人认为："小麻雀最后明白了的，只能是这样一个人生的哲理：环境是冷酷的，要使自己生存下去，只有依靠自己的力量去抗争。"

有人认为："作者在'明白了什么'之前加上'似乎"二字。从这个含糊的字眼，再联系老舍先生当时矛盾的思想状况，我们只能作出这样的解释：小麻雀是不可能'明白一点什么'的。"

有人认为："它可能明白了，世上既有扯坏它翅膀的人，有擒住并咬伤它的猫，也有设法救护它的善良者。"

这三种观点哪一种是小麻雀"似乎明白"了的那一点呢？

我们认为，第一种纯粹是穿凿附会。因为小麻雀两次脱险于猫口都不是自己抗争的结果，一次靠的是侥幸——猫还"不曾学会杀生"，一次靠的是"我"的帮助，那么它从哪儿获得这样的"人生哲理"呢？这样的先进思想，不要说小麻雀不可能明白，就连当时的作者也不具备，老舍就曾很坦率地说过："思想上，我没有积极的主张和建议。"

第二种观点的问题出在对"似乎"这个词的理解上。"似乎"并不是个"含糊的字眼"，而是表示揣度语气的字眼，老舍这篇文章不是拟人化的童话，文中有第一人称"我"出场，因此，"我"对小麻雀受伤原因的猜测和心理状况的分析用的都是揣度语气，像"也许""大概""似乎"这些词都准确地表达了这个揣度语气，把"似乎"当作含糊字眼，并据此认为小麻雀什么也没有明白，是欠说服力的。

相比之下，第三种观点较为切合作品实际。因为在"我"刚见到小麻雀时，它流露出来的是"要亲近我又不敢完全信任我的神气"，当"我"帮助它赶走了猫后，它改变了对"我"的看法，用它的黑眼睛向"我"瞟了一眼，这一“瞟”是小麻雀向“我”传来的感激的信息。“我”的同情使它产生安全感和信任感。于是，它的紧张心情终于平息下来，卷着的身子也舒展开来——“身子长出来一些”。这时，它似乎明白了：危险已经过去，人也有可信任、可亲近的。这也是作者希望它明白的，作者从它的明白中也许能得到一点宽慰——我同情弱小者，弱小者也会理解我、感激我的。用这种观点去争取人们对弱小者的同情，那个年代是颇能奏效的。当然，这种施恩望报的思想也正是当时作为小资产阶级作家的老舍暴露出来的局限性。

以上四个问题的探讨，仅是笔者的一孔之见，不很成熟。这些问题最准确的回答，用胡絜青同志的话说就是：“老舍所写的当时的情况，只有他本人最清楚。”我们也不过是“似乎明白一点”而已，至于“明白”得准确与否，还得靠大家深入地研究。

《我的老师》课文中一句话的研讨

——魏巍同志给王学东同志的一封信

学东同志：

8月22日来信收到。

你看文章很细，对你提出的问题我没有意见。那句话之前加上省略号好。

文章奉还，并向您致谢。

此祝教安！

魏　巍

1985年9月9日

《我的老师》（初中课文第二册）倒数第2小节的末尾有这样一句："什么时候，我能再见一见我的蔡老师呢？"细读课文，觉得这一句放在此处不妥，因为它所抒发的感情与上文的叙事并不吻合。

这个句子之前所叙的是"我"暑假中思恋蔡老师的事，作者因此抒写道："一个孩子的纯真的心，就是那些在热恋中的人们也难比呵！"这是缘事而发的情，事和情结合得自然贴切。然而，就在这一组叙事抒情之后，文章又加了一句："什么时候，我能再见一见我的蔡老师呢？"这就使人感到生硬、突兀而不可理解。暑假之后，"我"不是仍可以见到"我的蔡老师"吗？怎么会产生"什么时候，我能再见一见我的蔡老师"的心愿呢？这种心愿只有在告别了蔡老师之后才可能产生。如果把这一句放到篇末，也就是放到"可惜我没上完初小，就转到县立五小上学去了，从此，我就和蔡老师分别了"这一句之后。这样，不但加重了"可惜"的分量，而且把全文的思恋之情推向高潮，从而在结尾营造了一个情思绵绵、余音不绝的意境。

其实，上面所指出的问题是显而易见的，那么作为文章大家的魏巍同志怎么会出现这样的疏忽呢？为慎重起见，笔者特地翻查了《我的老师》的原文，方明白了问题的责任不在作者，而在节选者。

《我的老师》的原文共回忆了三位老师，第一位是柴老师，第二位是蔡老师，第三位是宋老师，课文所节选的部分处于全文中段。因此，作者写这一部分既要承上，又要启下。像节选部分开头的“最使我难忘”的“最”就是承上文而来，而节选部分的最后一小节则是从下面回忆宋老师的文字中截取出来的。文中对蔡老师的回忆就结束在“什么时候，我能再见一见我的蔡老师呢”这一句上。这一句在原文中确实是放在叙述“我”暑假思恋蔡老师一事之后的。但是，请注意，作者在这一句之前加了一个省略号，而节选者却把这个省略号给删去了。问题就出在这儿，加了这个省略号，是为了表明时间的间隔和推移，说明了这一句是告别蔡老师后或写作时的感慨和愿望。作者是用这一句来作为回忆蔡老师的结束语的。原作这样处理是准确的，也是无懈可击的。

由于节选者忽视了这个省略号的作用，贸然将其删去，而又未改变原句的位置，因此才出现了上文所指出的事、情不合的问题，笔者建议节选者在教材重版时，将“什么时候，我能再见一见我的蔡老师呢”一句的位置重新调整，以准确地表达作者的原意。

《小橘灯》是散文还是小说

在讲授《小橘灯》时，我根据人民教育出版社的《教学参考书》的教学建议，提示学生，这是一篇小说，不应将作品中的“我”和作者等同起来。这时一个学生提出不同意见，他认为《小橘灯》是散文，其理由是：课文注释说《小橘灯》“选自作者的散文集《小橘灯》”，既然《小橘灯》是散文集中的一篇，那么《小橘灯》无疑就是散文了。

《小橘灯》到底是散文还是小说呢？带着这个问题，我查阅了有关资料，发现各家观点也有分歧。认为《小橘灯》是散文的有：人民文学出版社出版的《散文特写选》，山西人民出版社出版的《初中语文 36 篇赏析》，广西人民出版社出版的《冰心作品欣赏》。认为《小橘灯》是小说的有：于漪、陶本一主编的《中学语文备课手册》，人民文学出版社出版的《冰心评传》、人民教育出版社出版的《教学参考书》。中学语文编辑室的同志虽没有明说，但他们把《小橘灯》与《社戏》《最后一课》《夜走灵官峡》三篇中外小说合为一个单元，显然也是把它当作小说的。另外，由卓如同志选编、冰心同志作序的《冰心散文选》是冰心散文的精华，但是值得注意的是，这本书竟没有将这篇很有名的《小橘灯》收入，可见，选编者是把《小橘灯》置于散文之外的。卓如同志在《后记》中不称《小橘灯》是散文集，而称之为散文、小说合集，可能就是出于这样的考虑。

这两种观点，笔者倾向于后者，其理由是：

一、本文的不少成分是虚构的

据冰心在《漫谈〈小橘灯〉的写作经过》（见《中学语文教学》1979 年第 2 期）中说：“《小橘灯》是我在 1957 年 1 月 19 日为《中国少年报》写的一篇短文。那时正是春节将届，所以我在这篇短文的开头和结尾提到春节，也讲到春节期间常见到的‘灯’。”这说明这个故事发生的时间以及作为全文中心的“小橘灯”都是作者为了应时而虚构的。冰心又说：“故事用了重庆郊外的歌乐山作为背景。抗日期间，我在那里住过四年多。”这又告诉我们，这个故事发生的背景是作者根据自己的经历拼凑上去的。冰心还说“我的朋友，是个虚构的人物”，“我把‘我的朋友’的住处，安放在乡公所的楼上”。这里，作者明确告诉人们，这篇短文中有的人物是虚构的。由此可知，《小橘灯》这个故事中的时间、背景以及“我的朋友”这个人物与故事的主人公“小姑娘”原来都是不相关的，是作者把它们虚构撮合在一起的。这样的创作过程证明了鲁迅先生的小说创作经验：“所写的事迹，大抵有一点见过或听过的缘由，但决不全用这事实，只是采取一端，加以改造，或生发开去，到足以几乎完全发表我的意思为止。”（《我怎么做起小说来》）作为叙事记人的散文是不允许这样创作的，像魏巍的《我的老师》、鲁迅的《藤野先生》、朱德的《回忆我的母亲》写的都是真人实事，没有一点虚构成分，从创作的角度看，是否虚构恐怕是小说和叙事散文的主要区别。

二、本文的人物、形象是典型的

以群同志主编的《文学的基本原理》在谈到小说的特征时说：“小说是一种以塑造人物形象、叙述故事为主的文学体裁。”《小橘灯》在人物塑造上也是花了一番功夫的。主人公“小姑娘”虽“只有八九岁光景”，但是她对革命的胜利充满信心，她坚信“爸爸一定会回来的”，“我们大家也都好了”；在爸爸外出避难之后，她勇敢地挑起了照护重病在床的妈妈的担子，在“我”去探望时，她不但不露一丝愁容，反而“安慰我”，并做了一个“小橘灯”给“我”照路。小姑娘的这种“镇定、勇敢、乐观的精神”，都来自她爸爸等革命者的熏陶影响，当然也是那个社会给逼出来的，她是那个典型环境中的典型人物。小姑娘的形象与《社戏》中的阿喜、阿发，《最后一课》中的小弗朗士，《夜走灵宫峡》中的小成渝放在一起是毫不逊色的。

三、本文的情节安排是精巧的

散文一般是不甚讲究情节结构的，它的特点是“形散而神不散”，而“小说是通过具体、生动的故事情节来刻画人物、揭示主题的。因此，情节就成为小说必不可少的具有重要意义的因素。《小橘灯》的情节性是很强的，作者在情节结构上的安排也是匠心独运的："我"是去拜访朋友的，因朋友不在而巧逢小姑娘打电话，因代打电话而与小姑娘相识，因小姑娘指点了住址而使"我"在朋友久候不至时触发起探望之念，因"我"买了几个大红橘子而使小姑娘做小橘灯送"我"不感突兀，因有这小橘灯才显出全文之旨，然后再由"我的朋友"补叙，交代了王春林的身世及出走之因，暗示了小姑娘镇定、勇敢、乐观的性格形成的根源。这一切环环相扣、步步照应，简直到了天衣无缝的地步。人物的形象、作品的主题就在这具体生动的情节中展示出来了。这也许就是由范伯群、曾华鹏合著的《冰心评传》在提到冰心的小说时，要特别点到《小橘灯》的缘故吧。

从作品的创作过程、人物塑造、情节安排三个方面分析看，《小橘灯》应是小说而不是散文。

谁是“漫卷诗书”人

“却看妻子愁何在，漫卷诗书喜欲狂”是杜甫《闻官军收河南河北》中的颈联，其下联“漫卷诗书喜欲狂”的主语一向被人们看作诗人自己。然而备课之中，笔者吟诗再三，揣摩玩味，觉得“漫卷诗书”的应是“妻子”。理由如下：

首先，从上下句的关系看，“却看妻子愁何在，漫卷诗书喜欲狂”是个流水对，上下句的意义是连贯的。出句“却看妻子愁何在”以“何”字提问，对句则以“漫卷诗书喜欲狂”作答，出句与对句是设问关系。类似这样的诗句在杜诗中是不乏其例的。比如：

头上何所有？翠为荷叶垂鬓唇。
背后何所见？珠压腰衱稳称身。

——《丽人行》

明眸皓齿今何在？血污游魂归不得。

——《哀江头》

丞相祠堂何处寻？锦官城外柏森森。

——《蜀相》

其次，从诗的修辞角度看，这里的“卷诗书”只是一种借代。“妻子”卷的应是包括“诗书”在内的行李。傅庚辰先生在《杜诗析疑》一书中指出：“卷诗书应作预整行李解。”这是颇合常情的。难道回乡只需“诗书”吗？杜甫用“诗书”借代行李，不过因为他是诗人罢了。既然是行李，那卷行李的大概就是诗人的“妻子”了。这里，我们绝不可忽视一个“漫”字，这既是“妻子”喜情的表露，又是“妻子”在特定情境中的典型行为。安史之乱以后，兵连祸结，百姓颠沛流离，杜甫一家也饱尝流亡之苦。妻子儿女们跟着杜甫四处奔走，过着“计拙无衣食，途穷仗友生”的凄苦生活。“妻孥复随我，回首共悲叹”（《逃难》），“老妻寄异县，十口隔风雪。谁能久不顾？庶往共饥渴”（《自京赴奉先县咏怀五百字》），便是妻儿们艰辛生活的真实记录。他们盼望平息叛乱、企求回乡的心情，可能比杜甫还要迫切。因此，他们在惊闻家乡已收复平定的喜讯之后，哪里还有耐心去有条不紊地整理行装呢？用“漫”来表现这种情态动作是再恰当不过了。

再次，从全诗的抒情意境看，诗人是把自己的喜和“妻子”的喜融合在一起抒发的。第二句“初闻涕泪满衣裳”重在写诗人自己，一个“满”字真切而自然地写出了诗人突闻喜讯一瞬间喜极而伤的情态。颈联三、四两句重在写“妻子”，全诗淋漓酣畅地描绘出了一幅全家喜的画画。所以，将“漫卷诗书喜欲狂”的主语理解为“妻子”也是合情合理的。

由上可推，下联的主语应是“妻子”而非“我”。这样，此联可散译为：（我）回头看看妻子儿女的愁容哪儿去了，（他们）正胡乱地卷着诗书，高兴得快要发狂了。

《沁园春·雪》词语比较例谈

叶圣陶先生曾经强调："阅读方法不仅是机械地解释字义，记诵文句，研究文法修辞的法则，最要紧的还是多比较、多归纳。"然而，在诗词的学习中，我们往往满足于了解大意，而对诗词用词的精妙体会不够，其因就在于未充分运用"多比较"这个"最要紧"的阅读方法。下面试就《沁园春·雪》的用词举几例作一比较，以体会作者用词的独到与精当。

一、"千里、万里"与"千树、万树"

《沁园春·雪》中的"千里冰封，万里雪飘"和岑参《白雪歌送武判官归京》中的"忽如一夜春风来，千树万树梨花开"都是写雪名句，且句中皆有"千、万"。但通过比较，我们会发觉，"千树、万树"虽也有"千、万"，但它们限制的只是"树"，其气魄是与"千里、万里"不可相当的。作者一开始就出言不凡，足见其高瞩远瞻的博大胸怀和高屋建瓴的宏伟气魄，全词那昂扬、宏大的基调就是由这四个字奠定的。

二、"舞"与"似"、"驰"与"同"

"山舞银蛇，原驰蜡象"两句巧用比喻，其中"舞、驰"二字更是炼字的典范。如果我们把"舞、驰"换成"似、同"，意思大体不变，且比喻更为明显。但当我们通过比较后，才真正感受到"舞、驰"二字化静为动的魅力。若换成"似、同"，既不能与上面的"长城内外，惟余莽莽，大河上下，顿失滔滔"的画面构成动静对比，又不能使下句"欲与天公试比高"的豪迈气概得到形象的表露。

三、"驰"与"驱"、"蜡"与"腊"

在毛泽东同志1945年赠给柳亚子先生的字迹上，"原驰蜡象"写作"原驱腊象”。中学教材是根据1957年《诗刊》创刊号发表的毛泽东同志亲审的定稿。其中“驱”改成了“驰”，“腊”改成了“蜡”，为什么要作这样的修改呢?

先看“驱”和“驰”。“驰”指车马主动疾行，而“驱”则是受鞭打而前进。毛泽东同志把“驱”改成“驰”，就使“象”从受动地位变成了主动地位，这样更充分地表现了雪中高原的动态。

再看“蜡”和“腊”。“腊象”有人注为“真腊之象”。据史书记载：真腊系我国对历来友好的中南半岛吉蔑王国在7世纪至10世纪的通称，吉蔑王国即今之柬埔寨。《明史·真腊传》中说，其国名是在万历1573～1619后改称的。这很难为一般读者知道。在《诗刊》筹备期间，毛泽东同志与臧克家同志论诗，曾谈到“腊象”问题，在征求了臧克家同志的意见后，由臧克家同志代改为“蜡象”，这一改，就不但使“蜡象”比“腊象”通俗易懂，而且更切合雪景实际（因“蜡”为白色)，并使之与上句“银蛇”成对。

“合叙”简说

《史记·韩王信传》中有这样一句：“夫种蠡无一罪，身死亡。”句中的“种”，即越王勾践的功臣文种，后来被迫害致死；“蠡”，即范蠡，也是勾践的功臣，后来避祸逃亡。从字面上看，这句话中的“死亡”是同时陈述“种蠡”二人的，这不仅与史实不符，而且也与理不顺，一个人怎么可以既“死”又“亡”（逃亡）呢？其实，这里运用了一种特殊的修辞手法，即“合叙”。

所谓合叙，就是在前面提出的两个或更多的词和词组，后面以对应的词或词组相承搭配，组成两对或两对以上的平行结构关系。这种修辞手法，往往将人或事物相提并论，使句子显得有变化，免于板滞。在理解这类句子时，必须弄清合叙成分的各组对应关系，才会不出差错。像开头所举一例，应理解成：文种无一罪而身死，范蠡无一罪而逃亡。

关于合叙的修辞格，近代学者杨树达先生在他的《汉文文言修辞学》一书第十三章曾作了专题论述。在古文中，这种合叙用例，时有所见，即使统编教材中的古文，也不乏其例。由于有些人对合叙不太熟悉，常常将运用合叙的句子当作疑难句来讨论，弄得众说纷纭。其实只要用“合叙”的修辞去理解，其疑则顿然冰释。下面从统编教材中略择几例加以说明：

1. 若有作奸犯科及为忠善者，宜付有司论其刑赏。（诸葛亮《出师表》）

这里揣摩其意，应当是“作奸犯科者”论其“刑”，“为忠善者”论其“赏”。这句译文是：如果有做邪恶之事触犯了科条法令的，就应当交给主管的官吏判定他们的刑罚；如果是忠诚善良的人，就报给主管的官吏论定对他们的赏赐。

2. 陟罚臧否，不宜异同。（同上）

“陟”对“臧”，“罚”对“否”。这句译文是：奖善惩恶，不应该（因在宫中或在府中）有不同。

3. 侍中、侍郎郭攸之、费祎、董允等。（同上）

查《三国志·蜀书》，可知上句的“侍中”指的是郭攸之和费祎，“侍郎”则指的是董允。

4. 将军向宠，性行淑均。（同上）

这里“性”对“淑”，“行”对“均”。这句译文是：将军向宠，性格善良，行为公正。

5. 句读之不知，惑之不解，或师焉，或否焉，小学而大遗，吾未见其明也。（韩愈《师说》）

这里对应关系比较复杂，“句读之不知”接“或师焉”，“惑之不解”接“或否焉”，“小学”又接“句读之不知，或师焉”，“大遗”又接“惑之不解，或否焉”。这句译文是：句读不晓得，有的人向老师学习，疑惑不能解决，有的人却不向老师求教，学习小的方面而放弃大的方面，我看不出他们有什么明智。

6. 一人之心，千万人之心也，秦爱纷奢，人亦念其家。（杜牧《阿房宫赋》）

“秦爱纷奢”解释“一人之心”，“人亦念其家”解释“千万人之心也”。这句译文是：一个人的心，也就是千万人的心啊，秦王朝喜爱穷奢极侈，千万人也得考虑自己的家庭。

7. 廊腰缦回，檐牙高啄，各抱地势，钩心斗角。（同上）

这句话中“钩心”指“廊腰”，“斗角”说“檐牙”，因为“廊腰”联结在一起弯弯曲曲像钩一样，“檐牙”错杂相向像龙在角斗一样。

8. 且燕赵处秦革灭殆尽之际，可谓智力孤危。（苏洵《六国论》）

这里的“智力孤危”即“智孤力危”。

有人说“合叙”是古汉语的特殊修辞手法，现代汉语中已不复存在了，其实这种观点是不符合实际的。在现代汉语中，“合叙”仍常有所见。如：

1. 墙壁上有砖砌的各式镂空图案，廊子大多是两边无所依傍的，实际是隔而不隔，界而未界。（叶圣陶《苏州园林》）

这里的“墙壁”对“隔而不隔”，“廊子”对“界而未界”。

2. 工人不做工，演员不演戏，能叫工人、演员吗？（《西安晚报》1984年10月15日《访步鑫生》）

这里分叙则应为：“工人不做工，能叫工人吗？演员不演戏，能叫演员吗？”

3. 一个女人所具有的弱点和所要求的东西，她也同样具有，同样要求。（《中国青年报》1984年11月4日，《看〈莫斯科不相信眼泪〉》）

这句分叙即为：一个女人所具有的弱点，她也同样具有；一个女人所要求的东西，她也同样要求。

以上三例都是很典型的“合叙”用例，平时只要我们留心一下报刊，这样的句子是不难发现的。

一般说来，合叙要遵循对应相承的原则，即要按词序相承，不能颠倒，一错乱便易产生误解。即使在古人的合叙中，也有不严密之处。如《汉书·魏豹传》：“齐、楚遣项它、田巴将兵随市救魏。”有人根据合叙的规律，将“齐、楚遣项它、田巴”理解成“齐遣项它、楚遣田巴”。但是，颜师古的注释是：“楚遣项它，齐遣田巴。”这里的国名和人名的两组对应关系颠倒了前后次序。现代汉语常常将此类句子称之为病句，因此，我们在运用“合叙”时，要避免出现这样的问题。

第五篇

课文赏析

对名家名作进行赏析，有助于我们形成一定的作文意识。课文赏析主要涉及对课文内容和结构的欣赏、对作者写作意图的揣摩等，通过对文章的解构，可以让我们从不同的角度理解课文，体会课文的精彩和独到之处，抓住课文的亮点，从而对课文有更加深刻、更加全面的理解。

欲扬先抑，详略有致

——《阿长与〈山海经〉》赏析

《阿长与〈山海经〉》选自鲁迅先生的回忆性散文集《朝花夕拾》，也是该书以写人为主的三篇散文中的一篇（另两篇为《藤野先生》和《范爱农》）。《藤野先生》记的是老师，《范爱农》记的是朋友，而《阿长与〈山海经〉》记的则是鲁迅先生儿时的保姆长妈妈——一个无名无姓、年轻守寡、淳朴善良，始终给儿时的鲁迅以深切关怀的农妇形象。

本文的题目就很值得深究，同是写人，《藤野先生》和《范爱农》都是以人名为题，本篇为何不以《阿长》为题？阿长在鲁迅家是个没名没姓的女佣，不同身份的人对她有不同的称呼，鲁迅的祖母叫她“阿长”，鲁迅的母亲和“许多别的人”（实际上就是与母亲平辈的人）叫她“长妈妈”，而“我”平时叫她“阿妈”，只有在憎恶她的时候才叫她“阿长”。其实到写作时，作者对长妈妈已经是满怀敬重和感激了，为什么作者还要选择一个他憎恶时才叫的称呼放在题目中呢？作者在文中写了长妈妈很多事，为什么独独选择一个《山海经》放在文题中呢？这些问题将随着我们对文本的深入研究得到合理的解答。

本文是以“我”对长妈妈的感情变化为线索展开的，全文可分为四个部分：

第一部分（1～2 小节）简介长妈妈。

这一部分主要介绍了不同的人对长妈妈的称呼以及“长妈妈”名称的由来。“我”的家庭是一个等级森严的封建家庭，即使对一个保姆的称呼也是长幼有别的，祖母最长，所以叫她“阿长”，母亲与阿长平辈，依着孩子称她为“长妈妈”，“我”是晚辈，则亲昵地叫她“阿妈”。文章第一句所谓的“已经说过”指的是作者已在《朝花夕拾》的首篇《狗·猫·鼠》中提到过长妈妈，那是一个害死隐鼠而又以谎言欺骗小主人的女工，给人的印象似乎并不太好。所以文章一开篇，作者就在不经意间暗示了曾经有过的对长妈妈的不满情绪。

接着作者在文章第二小节介绍了“长妈妈”称呼的由来，“长妈妈”的称号原来是顶替了“我家”先前一个女工的绰号而来。这真让我们感到她比孔乙己还要可悲，人们知道孔乙己毕竟还有个属于自己的姓，而长妈妈连自己姓什么也不为人知，直至30年后鲁迅写作本文的时候仍不知长妈妈姓什名谁，可见长妈妈的地位是何等的卑微。鲁迅曾说过，旧中国的妇女，数千年来没有争得做人的地位，她们“连羊还不如”。连姓名都被人忘却的长妈妈不正是千千万万旧中国农村妇女的典型代表！

第二部分（3～12小节）厌烦长妈妈。

这一部分又分两个层次：

第一层次（3～5小节）写厌长妈妈。

这里作者主要选择了几个典型事例写对长妈妈的讨厌，一是厌长妈妈啰嗦（“常喜欢切切察察”），甚至怀疑长妈妈在家中挑拨是非（“我的家里一有些小风波，不知怎的我总疑心和这‘切切察察’有些关系”）；二是厌长妈妈限制“我”的行动（“又不许我走动，拔一株草，翻一块石头”）；三是厌长妈妈睡觉占地（“睡觉时她又伸开两脚两手，在床中间摆成一个‘大’字，挤得我没有余地翻身”）。这些事情完全是从小孩的角度写的，换一个角度也许就不会说她讨厌。“常喜欢切切察察”不是可以说明长妈妈并不是一个自我封闭的人吗？“不许我走动”不是正表现了长妈妈对“我”的关心和负责吗？“睡觉时她又伸开两脚两手，在床中间摆成一个‘大’字”，是不是因为白天劳作太累了？这不正说明了长妈妈的勤劳吗？

第二层次（6～12小节）写烦长妈妈。

这一层次主要写烦长妈妈的许多“规矩”和“道理”，重点写的是过年的规矩。从压岁钱说到祝福语再到吃福橘，写得非常详尽。这些在小时的“我”看来是太烦了，但在读者特别是外国读者看来，就要当民俗来欣赏了。鲁迅曾对日本友人增田涉说过，在他的《朝花夕拾》里，“有关中国风俗及琐事太多，不加注释恐怕不易了解。”鲁迅这样的对中国特有的源远流长、神秘奇异的民风民俗的描写，使作品产生了特有的魅力。

第三部分（13～29小节）敬重长妈妈。

这是文章的主体部分，也分两个层次：

第一层次（13～18小节）写因长妈妈具有“伟大的神力”而对长妈妈产

生“空前的敬意”。

这第一次的敬意是由长妈妈讲“长毛”的故事引起的，故事的前半部分是令人毛骨悚然的，但因为“我”觉得这件事和“我”毫不相干，“我”并没感到可怕。但当长妈妈讲到她们一排女人脱了裤子，竟能阻止“外面的大炮”“放不出来”时，“我”“不能不惊异”，“不料她还有这样伟大的神力”，“从此对她就有了特别的敬意”。这是由“厌烦”到“敬重”的第一次转折。

但这种敬意随着“隐鼠事件”的发生而逐渐淡薄甚至“完全消失”。这里作者又一次提到“隐鼠事件”，可见这件事在幼小的鲁迅心中印象是非常深刻的。那么，“隐鼠事件”究竟是怎么一回事呢？据鲁迅在《朝花夕拾》的开篇之作《狗·猫·鼠》中介绍说，隐鼠是鲁迅小时候非常喜欢的一种小老鼠，一天，他发现隐鼠不见了，长妈妈告诉他：“隐鼠是昨天晚上被猫吃去了!”于是，“我”就从此痛恨起猫来，后来，“我”竟偶然得到一个意外的消息：那隐鼠其实并非被猫所害，倒是它沿着长妈妈的腿要爬上去，被她一脚踏死的。从此“我”就特别记恨长妈妈，对长妈妈的所言所为也就特别厌烦。作者在写敬重长妈妈的两个故事中间，再次穿插这个“隐鼠事件”，一是为使文章顿起波澜，二是与下文写敬重形成鲜明的对比。

第二层次（19～29小节）写因长妈妈为“我”买来了渴慕已久的《山海经》而对长妈妈产生“新的敬意”。

这第二次敬意的缘由是远房祖叔对《山海经》的生动介绍，那“人面的兽，九头的蛇，三脚的鸟，生着翅膀的人，没有头而以两乳当作眼睛的怪物……”对幼时的“我”该有多大的诱惑啊！就在“我”想一睹为快时，祖叔却不知这本书“放在哪里了”，因为祖叔很“疏懒”，“我”又不好意思逼他去找；向别人询问，别人又“不肯真实地回答我”；想自己用压岁钱去买，书店离家又很远，即使去了，书店又关着门。长妈妈来问《山海经》是怎么一回事，“我”虽对她说了，但“我”“知道她并非学者”，所以，“我”认为“说了也无益”。可就在“我”几乎完全无望的时候，长妈妈却给“我”买来了《山海经》。这一部分的蓄势是非常充足的，这就使得长妈妈的《山海经》的到来不同寻常。“我”不仅“似乎遇着了一个霹雳，全身都震悚起来”，而且要满怀感激地说：“别人不肯做，或不能做的事，她却能够做成功。”慨叹长妈妈“确有伟大的神力”。如果说，前面写长妈妈脱裤子挡大炮的“神力”不免含有难以全信的嘲讽之意的话，那么，这里用“确有”来修饰“伟大的神力”就完完全全表达了“我”的感激和佩服之情了。

由此可见，《山海经》一事在“我”与长妈妈的交往中有着极其重要的意义，它彻底颠覆了“我”原先对长妈妈的一切不好的印象，“我”终于由“厌”长妈妈、“烦”长妈妈到“敬”长妈妈。发生这种转变的根本原因就是《山海经》，现在，我们就不难理解作者为什么要在众多事件中选择《山海经》与“阿长”一起放在文题中了。

第四部分（30～31 小节）哀悼长妈妈。

行文至此，作者对长妈妈的感激和敬重之情溢于言表，他终于不自觉地用“阔气一点”的“我的保姆”来称呼长妈妈了。接着用看似平实的语言交代了三件事，一是长妈妈辞世已 30 年了，说明时光流逝之快；二是表示自己对最敬重的长妈妈的姓名和经历至今仍然一无所知，表达了一种深深的遗憾之情；三是从仅知道的长妈妈只有一个过继的儿子，猜测长妈妈是个青年守寡的孤孀，表现了对长妈妈不幸身世遭际的同情。

最后一小节，作者用饱蘸感情的祈使句，改用第二人称，表达了对长妈妈由衷的祝愿：“仁厚黑暗的地母啊，愿在你怀里永安她的魂灵!”这里所说的“地母”有两层意思，一是指“坟墓”（因为它是“黑暗”的），阿长在那里休息；二是指“大地母亲”（因为它是“仁厚”的）。在鲁迅的心目中，阿长与“地母”已经融为一体了，她的灵魂已在那里“永安”了。文章以“仁厚黑暗的地母啊，愿在你怀里永安她的魂灵”结束，表达了作者对长妈妈的深切怀念之情。它凝聚着鲁迅对长妈妈的全部情思，寄托着鲁迅对善良人的衷心祝愿。这时的长妈妈，不再粗俗，不再可笑，激荡在我们心中的只有对她深深的怀念。

这是一篇以写人为主的散文，作者按生活的本来面目，真实而亲切地再现了鲁迅童年时与长妈妈相处的情景，刻画出一个真实、生动、鲜活的普通劳动妇女——长妈妈的形象。她饶舌多事、不拘小节，有许多繁文缛节，但为人诚恳、热情，有着淳朴、宽厚、善良、仁慈的美德，文中表达了作者的深切怀念之情。其词恳切，其情真切，十分感人。作者在人物刻画方面是颇见功力的，主要特点有以下三点：

第一，善抓细节。写人物最怕把人物的鲜明性格淹没在一般性的叙述之中。俗话说，于细微处见精神，写小说需要如此，写记人散文又何尝不是呢？鲁迅就是善抓细节的高手，为了表现长妈妈爱啰唆、爱说闲话，作者写她“向人们低声絮说些什么事。还竖起第二个手指，在空中上下摇动，或者点着对手或自己的鼻尖。”为了表现长妈妈的粗鲁和不拘小节，作者写她“一到夏天，睡觉时她又伸开两脚两手，在床中间摆成一个‘大’字。”有关“元旦”早晨的一段描写也十分生动，“‘我’一醒就要坐起来，她却立刻伸出臂膊，一把将我按住，”“我”惊异地看她时，只见她惶急地看着我。她又有所要求似的，摇着“我”的肩。当“我”忽而记得了隔夜长妈妈的提醒喊“阿妈，恭喜”时，她“于是十分喜欢似的，笑将起来，同时将一点冰冷的东西，塞在我的嘴里。”这些细节都传神地写出长妈妈对“我”的关心和祝福。

第二，详略有致。写人的散文既忌琐碎，又忌粗疏。鲁迅在写长妈妈时就既有简笔，又有繁笔。第二部分写“厌”长妈妈时略写了她的啰唆和对“我”的管制，而详写了她的睡相；这一部分写“烦”长妈妈时略写了长妈妈所教的生活中的一般“道理”，而详写了过年的“规矩”；第三部分写“敬”长妈妈时，虽两件事都用了繁笔，但第二件“山海经”事件写得更为详尽。由于详略得当，文章就显得错落有致，人物也显得血肉丰满。

第三，欲扬先抑。这是本文构思上的一个重要特点。文章从一开始就表达出作者对长妈妈的厌烦和不满，厌她啰唆，厌她限制“我”的自由，厌她睡相不好；烦她规矩太多，烦她道理太多。就在读者似乎感到长妈妈一无是处时，作者笔锋一转，详细叙写了两件令他敬重的事。由于前面“抑”得太多了，后面的“扬”就给人以奇峰突起的感觉，人物形象霎时间就高大起来。现在我们再回过头来探究一下本文的题目，看看作者有没有什么玄机在其中。“阿长”是作者在憎恶长妈妈时才这样叫的，因此，“阿长”代表的是作者在文章前半部分所表达的情绪。“山海经”事件是彻底改变“我”对长妈妈看法的重要事件，也正因为有了“山海经”事件，“我”才真正由“厌烦”长妈妈变成了“敬重”长妈妈。因此，“山海经”事件是敬重长妈妈的代表性事件，“山海经”代表的就是文章后半部分所表达的情绪。那么，本文题目“阿长与《山海经》”是否隐含着“从‘厌烦’到‘敬重’”的意思呢？

平实的叙述，深情的描写

——《我的母亲》赏析

本文作者胡适是安徽绩溪县人，中国现代著名的学者、作家，历任北京大学教授、北京大学校长、台湾“中央研究院”院长等，首倡“新文化运动”，他是中国第一个用白话文写诗出集（《尝试集》）的诗人。他学识渊博，在文学、哲学、史学、考据学、教育学、伦理学等诸多领域均有不小的建树，传奇般地获得过35个博士学位。胡适一生在哲学、文学、史学、古典文学考证等方面都有成就，并有一定的代表性。著有《五十年来之中国文学》《胡适文存》《白话文学史》《中国章回小说考证》等。胡适一生的学术活动主要集中在史学、文学和哲学几个方面，主要著作有《中国哲学史大纲》（上）《尝试集》《白话文学史》（上）和《胡适文存（四集）等。他在学术上影响最大的是提倡“大胆的假设，小心的求证”的治学方法。晚年潜心于《水经注》的考证，但未及写出定稿，1962年在台北病逝。

胡适的母亲冯顺弟（1873～1918），是安徽绩溪县中屯人。她16岁嫁给当时已48岁的胡适的父亲胡传做填房，3年后胡适出世。6年后，也就是在胡适母亲23岁时，胡适的父亲不幸去世。年纪轻轻就丧了夫，做了寡妇，这是一个中国妇女的最大的不幸！而当时胡传前妻曹氏所养的儿女都比胡适的母亲大，她守寡23年，“以少年作后母，周旋诸子诸妇之间”，再加上家业中落，经济困窘，诚如她的儿子所说，“困苦艰难有非外人所能喻者。”所以胡适的母亲是家庭特殊时期的一个特别的母亲，既要抚养自己的儿子，又要支撑整个家庭，需要承受怎样的苦痛和压力，需要具备怎样的智慧和品德？在阅读本文时，我们必须要围绕这个要素来把握文章。

全文可分三个部分。

第一部分：回忆作者从幼年到少年这9年中的若干经历，为写母亲做铺垫。

这一部分主要交代了这样几件事：

1. 交代自己文绉绉性格的主要成因：一是“我”小时候身体弱，不能跟野蛮孩子一块儿玩；二是“母亲也不准我和他们乱跑乱跳”；三是因有“先生”之名，自己不能不装出点“先生”的样子。

2. 写自己爱学习的习惯和儿时最活泼的游戏——组织戏剧班做戏。

3. 写失去学习音乐和绘画的机会。

在做了以上三点交代后，作者自然引出了自己的母亲，“恩师”和“慈母”是作者对母亲的最高评价，“做人”则是母亲训练“我”的主要课题。

有人也许要问，课文标题为“我的母亲”，而文章前三段只有一句提及母亲，其他内容似与“母亲”无关，这是为什么呢？

这个问题要从这篇文章的原作谈起，这篇课文节选自胡适先生四十岁时所写的自传体散文《四十自述》，传主实际上是作者本人，作者写母亲是把母亲作为自己成长道路上的第一位“恩师”来写的，所以开头就写了较多的自己童年的经历。作者在前三段想表明他的童年生活，除了看书之外，是贫乏的，是有缺憾的，正是在这一背景下，是母亲“给了我做人的训练”，这不仅弥足珍贵，铭记永久，而且影响巨大。这样看来，前三段实在不是闲笔，不仅为写母亲起到很好的铺垫作用，而且与文末写自己在母亲影响下的进步相呼应。

第二部分：重点回忆母亲对“我”的教育、关心以及对家庭成员的态度。

这一部分先写母亲对自己的严格要求，天刚亮就把“我”喊醒，不允许“我”养成睡懒觉的习惯；醒来后看“我”清醒了，就帮“我”反省昨天言行有误的地方。胡适的母亲不识字却很明事，她也许不懂“君子一日三省吾身”的道理，但她却懂得及时帮助孩子总结得失的重要。母亲把教育孩子的时间选择在早晨是很见用心的，如果昨天犯了错，当时就批评，孩子可能一下子不能接受，待睡了一晚上了，事也过了，气也消了，这时候，心平气和地说几句，孩子一般都能听得进去。再说早晨刚起床就接受了妈妈的教诲，这一整天孩子说话做事就会特别小心。可以想见，在这每天的教育提醒中肯定贯穿着一个永恒不变的主题，那就是如何做人。当然母亲更多的是督促“我”用功读书，成为像“我”父亲一样的人。父亲的早亡使母亲在这样一个家庭中的处境是很尴尬的，要想在这样一个家庭能够生存下去，唯一的途径就是让自己的亲生儿子有出息，将来才能够有所依靠。尽管胡适的母亲和丈夫只生活了6年多，她对丈夫的思想和事业也许不真正了解，但她虔诚地崇拜丈夫，尊敬丈夫，爱她的丈夫，可以说是一个“丈夫至上主义者”。儿子的将来应该是怎样的呢？具体她不知道，只是希望儿子学他的老子，能走他老子的道路。她常对儿子述说他父亲的种种好处，并叮咛说：“你总要踏上你老子的脚步。我一生只晓得这一个完全的人，你要学他，不要跌他的股。”在母亲的督促下，小时候的胡适是同龄人中最用功的，十天之中，总有八九天是小胡适第一个去开学堂的门。

母亲管教胡适很严，但“从来不在别人面前”骂胡适一句或打胡适一下，保护了小孩子的自尊心，这是非常难能可贵的。母亲对胡适的批评教育方式也是多样的，有时是事发当时用严厉的眼睛望一下，有时是第二天醒来后“教训”，有时则是等到夜深人静时“行罚”。总之是绝不放过孩子的任何一点错误。

这一部分作者还详细回忆了一件因自己说了一句轻薄的话而遭母亲责罚的事。事情的起因很简单，“我”的姨母怕“我”受凉，“拿了一件小衫出来叫我穿上”，可“我”不肯穿，还借用姨母话中的“凉”字的谐音引到“娘”字上，再引到“老子”上，说了句“老子都不老子”的话。本来胡适也就是开玩笑地说自己并不怕凉，但这段话前后连起来理解，实际上表达的意思就是，老子都不在了，还要娘干什么呢？这句话既伤害了母亲，也伤害了父亲。难怪母亲听了这话之后“气得坐着发抖”，“我”自然被“重重的责罚了一顿”。

母亲虽然兼任“严父”，但她毕竟还是“慈母”。当“我”因用手擦眼泪擦进了细菌而害了一年多眼翳病之后，母亲“心里又悔又急”，“悔”的是不该对孩子管教那样严厉，“急”的是孩子的眼病不知何时能好。听说用舌头舔可以将眼翳舔去，母亲就“真用舌头舔我的病眼”。这里的一个“真”字表现了“我”的意外和感激，一个“舔”字把一个慈母的拳拳爱子之情表现得淋漓尽致。这一层作者用“这是我的严师，我的慈母”作了总结，“严师”“慈母”是胡适对母亲的最为准确的评价。

这一部分的第二层次主要是写母亲与家人的相处，母亲是16岁嫁到胡家来的，胡适父亲胡传的前妻曹氏所生的子女大都比胡适的母亲大几岁，父亲在世时有父亲撑着，胡适的哥哥嫂嫂们还不敢造次。现在父亲不幸逝世了，母亲在家的地位就很尴尬。按辈分，她是后母、是长辈；按年龄，她还没有叫她“母亲”的儿女们（除胡适）大；按职责，她要负担起管家的重任。如果大家都明理，都懂事，都理解做后母的难处，那胡适母亲的日子还好过些，偏偏这一家人都不是省油的灯，“大哥从小便是败家子，吸鸦片烟，赌博”“大嫂是个最无能而又最不懂事的人”“二嫂是个能干而气量很窄小的人”。面对这么一些人，这个当家的后母的日子还能好过吗？难怪胡适说：“这种生活的痛苦，我的笨笔写不出一万分之一二。”

母亲解决家庭问题有三大法宝：

一是“请”。就是家里遇到靠权威才能解决的问题，母亲就请本家长辈来助阵。大哥乱花钱，母亲就“几次邀了本家长辈来，给他定下每月用费的数目”；除夕夜讨债的来了，母亲“央一位邻舍本家到我家来，每一家债户开发一点钱”；五叔冤枉了母亲，母亲就“请了几位本家来”质问他。

二是“忍”。除夕夜，母亲打发了讨债的之后，大哥回来了，母亲“从不骂他一句”，“脸上从不露出一点怒色”。大嫂二嫂闹矛盾时，母亲“只装作听不见”，有时实在忍不住了，就到左邻右舍去“闲谈”，“从不和两个嫂子吵一句嘴”。中国传统美德中的宽容隐忍在胡适母亲这儿被发挥到了极致。

三是“哭”。一个人的忍耐总是有限度的，母亲也有“实在不能再忍的一天，”先是轻声哭，渐渐才哭出声来。母亲的哭完全是一种内心的发泄，“她不骂一个人，只哭她的丈夫，哭她自己苦命。”母亲的哭也是有神奇效果的，她能哭来闹气的嫂嫂送茶劝哭，她还能哭来家中“一两个月的太平清净日子。”透过母亲的哭，我们分明感受到母亲内心所承受的巨大痛苦和委屈。

母亲不仅有宽容隐忍的一面，也有刚性的一面。有碍人格尊严的事母亲是绝不宽容的。五叔的一句诬言气得母亲大哭，母亲请了几位本家来当面质问五叔，一直到五叔当众认错赔罪才肯罢休。这表明母亲做人是有原则的，这使得母亲的形象更加真实，更加丰满。

这一层次作者用较多的笔墨写母亲与家人相处的情形。这看似游离“母亲是我的恩师”的主旨，其实不然。我们常说母亲是人生的第一位老师，这主要不是体现在母亲如何“教导”上，而更多地体现在母亲平时待人接物对自己的影响上。因此，可以说，写母亲与家人相处的情形，同样也是在写“母亲是我的严师”，写她以身示范对“我”的耳濡目染、潜移默化的教育和影响。也就是不仅写了母亲对“我”的“言传”，更写了母亲对“我”的“身教”。

第三部分：写母亲对自己的深远影响。

文章结尾写道："我在我母亲的教训之下住了9年，受了她的极大极深的影响。"这"极大极深的影响"表现在哪些方面呢？正如作者自白道：学得了好脾气，学得了待人接物的和气，能宽恕人，体谅人以及在学习上勤奋、守时和做人上能反省"吾身"。其中主要是如何做人方面，母亲让作者养成了宽容、善待、体谅的品性。作者写此文时，年已40，而且已是大学者和文化名人了，但他说"混"了20多年，用词极为谦逊，讲究分寸。而且在说到自己的"美德"时，还用了"如果""学得""一丝一毫""一点点"等限制词，这些都体现了胡适先生的谦谦君子风度。文风，在一定程度上反映了一个人做人的态度、风格，而胡适先生的文风正是母亲潜移默化的结果。

天下写母亲的文字何其多也，但胡适的《我的母亲》为什么常常被不同选本的编者所看中呢？它有着怎样独特的魅力呢？

首先，作者将人物放置在特殊的环境中进行刻画。

胡适的母亲23岁便成了寡妇，一方面要把胡适抚养成人，另一方面，作为后母后婆，她还要照管丈夫前妻留下的与自己年纪相仿的又不甚懂事的儿子儿媳，这就使得"母亲"的处境十分艰难和尴尬。母亲却能用她的智慧、用她的温柔、用她的宽容、用她的坚毅平息家中的一次次风波，赢得了家人的尊重。

其次，作者在看似平实的叙述中对人物作了饱含深情的描写。

本文之所以能具有感人至深的力量，当然不是凭借什么宏伟的结构和华丽的文字，而是凭借它的平实。平实的语言，朴素明净，把母亲的性格刻画得入木三分："每天天刚亮时，我母亲便把我喊醒""催我去上早学"。在儒家思想占统治地位的旧中国，女性的地位极低，更何况胡适之母是一个封建大家庭的主妇，她身为寡妇又兼后母，除了巴望亲生儿子"踏上"他"老子"的脚步外，还企盼什么？所以"我母亲管束我最严，她是慈母兼任严父"。对于非己所生的儿子、媳妇，母亲则"事事留心，事事格外容忍"，"她实在忍不住了，便悄悄走出门去"，或者"轻轻地哭一场。她不骂一个人，只哭她的丈夫，哭她自己苦命"，母亲忍辱负重的痛苦形象，只通过这平淡的叙述，便跃然纸上，并在读者心中碰出同情的回响，没有华丽辞藻的堆砌，对母之爱倒显得深沉而质朴。文章在平淡的语言下，多了一份真情，这份宽广、持久的母子之爱，通过淡似白描的勾勒，却显示出那样感人至深的艺术效果。

似贬实褒，谐趣横生

——《我的一位国文老师》赏析

梁实秋是台湾卓有成就的文学研究家、翻译家，同时也是被台湾尊为“散文一代宗师”的小品散文大家。他的散文小品，广泛地涉及人生世态，或回忆往事、记述个人经历，或叙写家庭生活、读书生涯，或忆记故乡、发家国之思，或描写社会面貌、文化习俗……

梁实秋的散文怀人则凄清细腻、缠绵动人；思乡则深沉浓郁、感人至深；写景则错落有致、别具一格；叙事则娓娓道来、不流于俗……总之，梁实秋的散文幽默典雅、雍容大度、舒徐自在、韵味浓郁，读来让人爱不释手。

《我的一位国文老师》是梁实秋散文中写人的名篇，作者用风趣幽默而又饱含深情的笔调刻画了一个貌丑性凶但却敬业爱生的独特的教师形象。

全文共 12 个自然小节，可分四段：

第一段（第 1 小节）：总写不能忘记国文老师的原因。

这一小节先交代“我”遇见国文老师的时间是“十八九岁的时候”，这是一个“少年不知愁滋味”的年龄，也是个不太懂事的年龄。然后用“印象最深”“受益”“最多”来概括“我”不能忘记这位国文先生的原因。开头很简洁，连用两个表示程度的副词“最”，突出强调了国文先生在“我”记忆中的位置，同时也勾起了读者阅读的欲望。

第二段（2～6 小节）：叙写国文先生的外貌特征和行为习惯。

一般对于尊者、长者的回忆总会规避一些缺点和不足，而梁实秋对国文先生徐锦澄的描写，却可以用“大不敬”来形容。

首先是绰号不雅——“徐老虎”，一旦一个人的名号与“老虎”挂上钩，就足见其凶其狠了。

再看他的“相貌”（现在一般写为“相貌”），脑袋“有棱有角”的，头“很尖，秃秃的，亮亮的”，脸形“却是方方的，扁扁的”，“鼻子眼睛嘴好像是过分地集中在脸上很小的一块区域里。”这一副尊容作者概之以“古怪”实在是再恰当不过了。

我们再看他的行为习惯，“他的身材高大，但是两肩总是耸得高高的”“鼻孔里藏着两筒清水鼻涕，不时地吸溜着”“他常穿的是一件灰布长袍”，袍子上“油渍斑斓”“他经常是仰着头，迈着八字步，两眼望青天，嘴撇得瓢儿似的”。这样一些习惯性动作，描写细腻、个性鲜明，读来令人忍俊不禁，梁实秋文风的谐趣由此可见一斑。

当然，徐先生最突出的特点是喜欢骂人，作者连用四个小节写了徐先生的“骂人”。因为下午用国语讲授的课与毕业无关，学生们大都不认真听讲，其他国文先生总是例行公事，敷衍了事。唯独徐先生为了维护自身的尊严（即所谓的“正当防卫”）“老是绷着脸”“老是开口骂人”。在总写徐先生的骂人习惯之后，作者重点叙述了一次自己挨骂的经过。起因是一位性急的同学在徐老师作文题还没写完的时候就询问“题目怎么讲”，于是徐老师“转过身来”“冷笑两声”“勃然大怒”“滔滔不绝”地把那个发问的学生痛骂了一顿。“我”出于义愤，挺身而出“分辩了几句”。于是，老先生把所有的怒火都泼到“我”的头上，“我”被“足足骂了”“一个钟头”，由此还得到一个使“我”终身难忘的“警句”：“你是什么东西？我一眼把你望到底!”这一部分，作者用生动的细节描写把徐老师蛮横、凶狠、好骂的性格刻画得惟妙惟肖。也正因为这个机缘，使徐老师认识了“我”，从而也就使“我”成了从徐老师处“得益最多的学生”。

这一段的描述看似不敬，看似不雅，但我们丝毫看不出厌恶，看不出仇恨。我们感觉到的更多的却是有趣、好玩，甚至是可爱。作者实际上是在用一种风趣幽默的笔调来调侃自己所喜欢的尊长，“不敬”的描写中饱含的却是深深的爱意。

第三段（7～11 小节）叙写“我”从徐先生处所得到的益处。

第 7 小节是这一段的总领，“居然”表达了“我”的意想不到，“受益最多”既照应文章开头，又统领下文。

第 8 小节主要写徐先生选编教材的独到和讲课的亲切。徐先生不满足于现成的教材，他自编教材，新旧兼收，决不厚此薄彼。正因为徐先生的教材选得好，“我”对国文的兴趣也“因此提高了不少”。这表明徐先生不仅仅是一位敬业的老师，更是一位有见识的老师。徐先生讲课介绍作者时说自己曾和作者一起吃过饭，使学生顿生亲切之感。

第 9 小节主要写徐先生的课文诵读。作者用“有腔有调”“有板有眼”“有感情”“有气势”“有抑扬顿挫”等词语对徐老师的朗读作了高度评价。

第 10 小节主要写徐先生的改作文。作者先引用一般老师在改作文时常用的评语，然后介绍徐先生改作文的特色——“大勾大抹”，徐先生追求的是简洁、硬朗——“笔笔都立起来”“虎虎有生气”。“我”后来所写的文章能够有一点“硬朗挺拔之气”正是得益于先生的“教诲”，这里又一次照应了开头。

第 11 小节主要介绍了徐先生给学生所讲的作文技巧。小到用字的技巧，说理的技巧，大到文章起承转合的技巧，徐先生都一一传授，使“我”“至今受用”。

从这一段的描述看，徐先生既是一位有见识的、有作为的、素养极高的老师，又是一位敬业的、爱生的、人品极高的老师。

第四段（第 12 小节）写“我”对徐先生的深深怀念。

作者先从时间的间隔上写自己的怀念，“将近五十年了”，可见相隔时间之久，将近半个世纪没有见面，但先生的音容笑貌竟记得如此清晰，足见怀想之深；作者又从空间的间隔上写自己的怀念，“听说他已早归道山”，阴阳两隔，更添惆怅之情。文末的“怅惘敬慕”可谓是点睛之笔，“怅惘”是因为一直“未能与先生一通音讯”，且先生已不在人世，“敬慕”是因为先生出众的才华和高尚的人品。

梁实秋的散文内涵丰盈，行文崇尚简洁，重视文调，追求“绚烂之极趋于平淡”的艺术境界及文调雅洁与感情渗入的有机统一。且因洞察人生百态，文笔机智闪烁，谐趣横生，严肃中见幽默，幽默中见文采。晚年怀念故人、思恋故土的散文更写得深沉浓郁，感人至深。本文在写作上主要有如下特点：

第一，欲扬先抑，似贬实褒。从文章的开头，我们不难看出作者是要褒扬自己的国文老师，可从文章的第二小节开始，作者不惜笔墨，连用四个小节，写老师可怕的绰号、怪异的相貌、狰狞的凶笑、不良的习惯……但这些看似贬损的描写并无恶意，作者实际上是在通过这些富有个性特征的描写来突出国文老师的有趣和可爱，同时也与下文写老师的认真、敬业、爱生形成了表和里的反向衬托，外在的丑正衬托了内在的美。

第二，善抓特征，描画细腻。作者不愧为散文大家，在他的笔下，人物栩栩如生。究其原因，是作者善抓特征所致。那有棱有角的脑袋轮廓，那秃秃亮亮的尖头，那方方扁扁的脸形，那总是耸得高高的肩头，那常吸溜鼻涕的酒糟鼻子，那油渍斑斑的长袍，都是我们在古今人物画廊中从未见到过的。也许作者本身就是漫画高手，寥寥几笔，人物就形神兼备了。

第三，语言幽默，谐趣横生。诙谐幽默本就是梁实秋散文的语言风格，本文依然体现了这种风格。本来回忆自己恩师的文章应该严肃庄重些，但作者偏偏不肯。你看他写老师的鼻子，一会儿说他“鼻尖有一些红，像酒糟的”，一会儿说他“鼻孔里藏着两筒清水鼻涕，不时地吸溜着，说一两句话就要用力的吸溜一声，有板有眼有节奏”，一会儿又说他“也有时忘了吸溜，走了板眼，上唇上便亮晶晶地吊出两根玉箸，他用手背一抹”，真是极尽调侃之能事，文中这样风趣幽默的描写比比皆是，但毫无做作之感，真正达到了炉火纯青、出神入化的境界。

一人一式，变化多姿

——《画人记》赏析

贾平凹是以小说创作而成名的，而他发表得最早的却是散文。近年来，他在创作小说的同时，也仍然坚持散文写作且逐渐引起散文界的重视。贾平凹的散文内容浩瀚，五彩缤纷，从抒写的内容和笔调去看，可以归成五类：第一类是情绪小品，以抒写某种特定的情绪为主，如《大洼地一夜》等；第二类是场景小品，以写各类场景为主，如《静虚村记》《黄土高原》等；第三类是人物小品，粗线条勾画人物为主，如《摸鱼捉鳖的人》《在米脂》等；第四类是随笔，综论人生，针砭世情，如《人病》《牌玩》等；最后一类是风物小品，描摹风俗，记述玩物，如《陕西小吃小识录》《玩物铭》等。

《画人记》是近年来贾平凹人物小品的代表作，作者通过简练的笔触刻画了几个生动的“画人”形象，使读者对生活在基层的那些默默无闻又对书画艺术孜孜以求的书画艺人们滋生起几分同情和敬佩。原文共写了五则短文，刻画了五位“画人”，课文节选了其中的三则。

“画人”是作者独创的一个名词，所谓“画人”，就是有志于书画艺术但暂未成家的书画艺人或热心于书画收藏的爱好者。

第一则是《友谊》，主人公是邢庆仁。

这则短文共 9 个自然小节，可分两个层次：

第一层次（1～3 小节）：简介邢庆仁的身份及外貌。

文章由一幅作者自画的画引入，“画面上站着的是我，坐着的是邢庆仁”，从这一“坐”一“站”表现了“我”对邢庆仁的尊重，也透露出两人关系的不同寻常。接着，作者简单交代了邢庆仁的身份——“是一位画家”，照应了文题。

对于主人公的外貌，作者没有细描详画，而是先用一句大实话简而括之：“我们”“实在是长安城里两个最丑陋的男人”。然后化用托尔斯泰的名言“幸福的家庭是一样的，不幸的家庭各有各自的不幸”，以“美人差不多一个模式，丑人之间的丑的距离却大了"来自我贬损，而对于邢庆仁丑的程度就留下了让读者想象的空间。

第二层次（4～9 小节）：通过写"我"与邢庆仁的交往来透露主人公的人品与性格。

作者和邢庆仁来往"差不多已四年"，"四年里几乎每礼拜见一次"，可见来往之频繁。如果一个人身上有很多毛病，随着接触的增多，他的毛病也会渐渐暴露出来，但"我"与邢庆仁"几乎每礼拜见一次"，"我还没有发现他有什么大的毛病"，足见其品行之端庄。因此，两人的友谊也就"日渐坚刚"了。接着，作者又从总结做朋友的原则中突出了邢庆仁的够朋友的特点。作者总结道："做朋友一定得依着性情，而不是别的目的，待朋友就多理解朋友，体谅朋友，帮助朋友，不要成为朋友的拖累。"这里作者没有直接说邢庆仁就是这样的朋友，但我们从作者所说的"中国十多亿人，我也活了近五十年，平日交往的也就是七八个人的小圈子，这个小圈子且随着时间不断地在变换，始终下来的才是朋友"中推想，邢庆仁就是能始终成为他朋友的朋友。作者还由衷地慨叹"那些在阶级斗争年月里学会了给他人掘坑的人，那些太精明聪明的人，那些最能借势的人"自己"应付不了"，"吃些亏后，就萧然自远了"。这里作者似乎无一字在写邢庆仁，其实无一字不在写邢庆仁，这种明贬此而实褒彼的手法实在高明。

文章正面直接写主人公的就是文末邢庆仁来取画时所说的他所读的一本书上的一句话："穷人容易残忍，富人常常温柔。"以及对这句话的解说："这话当然不仅指经济上的穷与富，事业上，精神上，何尝不是这样呢?"作者听了他的话后说："我想了想，就笑了，"可见作者是认同这句话的。这句话对于过去有关穷人富人的传统观点恐怕具有颠覆意义。其实，穷人富人都不可一概而论，穷人中既有在贫困中苦苦挣扎的，也有为改变贫穷处境而杀人越货的，富人既有为富不仁的，也有善心济人的。至于"事业上""精神上"的"穷人"与"富人"就更要另当别论了。

作者对邢庆仁虽然着墨不多，但透过那或隐或显的只言片语，邢庆仁的性格特征却渐渐清晰起来：邢庆仁是一位虽其貌不扬但忠厚老实、善待他人、注重友谊、精神富有的画家。

第二则是《藏者》，主人公是谭宗林。

这则短文共 7 个自然小节，可分两个层次：

第一层次（1～5 小节）：正面叙说谭宗林有趣的换字故事。

与上一则短文不同的是，本段开头首先正面从主人公的机智拜访说起，人到“楼下”，才打电话征询“有空没空”，虽属不速之客，但因“偏偏有礼貌”，“我”不好不接待。

在介绍主人公外貌时，作者把他外在的强悍和内在的温驯（“你夸他，损他，甚至骂他，他都是笑”）对比着来写，又用“像清澈见底的湖水”来比喻其“好脾气”，使其憨厚可爱之态跃然纸上。

接着作者写了主人公的两种换字方式，一是用明前茶换字，“一斤茶一个字”，茶是好茶，“招待天南海北的客人，没有不称道的”，连“我”也觉得过意不去，自问“是不是给他写的字少了”；二是用拓片换字，这一段写得趣味横生，生活气息极浓。“他”穿着“宽大的皮夹克来了”，“皮夹克总是拉着拉链，从里边掏出一张拓片给我显摆”，“我要的时候，他偏不给，我已经不要了，他却说送了你吧”，他像变戏法一样从皮夹克里掏出一张又一张拓片，“我便写一幅字要换”，“才换了”，“他又从皮夹克里掏出一张”。急得“我突然把他抱住，拉开了拉链，里边竟还有三四张，一张比一张精彩”，“我”只好“写好字去央求他了”。就在这掏掏抢抢中，“我”和他愉快地度过了“整个一晌”。本来是用拓片来求人换字的，到后来反让写字的求他要用字换拓片，其机敏可见一斑。因为他的机敏、真诚、有趣，书画家们虽口头上“骂”他，心底里却盼着他来，显示了主人公的独特魅力。

第二层次（6～7 小节）：从侧面叙写谭宗林的慷慨乐施。

看了上文的叙写，人们以为这一定是一位以贩卖书画为生的藏家，作者也以为他“是做字画买卖”的，作者去过他家一次，想看看“他一共收藏了多少古董字画”，想不到他家里“仅有可怜的几张”，他老婆还抱怨不迭地说：“他若能存一万元，我就烧高香了！”原来他是“千辛万苦地采买茶叶和收集本地一些碑刻和画像砖拓片到西安的书画家那儿嘻嘻哈哈地换取书画，又慷慷慨慨地分送给另一些朋友、同志”，作者不禁感慨道：“他生活需要钱却不为钱所累，他酷爱字画亦不做字画之奴。”作者认为“他是真正的字画爱好者和收藏者”。

在这里作者没有正面描写谭宗林的慷慨乐施，而是通过他老婆的口作了侧面介绍，这就更丰富了人物形象，使读者对这位独特的藏者怀有深深的敬意。

文末作者由此议论道："真正的爱好者和收藏者是不把所爱之物和藏品藏于家中而藏于眼中，凡是收藏文物古董的其实都是被文物古董所收藏。"这句话告诉人们，真正的藏者是藏物于眼中的，而一般的藏者是被藏物所收藏的。本文主人公属于怎样的藏者就不言而喻了。

第三则是《推荐马河声》，主人公当然就是马河声了。

这则短文共 6 个自然小节，可分三个层次：

第一层次（第 1 小节）：推荐马河声之因。

这则短文与上两则短文不同，这是一封推荐信，尽管没有还原信的格式，但语言风格还是体现了书信的特点。文中的"您"应该是作者所在市的一位主要领导。

作者先说他"曾给王×推荐过马河声"，"又给张××推荐过马河声"，因为都没有了下文，所以"我"才不得不向"您""推荐马河声"。这说明作者是在万不得已的情况下才写这封推荐信的。接着作者又郑重声明马河声不是自己的亲戚，也不是同乡、同学。因为作者曾经跟这位市领导有过约定，"绝不以私人事麻烦"他。现在问题的严重性在于："一、如果再不向您推荐，马河声的问题在这个城市里可能永远得不到解决"；"二、我若不推荐，马河声则不会再有人肯推荐。"开头这一段表白的目的，作者显然是要让那位市领导明白他推荐马河声实在是"不能不"且"不得不"之举。

那么，马河声到底是何许人也？作者为何要如此极力推荐呢？作者紧接着从两个方面对马河声作了简要的介绍。

一是因为马河声是个"穷人"。他"没有城里户口""没有工作单位"，"甚至三十六岁了，还没有娶妻成家"。是个典型的"三无"之人。正因为穷，他拒绝"我"的吃请，因为吃请了就要请吃，他没钱邀"我"去酒楼。但他穷，却穷得有骨气，他"从未在我面前唉声叹气"，他"知道我与您的关系也从未恳求过我向您提出他的困境"。

二是因为马河声是个"人才"。作者在介绍马河声是个人才时，用了"惊叹"二字，足见其才之惊人。为了突出马河声的才华，作者还用"从年龄和社会阅历上讲我当然算他的老师，从书画艺术的修养上他却应该称作是我的老师"来予以强调。贾平凹是怎样的一个人，一个连贾平凹都愿称其为老师的人该是一个怎样了不起的人。这就不能不引起那位市领导的高度重视了。

为了进一步引起那位市领导的重视，作者又不厌其烦地从艺术天才对城市的重要性，自己不推荐马河声，将愧对自己身在“文化艺术的行当里”，也怀疑自己“心胸狭窄嫉贤妒能”，如果那位市领导“将此事束之高阁或忘于脑后”，会影响到他的声誉，损害他的形象等方面进一步予以强调。其情之真，其情之切，渗透于字里行间。

第二层次（2～4 小节）：具体介绍马河声其人其事。

对于马河声，作者主要从三个方面作了介绍：

首先，有才气。“他初学楷书，秀美温润有江南习气，一出道就在行当内声名鹊起”，“又开始习画，悟性颇高，所临明清小品，几乎与真迹难以分辨”。

其次，有追求。作者说，如果马河声以他的手艺“应酬各种社会活动”，“马河声绝对可以做个囊中有物、出入有车，一头长发满脸清高之士了”，“但马河声却突然在一个夜里撕毁了旧时所有作品”。他怕自己“在一片赞扬中单一发展下去”，“难以成就大作品”。马河声“能清醒地认识自己，及时调整自己”，说明他是一个有追求的人，因此，作者对他“从此多了一份敬畏”。

再次，有活力。马河声虽不是作家、学者和教授，却长期与作家、学者、教授在一起。他“凭着他的年轻和热情，每次活动都是积极的策划者和组织者”。他还是“出色的鼓动家”，大家创作时，他就在旁“极力煽情”，使“现场气氛轻松活跃”，“使创作者自信心大增”，以至“大家在写字画画时总叫喊：河声，河声，你快来!”

在浓墨重彩地对马河声作了富有激情的介绍后，作者笔锋一转，又惋惜起他的遭遇来：一是无人欣赏，二是无人包装。

第三层次（5～6 小节）：再次推荐马河声。

在信的最后部分，作者又从人才的成长和城市的发展两方面进一步说明重用马河声之必要。信的结尾用语很有艺术，先自责一番，说自己因情绪“过激”，“不免有胡说八道之嫌”，希望收信人“能谅解”，再表达自己盼回音之切——“若半月内亦无消息，我就摆饭局请您了。”最后这句话看似玩笑，其实分量很重，作者给了收信人一个回复的期限——半个月。言外之意就是，你如果像王×或张××那样没有下文，我就要当面质询了！

贾平凹，从 20 世纪 70 年代末便开始进入文坛，迄今为止，已发表 1000

多万字的文学作品，出版著作四五十部。他在散文、小说、随笔、诗歌、杂论等方面，均有不凡的造诣和贡献。文学评论家雷达指出：“我们很难想象，这个躯体绵薄，头颅也不硕大的人，何以蕴蓄着如此惊人的创造能量，仿佛一座采不尽的矿床。”当然，在贾平凹所有的文学作品中，小说的成就是最高的。但近年来，他的散文创作也一发而不可收，其数量和质量都引人注目。这篇《画人记》是他近年来散文创作的代表作，其主要特点有：

（1）一人一式，变化多姿。本文是一个人物小品，原文共有五个人物，课文节选了其中的三个。因为都是写人，如果用同一种模式写，读来难免令人生厌。作者深谙此理，所以采用一人一式的方法。写邢庆仁，以侧面描写为主，人物隐藏到幕后，作者看似在漫不经心地谈自己处朋友的原则和自己朋友圈子的变换，实际上每一句都是在写邢庆仁。写谭宗林，正面浓墨重彩，细节生动典型，然后再以侧面描写和精当议论略加衬托和升华。写马河声，则以书信格式，以第二人称，追溯历史，描摹现状，不厌其烦，周到细腻。正因为三个人物用了三种不同的范式，读来毫无雷同之感，反有灵动变化之妙。

（2）语言朴实，感情真挚。贾平凹的散文语言朴实无华，清新自然。贾平凹小学时遇到一个教了他两年的启蒙女教师，在他读二年级时教他写信，有什么事情就写什么，不考虑格式。老师说：“以后到高年级做作文，或者长大写文章，你就按这路子写，不要被什么格式套住你，想写什么样就写什么，熟悉什么就写什么，写清、写具体就好了。”贾平凹回忆说：“从那时起我就记住了老师的话，之所以如今我还能写些小说、散文，老师当时的话对我影响很大。”贾平凹的这篇散文就是如话家常，行于所当行，止于所当止，毫无造作之感。另外，本文的感情也真挚感人，也许因为文中所写的三个人都是作者的好朋友，作者在行文中充溢着激情。对忠厚老实的邢庆仁的欣赏，对真诚有趣的谭宗林的喜欢，对德艺双馨而又遭遇不幸的马河声的同情溢于言表。贾平凹曾说：“散文是情种的艺术，纯，痴，一切不需掩饰；甚至暴露、解剖自己，也是一条成功的秘诀。”他又说：“如果从事散文，那这离不了‘情’字的。”他的主张和实践是完全吻合的。

联想丰富，以评带传

——《把栏杆拍遍》赏析

梁衡是我国著名散文作家、新闻理论家，他历任《光明日报》记者、中国记者协会常务理事、原国家新闻出版总署副署长等职，现任《人民日报》副总编辑、中国作家协会全委会委员、中国人民大学博士生导师。多年来，梁衡在繁忙的公务之余从事散文创作和文学理论、新闻理论研究，笔耕不辍，硕果累累。其作品曾获青年文学奖、赵树理文学奖、全国优秀科普作品奖；1996 年在《佛山文艺》发表的散文《忽又重听“走西口”》获《美文》《文学自由谈》《佛山文艺》三家联合举办的“心系中华”散文征文优秀奖。有散文三篇《晋祠》《觅渡，觅渡，渡何处》和《夏感》入选中学教材。主要著作有《新闻三部曲》（3 卷）《数理化通俗演义》（2 卷），散文集《名山大川》《人杰鬼雄》。

他所开创的理性散文，一扫“杯水波澜”、无病呻吟之风，处处洋溢着积极壮美的阳刚之气。在文学创作过程中，梁衡一直坚持边写作、边思考探索文学规律，他首开先河打破“杨朔模式”，主张散文要求真、求美、求新，提倡写大事、大情、大理……《把栏杆拍遍》就是一篇充满阳刚之气的壮美之作。

“把栏杆拍遍”语出辛弃疾的《水龙吟》，宋代王辟之在《渑水燕谈录》中记载，一个“与世相龃龉”的刘孟节，他常常凭栏静立，怀想世事，欷歔独语，或以手拍栏杆。尝有诗曰：“读书误我四十年，几回醉把栏杆拍”。所以，“栏杆拍遍”往往表示借拍打栏杆来发泄心中说不出来的抑郁苦闷之气。作者认为为辛弃疾造像，最贴切的题目就是“把栏杆拍遍”。在词人把栏杆拍遍的振聋发聩的声响中，我们读出了辛弃疾真实的复杂的心情：不满、愤懑、焦虑、懊恼、无耐、等待、企盼……

这是一篇带有人物评传性质的散文，作者为我们塑造了一个叱咤风云而又命运多舛的爱国词人辛弃疾的形象，揭示的是辛弃疾怎么从一个爱国志士成为爱国词人的过程及原因。

文章的第一段是全文的总起，它告诉读者，全文要探索的是辛弃疾怎么从一个爱国志士成为爱国词人的，以及这个过程是如何决定了他的词、他本人在文学史上的唯一性和独特地位的。作者首先就把辛弃疾放在中国历史的大背景下，抓住他的“以武起事，而最终以文为业”的特点，突出了他在中国文学史上的“唯一性”和“独特性”。

文章的主体部分是将对辛弃疾的人生遭际的介绍与对他的诗词创作的评价交错起来而写的。

辛弃疾（1140～1207），字幼安，号稼轩居士，历城（今山东省历城县）人。生长在金兵占领地区。20岁时，率领2000多人一起抗金，投奔以耿京为首的农民义军，为耿京掌书记。辛弃疾后归南宋，正值南宋统治集团中妥协投降势力嚣张得势之时，他与之进行了针锋相对的斗争。宋孝宗乾道元年（1165），他写了《美芹十论》，六七年之后，再写《九议》。他反复上书，议论恢复大计，批驳悲观论点，但均未被采纳。在历任地方官期间，发展生产，训练军队，为北伐积极做准备，表现出非凡的军事和政治才干。因此受到朝廷当权者的忌恨，被罢职，闲居近20年，中间虽短期出任地方官职，但很快被罢免。到了晚年，朝廷情势危急才被起用，但仍不得信任，终于未能实现其恢复中原的宏愿而含恨辞世，病死于铅山。终年68岁。

作者在介绍辛弃疾的人生遭际时主要围绕他的以下几个经历：

一是他的行伍经历。这一段介绍充满了神奇色彩，他单人独马追杀偷印之贼，他跃马横刀突入敌营生擒叛将，活脱脱一个血气方刚，骁勇善战的武夫。中国历史上的大文豪有谁有这样的能耐？

二是他的为官经历。作者用数据作了这样的介绍：“他作为南宋臣民共生活了45年，倒有近20年的时间被闲置一旁，而在断断续续被使用的20多年间又有37次频繁调动。”作者客观地分析了辛弃疾南归后不为朝廷喜欢的种种原因：

其一，他太爱国家、爱百姓、爱朝廷了，于是朝廷怕他、烦他、忌用他；

其二，他工作特别认真，简直是个工作狂，于是招来许多诽谤，甚至说他独裁、犯上，皇上也就对他时用时弃；

其三，他爱提意见，45年间，他都不停地上书，不停地唠叨，不停地要求痛杀贼寇，收复失地，这怎能不让主和苟安的朝廷心烦？辛弃疾的这些特点在今天看来都是优点，是大大的优点，但在当时的朝廷看来却都成了令他们心烦的缺点，是不能容忍的缺点。于是他就只能痛拍栏杆，吟诗寄恨了。

三是他的心路历程。从一个沙场英雄对军营的渴望，到一个忧国游子对苍天的发问，从“金瓯缺，月未圆，山河碎”的心病，到“艰辛做就，悲辛滋味，总是辛酸辛苦”的内痛，这里有悲壮的呼喊，有遗憾的叹息，也有无奈的自嘲。

作者在介绍辛弃疾的人生遭际时穿插引用了他的 8 首词，这些词几乎都是辛弃疾的代表作，作者在引用这些词作时，既没有一引了之，也没有详加赏析，而是结合人物的命运作了精当的点评。作者首先总评辛弃疾那种由行伍经历到“弃戎从笔”的无奈：“南归之后，他手里立即失去了钢刀利剑，就只剩下一枝羊毫软笔，他也再没有机会奔走沙场，血溅战袍，而只能笔走龙蛇，泪洒纸笺，为历史留下一声声悲壮的呼喊、遗憾的叹息和无奈的自嘲。”有“钢刀利剑”与“羊毫软笔”的对比，这里有“奔走沙场”与“笔走龙蛇”的对比，我们还透过“只剩下”“泪洒”等词语真切感受到作者对诗人的同情和惋惜。

作者主要是从词作的内容和读者感受的角度来评说的，引《破阵子》时作者说“感到一种凛然杀气和磅礴之势”；引《水龙吟》时作者说“辛弃疾在这里发出的却是一声声悲怆的呼喊”；引《菩萨蛮》时作者解说道“他只有一块心病：金瓯缺，月未圆，山河碎，心不安”；引《永遇乐》时作者提醒读者，辛弃疾在“自嘲自己的姓名”；引《摸鱼儿》时作者感慨道“今天我们读时，每一个字都让人一惊，直让你觉得就是一滴血，或者是一行泪”；引《水调歌头》时又告诉我们辛弃疾在“咀嚼自己的寂寞”；引两首《丑奴儿》时，看似在谈词的风格，实际上仍然揭示了辛词“于淡淡的艺术美感中，却含有深沉的政治与生活哲理”的特点。寥寥数言，一语中的。

文章主体部分巧妙地把人物的自身命运、作品以及作者的阅读感受、评说融为一体，读来饶有兴味。

文章最后一部分也就是最后一小节，作者点明了以“把栏杆拍遍”为题的原因，回应了开头，揭示了辛弃疾从一个爱国志士而成为一个“连叹一口气，也是一首好词”的爱国诗人成熟之由。

这一段的评说非常形象，什么“九蒸九晒”，什么“水煮油炸”，什么

"千锤百炼"，辛弃疾在词作领域的成功完全是被"逼"出来的。历史的"歪打正着"毁掉了一个赳赳武夫，却成就了一个千古词人。

这是一篇充满阳刚之气的人物评传体散文，在写作上有很多值得借鉴之处。

第一，联想丰富。本文揭示的是一位古代文学大家的心路历程，仅靠占有史料和作家本人的作品是不够的，还必须要有大胆的联想和想象。本文作者就是这样，或由辛弃疾的事迹，联想到他的词作；或由他的词作，联想到他所处的时代、他的事迹和内心世界等等。

例如，在第三段简要述说了辛弃疾南归的遭遇后，就联想到他的《破阵子》《水龙吟》两首词，引述下来并加以评说，把一个热切盼望重返沙场痛杀贼寇，而又壮志难酬的爱国将军的悲愤形象展现在读者面前。接着，又自然地联想到一个问题：辛弃疾南归后为什么不被朝廷喜欢？作者引用了辛弃疾本人的话，并且概述了有关辛弃疾的事迹以及朝廷的心态，揭开了其中的谜底，就是他太爱国、爱百姓、爱朝廷了，只要一有机会就真抓实干，时刻准备冲上前线去，这就让主和苟安的朝廷心烦，惹来诽谤，皇帝对他也就时用时弃。再如，由"弃疾"这个名，联想到他忧国的心病，联想到他表达这种忧思的词作。总之，作者通过联想和想象，把辛弃疾由爱国志士到爱国词人的心路历程展现了出来。

第二，以评带传。梁衡的人物散文，写的大多是人杰鬼雄，其中大多是名垂千古，家喻户晓的伟人，还有文惊当世、传之百代的文人。而这些跨越千年、百年的人物却从作者的笔端一一鲜活起来。梁衡的散文情理并重，以评带传，他写的人物在千百年来已有定论的基础上又重新给出评价，而这种评价又是不落窠臼的。人们都承认辛弃疾是个大词人，但能从他的出身到成业的发展史上判定辛弃疾的词及人"在文人中的唯一性和在历史上的独特地位"的，梁衡是第一人。作者还在文中借郭沫若评说陈毅的"将军本色是诗人"来评说辛弃疾这个人，"词人本色是武人，武人本色是政人"。说辛弃疾是"词人"、是"武人"是一般人的判断，而说辛弃疾是"政人"恐怕就是梁衡的独见了。梁衡说"他的词是在政治的大磨盘间磨出来的豆浆汁液。他由武而文，又由文而政，始终在出世与入世间矛盾，在被用或被弃中受煎熬"。作者还将辛弃疾的为政与陶渊明、白居易的为政作了比较，表明了辛弃疾为政的投入与积极。作者能从人性的深层次重新来诠释一位人物，在文章最后一段，作者在分析辛弃疾走上诗词创作道路的必然性时就作了这样生动的评说："他被九蒸九晒，水煮油炸，千锤百炼。历史的风云，民族的仇恨，正与邪的搏击，爱与恨的纠缠，知识的积累，感情的浇铸，艺术的升华，文字的捶打，这一切都在他的胸中、他的脑海翻腾、激荡，如地壳内岩浆的滚动鼓胀，冲击积聚。既然这股能量一不能化作刀枪之力，二不能化作施政之策，便只有一股脑地注入诗词，化作诗词。他并不想当词人，但武途政路不通，历史歪打正着地把他逼向了词人之道。终于他被修炼得连叹一口气，也是一首好词了。"著名作家梁晓声在谈梁衡的一本散文集时说："我确信，作为一个勤于思想的人，梁衡对历史的反思，肯定比他写出来的以上篇章要更深邃更全面些。而他后来发表的《最后一位戴罪的功臣》《觅渡，觅渡，渡何处》《把栏杆拍遍》，证明了这一点。他的思想一游到更远的历史中去，一与那些历史时期中的人物敞开心扉地对话，则就变得火花四溅了。文字也时而激昂；时而惋叹；时而叩问；时而调侃，恣肆张扬起来了……"

一般来说，与政治密切相关的事件、人物，写其"思想"容易，写出"美感"来难。常见的通病是严肃有余、活泼不足。梁衡在这方面有很大的突破，使"思想和美感"达到了和谐统一。他像一位烹饪大师，非弄出个"色、香、味、形"俱佳才心满意足。他的那些评说文字完全不是抽象的概括和干瘪的教条，而是形象生动又充满美感。像"南归之后，他手里立即失去了钢刀利剑，就只剩下一枝羊毫软笔，他也再没有机会奔走沙场，血溅战袍，而只能笔走龙蛇，泪洒纸笺"；像"辛弃疾的词不是用笔写成，而是用刀和剑刻成的。他永以一个沙场英雄和爱国将军的形象留存在历史上和自己的诗词中"；还有"像屈原那样仰问苍天，像共工那样怒撞不周，他临江水，望长安，登危楼，拍栏杆，只能热泪横流"。这些文字多美呀，读起来真是令人回肠荡气！

第三，善用对比。对比手法是作家们常用的艺术手法之一，梁衡也不例外。他在本文中就多处运用了对比，使人物形象更为鲜明突出。第一处运用对比是在引用了《破阵子》之后，作者先将它与岳飞的《满江红》比较，认为只有《满江红》可以与之媲美，然后又用杜甫的"射人先射马，擒贼先擒王"，卢纶的"欲将轻骑逐，大雪满弓刀"与之对比，认为"这些都是旁观式的想象、抒发和描述"，从而突出了辛词的"凛然杀气和磅礴之势"。第二处对比是将他与陶渊明、白居易的从政经历对比，他认为辛弃疾"对待政治”，“不像陶渊明那样浅尝辄止，便再不染政；也不像白居易那样长期在任，亦政亦文”。因为“对国家民族他有一颗放不下、关不住、比天大、比火热的心；他有一身早练就、憋不住、使不完的劲”。他“不计较‘五斗米折腰’，也不怕谗言倾盆”，所以“随时局起伏，他就大忙大闲，大起大落，大进大退”。第三处对比是将辛弃疾的豪放与苏东坡的豪放作比较。苏、辛都是豪放派的代表人物，因此文学史上是将“苏辛”连称的，但梁衡却在同中见出异来，他认为：“苏的豪放仅止于‘大江东去’，山水之阔。”因为“苏正当北宋太平盛世，还没有民族仇、复国志来炼其词魂，也没有胡尘飞、金戈鸣来壮其词威”。而“真正的诗人只有被政治大事（包括社会、民族、军事等矛盾）所挤压、扭曲、拧绞、烧炼、捶打时才可能得到合乎历史潮流的感悟，才可能成为正义的化身。诗歌，也只有在政治之风的鼓荡下，才能飞翔、才能燃烧、才能炸响，才能振聋发聩”，而辛弃疾的诗正是这样的诗。第四处对比是将辛弃疾的婉约词与柳永、李清照的婉约词作比较，他认为“柳、李的多情多愁仅止于‘执手相看泪眼’‘梧桐更兼细雨’，而辛词中的婉约言愁之笔，于淡淡的艺术美感中，却含有深沉的政治与生活哲理。”这些都是很有见地的精辟之语。

以上这些比较，有作品内容的比较，有人物遭际的比较，有作品风格的比较。这些比较的对象，看似大同，实有小异。能看出同中之异的才是真正的高手。

有人曾把梁衡称之为“苦吟派”。如何“苦吟”？梁衡透露：“《把栏杆拍遍》写了三年，《觅渡，觅渡，渡何处?》写了六年，《大无大有周恩来》前后整二十年。”自20多年前他的《晋祠》一文入选中学教材后，以后又有《夏感》《觅渡，觅渡，渡何处?》等作品入选中等学校语文教材。现在《把栏杆拍遍》又入选教材。据说，他是活着的作家中文章入选教材最多的人。为何要“苦吟”？主要是被他自己“逼”的，因为他对散文创作的要求是“背”，就是写出的东西是拿来给人背诵的。杜甫曾说过，“语不惊人死不休”。梁衡顺着他的意思这样说：语不惊人死不休，篇无新意不出手。著书必求传后世，立事当作空前谋。

在巨大的反差中刻画人物

——《女歌手》赏析

俄国作家维·彼·阿斯塔菲耶夫的散文《女歌手》，犹如一首忧中有喜、苦中有乐的小夜曲，淡淡的忧愁与淡淡的喜悦交织在一起。读完全篇，你会有种想哭哭不出来，想笑又笑不出来的感觉。

文中的小盖尔卡是个从小失去母亲，与当航标工的父亲相依为命的小姑娘。她爱做事、爱自然、爱唱歌，但她的世界里没有小伙伴，没有游戏，甚至连儿歌都没有，因此，这位小小的女歌手在天真中透着成熟，快乐中含着忧伤。

文章是以一次为航标灯点灯的航行为线索来展开的，从航前写到航中，再写到航后。

一般写人的散文总是在开头对人物作一个总括介绍，但本文的人物却不是作者介绍出来的，而是作者让人物从具体的场景中走出来的。

盖尔卡一出场就在帮父亲往航标灯的灯肚里灌油，那“扶着漏斗，把连着灯芯的灯头旋入灯颈”的动作十分麻利。接着，她又在为出发做生活用品上的准备：“她沿着木梯阶在陡峭的岸坡上上下下地奔跑，把油灯、船桨、一只小水桶（舀水用的）、两件旧的棉背心（给父亲和自己穿的）拿到小船里去。”看得出，这是个勤快懂事的小孩。然后她又模仿母亲的声音催促：父亲：“你还要在那儿磨蹭很久吗?”当他的父亲“胆怯地拍打自己的口袋”，表示自己没带火柴时，她又嗔怪父亲“真是一点记性也没有”。

这到底是怎样的一个女孩呢？她的动作、语言总透着一股成熟。当我们顺着父亲的两只眼睛看到的竟是这样一位心事重重的小姑娘：“她郁闷地皱起了眉头，拖着一根编得不太高明的小辫子，穿着一双凉鞋，鞋底业已磨平，鞋面也被水冲成灰白色了。他把女儿抱在手上，让她坐在小吊座里，不知不觉地顺手把潮黏黏的鼻涕从她的鼻子里擤掉，然后把棉背心披在她那肩胛骨尖尖耸起的脊背上。”这犹如电影里的渐拉渐近的特写镜头，让我们清晰真切地认识了本文的小主人翁。她实在是太小了，父亲轻易地就把她抱在手上，她坐的是小吊座，鼻子里还不时流着潮黏黏的鼻涕。她的勤快的动作与成人化的语言跟她的年龄、她的外貌极不相称，这不禁使我们想到了中国的一句戏词："穷人的孩子早当家。"在这个二人世界里，小姑娘"既没有小女伴，又没有儿童游戏"，她只能模仿父亲扮演航标工人的角色，但她不认为自己是在游戏，也不认为自己是在扮演，她认为她就是在当一名航标工。她完全沉浸到自己的角色之中了，她的父亲也有意识地创设这个氛围，让女儿感觉到自己存在的价值，从中享受生活的乐趣。她一会儿催父亲，一会儿怨父亲，一会儿模仿母亲，一会儿模仿老太婆。尽管这一部分写得充满了生活的情趣，但透过小姑娘"一本正经地皱起"的"淡白色"的"忧郁"的"双眉"，我们还是觉察到一丝忧伤。在这里，我们既看到这对父女对生活的热爱，也感受到他们对生活的无奈。

小船终于起航了，小盖尔卡随着父亲去为航标灯点灯。但作者没有急于写点灯的过程，而是从盖尔卡的角度，写她看夕阳，写她听鹬叫，写她逗小鸭，写她唱情歌。

看夕阳一段写得很特别，作者完全用小孩的心理来写景，"盖尔卡觉得傍晚是一位温和的、长着大胡子的、沉默寡言的老爷爷。"这是一个非常奇特的比喻，形象地体现出了傍晚时分的温馨和安静。这一部分作者是分三个层次来写的：第一层次是夕阳西下——在盖尔卡的眼中，这时的老爷爷"正在山背后抽烟斗"呢，因为"那边的天空是红彤彤的"。第二层次是夕阳消失——"老爷爷在那儿睡了很久，渐渐地安静了下来"，因为"他的烟斗熄灭了"。第三层次是夜幕降临——"老爷爷终于合上了眼睛，不再翻来覆去，不再打哼哼——周围的一切都停止颤动，停止敲叩了，甚至连树叶也不再沙沙作响。"这段拟人化的景物描写把读者带入了童话的世界，非常符合儿童的心理。

听鹬叫和逗小鸭虽写得比较简略，但仍充满了生活的情趣。

唱情歌一段是作者花笔墨较多的一个章节，行文至此，文章才与题目照应起来了。虽然，盖尔卡的听众只有一个，但她仍唱得很忘情——她"忘却了父亲，忘却了小船，忘却了那位老爷爷"，因为没有小伙伴，没有上学，她不熟悉任何儿歌，她只能唱那些忧伤的、冗长的爱情歌曲。她唱得很动情，她把爱情的痛苦与自己内心的痛苦融合在一起，因为她觉得痛苦的感受总是一样的。在这里，我们看到了一种极不相称的组合，一个七八岁的小姑娘竟唱着忧伤的爱情歌曲。这种不相称的组合表现的恰恰是生活的不公正，小姑娘本来应该是充满童趣的，她应该做游戏，她应该唱儿歌，她应该与小伙伴一起玩耍。但这一切都被无情的现实给剥夺了，她的伙伴只有年迈的老父亲，她的游戏只能是与父亲一起做航标工，她的歌全是靠从大人那儿学来的情歌。尽管生活对她如此不公，但小姑娘仍然对生活充满了热爱和憧憬，这是最让读者感到欣慰的。

航行归来，小姑娘已经睡着了，父亲把"她更紧地贴在自己的身上，她则把细小而又香甜的暖气呼向他的胸脯"，这是一个多么感人的相依为命的细节呀。父亲这时真想说："你是我的小心肝，你是我的小宝贝！没有你，我会怎么样呢？……"但父亲说他"不会把这句话说出来的"，他怕这句话被女儿听见了会徒增烦恼，他也怕这句话一旦应验，将使他更添痛苦。父亲终于从假想的情景中回到了现实，当他看到河上闪现着的航标的灯光，听着远处轮船传来的"桨叶的击水声和拖轮的排汽声"时，欣慰地对女儿说："女儿，它正在看你点的灯光，所以不会在黑暗中迷失方向的……"这是他们存在价值的体现，也是他们的希望所在。

文章的结尾是故事的尾声，小姑娘长大了，成了一个大机关的工作人员，也许是过去的阴影给她的影响太深太大了，她仍然默默无言，仍然唱着忧伤的歌。但当她凝视着航标灯和灯船通亮的轮船，她又有了某种期待——有朝一日，这些轮船中的一艘会驶到她的跟前来，把她随船载去，把她带到想停靠的那个地方去。也许，在那儿，在黑幕中，闪烁和燃烧着那盏唯一的灯光，它是富有生气的、温暖的。这是一个光明的尾巴，是一个给人希望的尾巴。

本文在写作上有如下特点：

一是在巨大的反差中刻画人物。文中的盖尔卡是个乳臭未干的小姑娘，但她却干着成年人干的活，说着成年人说的话，唱着成年人唱的歌。这种巨大的反差正反映出她生存环境的特殊和艰辛，人物的形象和性格也就在这种巨大的反差中得到了充分的刻画和体现。

二是从儿童心理出发绘写自然景色。小盖尔卡虽有成人的影子，但她毕竟还是孩子，因此，作者在对自然景色进行描写时就始终从儿童的心理出发，生动地写出了儿童眼中的景色，特别是写山中傍晚的景色，作者把傍晚比作“一位温和的、长着大胡子的、沉默寡言的老爷爷”，然后始终扣住这个喻体写景，把景写得富于变化又生动形象。

三是采用流线型的结构。从起航前写到航行中，再写到归航。全文顺畅自然，如行云流水。

气势雄浑，情调高昂

——《从军行》赏析

青海长云暗雪山，孤城遥望玉门关。

黄沙百战穿金甲，不破楼兰终不还。

这是唐代著名诗人王昌龄所写的一首边塞诗，题为《从军行》。

诗人生活的开元天宝年间，对外战争频繁，为了保卫国家的安全，唐王朝多次出兵征戍边疆，于是，征戍成为人们生活中的一件大事，许多诗歌从不同的角度反映了这个题材。这个时期也出现了不少边塞诗人，王昌龄便是其中较有成就的一位。他的边塞诗气势雄浑、内容丰富、情调高昂。《从军行》是他边塞诗中的佳作，历来为人们所吟唱。

“从军行”是乐府旧题，歌词大都是吟唱边塞征戍之情的。这首诗是旧题新填，诗人在仅有的28个字的范围内，生动地描绘了一幅边塞战场的斩寇图，抒发了征戍战士誓杀顽敌，保卫国家的壮志豪情：云集青海、雪山黯淡、眺望故乡、孤城地荒；沙场百战、铁甲磨穿、不灭顽敌、誓不还乡。

诗的前两句渲染了战斗的气氛，暗示了敌我对阵的地点，刻画了将士们望乡的神情。一团团乌云从天边涌来，笼罩着青海大地，皑皑白雪也失去了夺目的清光，将士们站在青海湖边，翘首眺望，乡思绵绵。诗的第一句容量极大，明写云遮雪山，暗点敌兵压境，又道出战场方位。诗人用“长云”借喻“敌寇”，突显敌兵之多，又活用“暗”字，显示敌势之强，环境之劣，造成了一种令人窒息的紧张的战斗气氛。它为全诗安排了一个特定的背景，也寄托了诗人痛恨外敌入境的思想感情。诗的第二句写得很凄凉，诗中的“孤城”就是玉门关。从地理位置上看，玉门关在青海湖的西北，其间相隔千余里，站在青海湖边是无法看到玉门关的，这是虚写，也是艺术的夸张。透过茫茫千里，只有一座孤城依稀可见，部队驻地是何等荒凉啊。一个“孤”字是战士思乡之情的流露，本是“情孤”，诗人却写成了“城孤”，景随情移，更见其孤。

后两句，诗人用高度概括的语言，叙写了征戍战争的频繁和激烈，直接抒发了战士们欲与敌人血战到底的壮志豪情。“黄沙百战穿金甲”是直接叙写战斗，“百战”二字说明战斗之多，“穿”是磨穿，诗人抓住这样一个典型的细节写出了战争的残酷。这一句与第一句紧密相连，一“暗”一“穿”，上下连贯，“暗”是“穿”的前因，“穿”是“暗”的结果。诗的最后一句，诗人激情奔放地抒写了战士们的杀敌决心。这里的“楼兰”是借指外敌，这一句与第二句在感情上形成对比，一写思乡，一写终不还乡，看似矛盾，其实不然。思乡是因为爱乡，爱乡就是爱国。现在外敌入侵，祖国正受到威胁，家乡又岂能安宁？这时战士思乡的热望已化成破敌的激情，思乡情越切，杀敌志越坚，国事和家事的矛盾在战士们身上得到了完美的统一。

这首诗虽只四句，情调却错落有致，上联低沉苍凉，下联高亢昂扬。这样的情绪处理似乎有些突兀，事实上，这是与诗人感情发展的逻辑相符合的，也是和诗歌所表现的主题相适应的。下联高昂的情调是跟上联的低沉相比较而显示出来的，一低一高，互相映衬，浑然一体，加强了诗歌的感染力，有力地表现了诗歌爱国主义的主题。

王昌龄是唐代最擅长“七绝”的诗人，只有李白可与之匹敌，人称“七绝圣手”。这首《从军行》突出显示了他写作七绝的功力：内涵丰厚，语言流畅，节奏明快，感情真挚。吟诵此诗，战士披甲扬戈奋战沙场的勃勃英姿如在眼前，不获全胜不还乡的铮铮誓言犹在耳边，读来无不给人以鼓舞和力量。